并购对价与融资方式决策研究丛书

U0674883

上市公司并购对价与融资方式选择研究
——基于嵌套结构的经验证据

Study on the Choice of Payment Methods and Financing Sources in M&A for Listed Companies
—Empirical Evidence Based on Nesting Structure

张广宝 著

东北财经大学出版社
Dongbei University of Finance & Economics Press
大连

图书在版编目（CIP）数据

上市公司并购对价与融资方式选择研究：基于嵌套结构的经验证据 / 张广宝著. —大连：东北财经大学出版社，2017.7

（并购对价与融资方式决策研究丛书）

ISBN 978-7-5654-2792-3

Ⅰ．上… Ⅱ．张… Ⅲ．上市公司-企业兼并-研究 Ⅳ．F276.6

中国版本图书馆 CIP 数据核字（2017）第 143394 号

东北财经大学出版社出版

（大连市黑石礁尖山街 217 号　邮政编码　116025）

网　　址：http://www.dufep.cn

读者信箱：dufep@dufe.edu.cn

大连图腾彩色印刷有限公司印刷　　　　　　东北财经大学出版社发行

幅面尺寸：170mm×240mm　　　字数：202 千字　　　印张：14.25　　　插页：1

2017 年 7 月第 1 版　　　　　　　　　　　　2017 年 7 月第 1 次印刷

责任编辑：李智慧　刘贤恩　　　责任校对：石建华　李　丹　周　晗

封面设计：张智波　　　　　　　版式设计：钟福建

定价：38.00 元

本书系国家自然科学基金项目（71172120）、中国博士后科学基金项目（2014M551102）和贺州学院博士科研基金项目（HZUBS201605）的重要成果之一，感谢国家自然科学基金委员会、中国博士后科学基金会和贺州学院科研处的资助！

序言

当今全球并购风起云涌，根据国际金融数据提供商（Dealogic）的统计，2015年，全球并购交易总额达到4.9万亿美元，不仅较2014年猛增37%，而且超过了2007年的4.6万亿美元，创下全球企业并购新的年度纪录。并购作为产业结构战略调整、社会资源优化配置的重要手段，在中国也得到了长足发展。我国上市公司每年都有巨额的资金用于并购交易，完成交易的对价方式也呈现多样化，除了单一的现金对价方式之外，还有一定比例的股票对价和混合对价；而并购资金来源也由内部融资为主逐渐向内部融资和外部融资并行发展。并购实践表明：并购交易所选择的对价方式和融资方式，不仅关系到公司能否顺利完成并购交易，也关系到并购整合成功与否。

众所周知，我国企业并购面临的制度环境以及并购历程与国外经济发达国家存在较大差异。中国企业并购历程是与中国经济体制从计划经济向市场经济逐渐过渡平行发展的，迄今为止，我国仍是一个转轨经济国家，政府干预和市场机制不完善是我国企业并购面临的最基本的制度环境。在这种条件下，西方传统的并购理论并不完全适合用来解释我国企业的并购行为。那么对于我国的上市公司而言，并购交易的对价方式有哪些？并购的资金从哪里来？影响并购对价和融资方式选择的主要因素有哪些？选择何种对价方式和融资方式更有利于并购价值的提升？这些问题逐渐成为当前国内并购研究领域新的关注点。

本书以中国上市公司并购对价和融资的相关数据为基础，采用规范研究与实证研究相结合的方法，将并购对价与融资方式嵌入同一框架，着重从宏观环境和微观公司特征两个层面对上市公司并购对价和融资方式的影响因素、二者之间的关系及二者整合绩效的差异进行分析与检验。具体来讲，本书在以下四个方面进行了积极而有益的探索：

第一，将并购对价方式和并购融资方式嵌入同一研究框架，厘清了并购对价与融资方式的内涵和范畴。以往国内外学者在对并购对价和融资方式的研究中，大多数没有严格区分二者的内涵和关系，有些学者甚至将这两个概念混用，从而降低了其研究结论的准确性。而本书认为，并购对价和并购融资是两个不同的概念。并购对价是主并公司通过一定支付方式获得对目标公司的控制权的行为。并购对价影响并购交易双方的利益，因此并购对价必须经过交易双方协商并最终确定。而并购融资是主并公司为顺利完成并购对价所实施的融通资金的行为，并购融资方式的选择要满足交易双方的并购对价需求与偏好。

第二，本书采用嵌套结构模型检验并购对价和并购融资影响因素的异同及二者之间的关系。该模型通过允许主并公司有条件地基于对价方式的偏好进行融资决策分析，对于检验二者影响因素的异同及关系意义重大。同时，也有助于拓宽并购对价和融资的研究路径，丰富并购对价和融资方式相关理论，为我国上市公司选择并购对价和融资决策提供参考。

第三，拓展并购对价和融资方式影响因素研究范畴，将与并购对价决策和并购融资决策相关的宏观环境因素及微观公司特征因素纳入同一研究框架。在以往的国内外相关研究中，大多考虑的是微观公司特征层面的因素对并购对价与融资的影响，很少考虑经济发展、资本市场状况、政策法规制度等宏观层面的因素。本书将与制度环境相关的宏观因素纳入并购对价与融资方式的公司特征微观因素研究框架中，研究结论有利于更好地揭示我国上市公司并购对价和并购融资选择决策的影响因素。

第四，拓展并购整合绩效评价方法。关于并购绩效的评价指标，更多学者利用公司股票累计超额收益率和公司财务指标来度量并购绩效。然而，并购作为微观经济行为，其成败的关键是并购整合过程中预期协同效应能否实现。本书采用全要素生产率度量并购整合绩效，不仅可以充分考虑规模经济、技术因素、管理水平等多方面可能引起生产效率变动的因素，而且将全要素生产率、并购对价方式和融资方式等变量统一在一个研究框架里，有利于分析和解释并购对价和融资方式对并购整合绩效的影响。

本书的研究拓展了并购对价和融资理论边界和研究范畴，为公司选择并购对价和融资策略提供合理的分析框架和数据支持，也为规范政府行为、加强金融深化和监控并购融资风险提供政策建议。本书可以作为财经类院校高年级本科生、学术型和专业学位研究生以及博士生的课外阅读材料使用；同时，相信本书对致力于中国公司并购重组问题的学者、政府相关职能部门、风险投资公司及上市公司董事会和高级管理人员都会有较多启发。

3

刘淑莲

2017年1月

并购作为社会资源优化配置的基本方式，业已成为公司扩大规模、提高核心竞争力的重要途径。单从并购交易这一环节来看，有两项关键活动必须做好：一是并购交易的对价方式，即完成并购交易的支付手段；二是并购交易的融资方式，即并购对价的资金来源。并购实践也推动了并购理论的发展，近年来针对并购的相关研究主要集中在并购动因、并购绩效、并购风险和并购对价等领域，而对并购融资相关问题，特别是综合考虑对价方式和融资方式的研究较少。究其缘由，一方面碍于公司并购融资数据披露得少，另一方面可能在于很多研究并没有严格地区分并购对价方式和并购融资方式。

本书采用规范研究与实证研究相结合的方法。在提出问题之后，首先对并购、并购对价和并购融资等相关概念进行明确界定，而后通过对国内外关于公司并购对价、并购融资及并购绩效等相关文献的回顾与梳理，明确本书的研究方向和重点。在制度背景与现状分析部分，立足于我国上市公司特有的制度环境，对我国公司并购发展历程进行了阶段划分，并从发生时间、行业分布、产权性质、交易特征四个维度分别对我国上市公司并购事件、并购对价及融资现状进行分析。在理论分析部分，主要从宏观环境和微观公司特征两个层面详细地阐述了影响并购对价和并购融资选择的内在机理和主要影响因素，并进一步阐述了并购对价与并购融资的区别。在实证检验部分，利用2001—2010十年间我国上市公司并购对价与并购融资的基本数据，分别检验并购对价、并购融资选择的影响因素，并进一步借助嵌套结构框架与方法分析二者之间的关系及二者整合绩效的差异。通过理论分析和实证检验，本书的主要发现和核心观点如下：

第一，样本数据显示，我国上市公司并购对价形式单一，现金对价一直是并购交易的主要对价方式，且具有明显的时间、行业与交易特征；相比之下，并购融资来源除主要依赖于内部融资外，负债融资和股权融资也占有一定比例，在时间、行业、产权与交易特征方面也有明显区别。

第二，公司并购对价决策影响并购融资决策，并购融资决策要满足交易双方的并购对价需求与偏好。从并购对价与并购融资的内涵角度分析，并购对价是主并公司通过一定支付方式获得对目标公司的控制权的行为。并购对价决策影响并购交易双方的利益，因此并购对价决策必须经过交易双方协商并最终确定；并购融资是主并公司为顺利完成并购对价融通资金的行为。并购对价是并购融资的目的，不同的对价方式要求以不同的融资方式来实现，但是具体融资方式和融资数量要满足交易双方并购对价的需要与偏好。从并购对价和并购融资决策实务角度分析，主并方提出的对价要求，要考虑到目标方是否接受，并购融资方案要依据并购对价初步方案来调整和确定。主并公司只有按并购对价要求完成融资以后，交易双方最终才能以确定的某一对价方式实现并购交易。

第三，理论分析和经验证据表明，影响并购对价与并购融资决策的宏观环境因素大致相同，但是影响对价与融资决策的公司特征因素差异较大。

从宏观环境层面看，各宏观环境因素对并购对价和并购融资决策基本都会产生影响，但影响程度和影响内容却有区别。经济发展水平、股票市场状况、股权分置改革和政策法规环境对并购对价决策产生了显著影响，而信贷市场对并购对价的影响却不显著。以上五方面的宏观环境因素对并购融资决策都产生了影响。经济发展水平和股票市场状况对主并公司的内外部融资环境都产生了显著的影响，而信贷市场利率、股权分置改革和政策法规环境对主并公司外部融资环境的改善程度更大。

从公司特征层面看，在经济动机因素中，影响并购对价的主要因素有现金持有量、交易相对规模、并购标的、内部资金充裕度和资产负债率，这些因素大多是关乎并购交易双方风险与收益均衡的因素；影响并购融资的主要因素有现金持有量、交易相对规模、内部资金充裕度、有形资产比率和融资约束，这些因素大多是涉及并购融资成本和融资约束的因素。在管理动机因素中，影响并购对价的主要因素是控制权威胁和关联交易并购；影响并购融资的主要因素是股权代理成本、债权代理成本和关联交易并购。而管理层过度自信因素对并购对价和并购融资都产生了显著影响。

综合来看，宏观环境因素对并购对价和并购融资决策基本都会产生影响。在微观公司层面的因素中，并购对价选择决策主要受风险分担、控制权威胁、关联交易并购、管理层过度自信等因素影响；并购融资选择决策主要受资本成本、融资约束、代理成本、管理层过度自信及对价方式的影响。

第四，本书采用以索罗残差法计算出的全要素生产率（TFP）来度量并购整合绩效，检验了并购对价和并购融资的长期绩效。研究发现：在我国当前的制度环境下，采用股票对价更利于公司的全要素生产率的提升。从并购融资来看，股票融资比内部融资和负债融资对全要素生产率的正向影响更大。三种融资方式中，负债融资更不利于提升公司的全要素生产率。换言之，当公司面临较大的财务压力时，会阻碍公司全要素生产率的持续提升。

限于本人学术水平，书中难免有纰漏和不当之处，敬请理论与实务界的读者给予批评指正。

作　者

2017 年 2 月

目录

目　录

第 1 章

绪　论

1.1 ──────────── 选题背景与研究意义 ────────────

1.1.1　选题背景

　　并购作为社会资源优化配置的基本方式，已成为公司扩大规模、提高核心竞争力的重要途径。事实上，任何一项并购交易的完成都需要解决两个问题：一是并购交易的对价方式（methods of payment），二是并购交易的融资方式（sources of financing）。全世界每年都有巨额的资金用于并购交易，完成交易的对价方式也呈现多样化，除了单一的现金对价方式之外，也有一定比例的股票对价和混合对价；而并购资金来源也由内部融资为主逐渐向内部融资和外部融资（负债融资或股权融资）并行发展。并购实践表明：并购交易所选择的对价方式和融资方式，不仅关系到公司能否顺利完成并购交易，也关系到并购整合成功与否。并购实践也推动了并购理论的发展，近年来针对并购的相关研究主要集中在并购动因、并购绩效和并购风险等领域，而对并购融资相关问题，特别是综合考虑对价方式和融资方式的研究较少。我国上市公司并购对价和并购融资的现状怎样？二者关系怎样？影响并购对价选择决策和并购融资选择决策的主要因素有哪些？影响因素有何异同？这些问题逐渐成为当前国内并购理论与经验研究新的关注点。结合我国的宏观制度环境和上市公司并购实践对上述问题展开研究，正是本书拟要解决的主要问题。

1.1.2　研究意义

本书期望继承、融合并购对价与融资方式的经典理论，界定并购对价和融资方式的内涵与相互关系，研究并购对价和融资方式选择的影响因素，拓展公司并购对价和融资选择决策的研究框架。本书的主要理论意义在于：将并购对价与融资方式嵌套在同一框架内进行经验研究，在我国制度环境下对我国上市公司并购对价和融资方式影响因素的异同及二者之间的关系进行分析与检验，在丰富并购对价和融资方式理论体系的同时，为并购对价和融资等相关理论问题的研究提供经验数据的支撑。

中国企业并购历程是与中国经济体制从计划经济向市场经济逐渐过渡相平行发展的。迄今为止，我国仍是一个转轨经济国家，政府干预和市场机制不完善是我国上市公司并购面临的最基本的制度环境（潘红波等，2008；方军雄，2008；刘峰等，2009）。在这种条件下，西方传统的并购理论并不完全适合用来解释我国上市公司的并购行为。本书的主要现实价值在于：以中国上市公司并购对价和融资的相关数据为基础，将经济发展水平、资本市场状况、政策法规变迁等相关的宏观因素纳入并购对价和融资方式的微观研究框架中（李瑞海、陈宏民等，2006；陈玉罡、李善民，2007；刘淑莲等，2012），以期正确解释我国上市公司并购对价和融资方式的影响因素，为其更好地选择并购对价和融资策略提供合理的分析框架，也为规范政府行为、加强金融深化和监控并购融资风险等提供政策建议和经验支持，进而有助于推进中国上市公司并购的市场化进程。

1.2 ———————————— **相关概念的界定** ————————————

1.2.1 并购

兼并与收购在国际上通常被称为 "mergers & acquisitions"，简称 "M&A"。这一术语中包含两个概念：一是 "merger"，即兼并或合并；二是 "acquisition"，即收购或买收。

1）兼并

兼并泛指两家或两家以上公司的合并，原公司的权利与义务由存续（或新设）公司承担。兼并主要有两种形式：吸收合并和新设合并。吸收合并是指一家公司和另一家公司合并，其中一家公司从此消失，另一家公司则为存续公司，这种情况可以用公式 "A+B=A（B）" 来表示。新设合并是指两家或两家以上公司合并，另外成立一家新公司，成为新的法人实体，原有两家公司都不再继续保留其法人地位，这种情况可以用公式 "A+B=C" 来表示。

2）收购

收购是指一家公司购买另一家公司的资产或股票，从而居于控制地位的交易行为。收购可以进一步分为资产收购和股权收购。资产收购是指主并公司购买目标公司的部分或全部资产以达到控制该公司的目的；股权收购是指主并公司直接或间接购买目标公司的部分或全部股票以达到控制该公司的目的，并根据持股比例与其他股东共同承担目标公司的所有权利与义务。

兼并和收购往往交织在一起，很难严格区分开，例如换股收购等。因此学术界和实务界都习惯于将二者合在一起使用，简称并购。除非特别说明，本书对二者不加区分。此外，本书根据研究需要，将并购的定义和内涵限定在股权收购、资产收购和吸收合并等控制权转移特征明显且交易有偿的三种并购活动。

并购具有以下三方面的基本内涵特征：第一，并购是一种交易活动。

3

交易属于市场经济活动。作为一项交易，至少需要有买方、卖方、标的及其价格四个基本要素。并购符合交易基本要素的规定。第二，并购是一种复杂交易活动，且交易对象独特。并购作为一项交易有别于其他交易活动。其他交易活动的标的是单一资源，例如产品（劳务）、人力资源、技术、资本等，其他交易活动的场所为产品市场或者要素市场。但是并购交易对象则为商务控制权。商务控制权是对要素资源集合的控制权，所以并购的交易场所是以股票市场等产权交易市场为主的公司控制权市场。第三，并购活动是公司外部发展方式之一，是新建投资、联盟等战略活动的替代（张秋生，2010）。在以上并购的内涵特征中，最重要的就是并购是以商务控制权为标的的交易，这也是并购与其他重大资产购买活动的最主要区别。

1.2.2 并购对价

并购对价（也称并购支付），是指主并公司（并购公司）通过一定的支付方式或手段获得对目标公司的控制权的一种行为。可用于公司并购的对价方式多种多样，本书在此主要介绍在我国并购实务中最经常使用的两种方式①：现金对价和股票对价。

1）现金对价

现金对价是一种单纯的并购支付行为，它是由主并公司支付给目标公司或目标公司股东一定数额的现金，借此取得目标公司的资产或所有权。一般而言，凡不涉及发行股票的并购都可以视为现金并购，即使是并购公司通过直接发行某种形式的票据而完成的并购，也是现金对价。对主并公司而言，并购是公司的一项投资活动，而现金对价是公司资产形态的转化，即公司将持有的现金转化为一项投资资产。

在公司间的并购交易中，现金对价被采用的比率是最高的。Netter 等（2010）通过对 1992—2008 年 10 个国家跨国并购案例研究发现，现金对价仍然是这些国家采取的主要并购对价方式，其中现金对价比重大于 70% 的国家分别为瑞士（78%）、荷兰（78%）、德国（77%）、法国（76%）、意大

---

① 在我国上市公司的并购对价方式中以现金对价、股票对价等多种形式组合在一起的混合对价方式很少，所以本书在此并没有对混合对价方式进行详细的介绍和说明。

利（76%）、英国（72%）；现金对价比重大于等于50%，低于70%的国家分别为日本（67%）、美国（54%）、澳大利亚（50%）；现金对价比重低于50%的国家为加拿大（44%）。在这10个国家中，采用股票对价比重较大的前四个国家分别为加拿大（42%）、澳大利亚（36%）、美国（31%）和日本（29%）。

（1）现金对价的优点

第一，现金是最简单、最迅速的一种支付工具。首先，现金对价并购的估价过程简单易懂，可减少主并公司的决策时间，避免产生"时滞"效应；其次，市场竞争日趋激烈，选择出一个能作为并购对象的目标公司并不容易，这就使主并公司要果断利用现金这一对价工具，迅速达到并购目的。

第二，现金是确保主并公司控制权的一种支付工具。对于主并公司而言，使用现金对价不会使主并公司原有的股权结构产生变动，因此不涉及公司股东和管理者控股权的转移和稀释。

第三，现金是确保目标公司股东获得稳定收益的一种支付工具。由于现金的流动性强、变现风险低，目标公司股东获得现金即相当于获取了稳定的收益；而股票对价给目标公司股东带来的收益具有不确定性，它取决于市场状况（如股市行情波动）、并购公司未来业绩、交易成本等，波动性较大。此外，现金对价可以使目标方，特别是那些举债过多而被迫出售资产或股权的目标方及时获取流动资金。

（2）现金对价的局限性

第一，从主并公司角度分析。首先，现金对价意味着一项沉重的即时现金支付负担，受公司本身现金持有量的制约，公司很可能需要承担高息债务，这会给主并公司带来较大的现金流转压力，甚至有可能因现金流出量太大而造成生产经营上资金需求的困难。其次，使用现金对价工具，交易规模常会受到并购公司变现能力的限制，难以完成较大规模的并购交易。

第二，从目标公司或目标公司股东角度分析。首先，收到主并公司支付的现金，会使其获得一大笔投资收益，由于无法推延资本利得的确认、转移实现的资本增值，从而提早了纳税时间，加重了所得税的负担，这对目标公司股东会产生不利的影响。当然，这一缺陷对于目标公司的中小股东及短期投资者而言，利害关系不大。其次，收取现金而放弃股权，使得目标公司股东不能拥有并购后主并公司的股东权益，进而失去了持有股权获取长远收益的机会。

2）股票对价

相对于现金对价而言，股票对价是指主并公司以本公司的股票来完成对目标公司的资产或股票的收购。

（1）股票对价的优点

第一，对主并公司而言，首先，采用股票这一对价工具一般不需要另行筹集资金来支付并购资金，从而不会占用公司的营运资金，减轻了公司现金支付的压力，为并购后公司的经营发展创造了宽松的财务环境。其次，股票对价特别适用于金额较大的并购交易，这在一定程度上减轻了并购资金规模的限制，更有利于防范目标方的道德风险。

第二，对目标公司而言，首先，股东不会失去其所有权，只不过是将公司所有权转移到并购后的主并公司中，目标方股东会成为并购后主并公司的新股东，能够分享并购后主并公司所实现的价值增值。其次，相对于现金对价，目标公司股东不会增加当期税收负担。按照规定，目标公司股东只有在未来出售其换来的股票时，才对其收入纳税，这样，目标公司股东可根据自己的需要，灵活地决定收益实现的时间，享受税收优惠的政策。

（2）股票对价的局限性

第一，主并公司股权比例将会改变，可能会稀释公司原有股东的所有权，甚至可能使原有股东丧失对公司的控制权，发生所谓的逆向并购（目标公司股东通过主并公司所发行的新股票取得了对主并公司的主导性控制权）。

第二，使用股票对价方式，可能会稀释股权和每股收益，并向外界传递股价高估的信号，可能会导致主并公司股价下跌。

第三，使用股票对价的股权融资方式要受到证券监督管理部门及证券交易所上市规则的限制，发行股票手续烦琐，可能会延误并购时机，也可能会使潜在的竞购对手有机会组织参与并购竞争。

1.2.3 并购融资

所谓并购融资，是指主并公司为顺利完成并购对价，通过各种融资渠道、运用各种融资方式筹集资金的一种行为。从当前国际上常见的并购融资方式来看，总的来说有两大类：一是内部融资，是指从公司内部积累留存资金；二是外部融资，是指从公司外部筹措资金，主要包括金融机构的信贷资金、发行债券和发行股票等。内部融资总体来说要优于外部融资，它可以降低公司的资本成本而且不会受到资金供应者的监督。优序融资理论认为公司是按照先内部融资、后外部融资的顺序解决资金需求的。但是内部融资需要经过公司长时间积累才能得到，往往筹集的并购资金数量也有限，所以，外部融资在并购中扮演了更重要的角色（李曜，2010）。本书根据研究样本的实际情况，将并购融资方式主要分成三种①，即内部融资、负债融资和股权融资。

1）内部融资

内部融资是指公司依靠内部资金积累而进行的融资。内部资金是指公司持有并能够自行支配而无须归还的那部分资金，主要包括公司经营活动创造的利润扣除股利后的剩余部分（留存收益）和经营活动中提取的折旧。由于折旧主要用于重置损耗的固定资产的价值，因此，公司增量融资的主要内部来源就是留存收益。公司内部资金是公司最稳妥、最有保障和最便利的资金来源。

（1）内部融资的优点

第一，融资成本低且使用灵活。内部融资的资金主要来源于公司内部留存收益和折旧基金，一般不会发生融资费用，这使得内部融资的成本要远远低于负债和股权等外部融资的成本。与此同时，内部资金不会受债务契约和股票分红等限制，可以完全由公司灵活安排和支配。

第二，财务风险和控制权稀释风险低。内部资金的使用不会使企业因增加负债而增大财务风险，也不会因发行股票而改变股权结构对股东控制权造成威胁。

---

① 如果详细划分，还应有内部融资、负债融资和股权融资等形式任意组合形成的"混合融资"，但是我国上市公司并购融资中混合融资的数量较少，故本书并没有对混合融资进行介绍。

第三，信息的安全性高。主并公司如果进行外部融资，势必要向外界及时地披露和说明融资原因。如果这一信息被潜在的竞争者获悉，可能会使并购的目标公司资产和股票价格骤然上升，进而增大收购成本。而使用内部融资不会引起外部竞争者的注意，有利于并购的实施。

（2）内部融资的局限性

融资数额受限。内部融资数额的大小取决于公司的利润水平、净资产规模和投资者预期等因素，融资数额有限。此外，由于并购所需资金数额巨大，仅依靠内部融资往往无法满足并购公司资金需要，迫使公司不得不借助外部融资来满足并购资金的需求。

2）负债融资

负债融资是指主并公司通过负债的形式来筹集并购所需的资金。负债融资主要包括向金融机构借款（贷款）融资和发行债券融资两种基本形式。

（1）借款融资

借款融资是指公司根据借款合同或协议向银行等金融机构获得借款。按偿还期的长短，借款分为长期借款和短期借款。银行贷款是公司资金的重要来源，也是我国公司获取并购融资的主渠道。如果公司并购资金以负债融资来源为主，那么对公司和银行而言，无疑存在着巨大的潜在风险。所以，银行向主并公司提供的往往是优先级别贷款（提供贷款的金融机构对主并公司收购的资产或股权享有一级优先权，或主并公司需要提供一定的抵押担保以降低金融机构的信贷风险）。

在并购融资中，银行贷款是一种主要的融资工具，如果主并公司能够较容易地获取条件比较优惠的银行贷款，这可能是一个良好的信号，预示着公司所发起的并购是一个高质量的投资项目，也会向外部投资者传递公司并购将产生更大的协同效应。否则，银行不会轻易对并购公司提供信贷资金，因为银行经常与公司发生业务往来，对公司经营情况的掌握也要比其他外部投资者多。

除了银行的贷款融资以外，为了迅速解决公司并购中的临时融资需求，投资银行往往会提供一种"桥式贷款"（bridge loan），也称"过桥贷款"，以解决收购资金问题。这种贷款一般没有抵押，期限通常较短。近年来在我国的上市公司并购和重组中，桥式贷款也有所利用。例如，为了推动德隆系重组工作的顺利进行，华融资产管理公司向德隆系控股的两家实业公司屯河股份和天一实业发放了总额为 2.3 亿元人民币的桥式贷款（胡海峰，2007）。

此外，股权质押借款也在收购实践中得到了广泛的应用。股权质押借款是指并购公司将股权质押给金融机构，然后从金融机构取得借款的一种融资方式。在此过程中，收购公司将未来获取的目标公司的股份质押给金融机构，然后换取收购的资金。金融机构一般将股份的管理权委托给收购公司，以防止股份管理上的冲突，而融资的期限一般为 1~3 年，主并公司将分期偿还。

对于公司并购融资来说，借款融资的优点表现为：第一，相比发行债券和发行股票等证券融资来说，融资成本低、程序简单，而且借款费用也低于证券融资；第二，通过借款可以筹集到巨额资金，很好地满足标的金额较大的并购资金需要。

但是，这种融资方式对主并公司来说也有一定局限性：第一，要从银行取得贷款，主并公司必须向银行公开其财务及经营状况，且今后的经营管理在很大程度上受银行的信贷契约的制约；第二，为了取得银行贷款，公司可能要提供资产的抵押权，从而降低了公司的再融资能力，产生了隐性的融资成本；第三，有时银行还要求主并公司提供担保人，这也给公司融资增加了难度，同时也加大了贷款的费用支出；第四，当银行贷款不一定能完全满足主并公司的融资需求时，其他融资方式会因投资风险的增大而要求更高的收益率，这也会加大其他融资方式的成本。

（2）债券融资

债券是指公司按照法定程序发行约定在一定时期还本付息的有价证券。在西方发达国家，公司并购中常用的债券融资方式包括公司债券和垃圾债券。而公司债券按有无抵押品来划分，又可分为抵押债券和信用债券两种。

①抵押债券。抵押债券是以某些实物资产作为还本付息保障的债券。如果发行公司到期不能偿还债券本息，债券持有人有权处置抵押品来获得

偿还。

②信用债券。信用债券不用公司的实物资产作抵押，但除了以发行公司自己的信用作为担保以外，可能还需要其他公司、组织或机构的信用来担保。用这种方式融资的优势主要在于它的融资成本比较低，因为利息具有节税作用。它的劣势也很明显：公司要付出资产的抵押权，这降低了今后的再融资能力；有时，债权人还要求提供担保人，这也给公司融资增加了难度，同时，也增加了费用支出。

③垃圾债券。垃圾债券（junk bond）或称非投资级债券，是指资信评级低于投资级或未被评级的高收益债券。垃圾债券市场始于20世纪70年代后期，在以美国为主的西方国家的并购活动中，垃圾债券起着重要的作用，为公司并购融资提供了更多的选择余地，也促使并购融资得以顺利进行。垃圾债券一般是由投资银行负责承销，由保险公司、风险投资公司等机构投资者作为主要债权人而发行的。它的一个显著特征是高风险，因为它常常以并购的标的公司的资产作为抵押，即以未来的资产作为保证，因而具有不确定性。垃圾债券另一个显著特征是高利率。高风险往往伴随着高收益，这样才能吸引那些风险偏好的投资者。

与发行股票相比，发行债券进行并购融资的优点在于：第一，不会对控股股东的控制权产生稀释；第二，利息在税前支付，主并公司可以享受节税效益；第三，债权人一般不拥有对主并公司的经营决策权。

债券融资也有一定的局限性：第一，与发行股票相比，需要承担还本付息的法定义务，在并购完成后会给主并公司带来沉重的债务负担；第二，发行债券的契约中往往会有一些防止侵害债权人利益的限制性条款，可能会影响主并公司的投资发展和以后的融资能力；第三，与银行贷款相比，发行债券融资的程序较为复杂。

对于我国债券市场而言，近年来则呈现企业债券和公司债券共同发展的局面，且企业债券不同于公司债券。企业债券的发行定价主要是由主承销商协助发行主体根据当前市场供求情况、信用等级、风险程度等各方面因素确定发行利率，并上报国家发改委和人民银行进行核准，在我国一般公司是很难发行企业债券的；公司债券的发行定价过程与企业债券相类似，但在基准利率的选择、票面利率范围的确定、发债信用等级要求、报审及监管机构等方面都存在一定差异，如表 1-1 所示。与企业债券定价相比，公司债券定价过程中使用的基准利率并不受限，一般可以采用同期限的无风险债券（如国债）收益率作为基准利率，再加上一定的风险溢价，这样更能体现出发行主体的实际运营情况。可见，公司债券的发行定价过程更符合市场化要求。我国公司债券从 2007 年起步至 2010 年底，上市公司共发行公司债券 92 只，累计发行总规模 2 082 亿元。由此可见，就目前我国债券市场的实际发展状况而言，上市公司的债券融资是很难满足其收购资金需要的，这也造成了我国上市公司并购负债融资以银行等金融机构贷款为主的单一局面。

表 1-1　　　　　　　　　　　**企业债券和公司债券对比分析**

比较内容	企业债券	公司债券
法律法规	《公司法》《证券法》《企业债券管理条例》《关于推进企业债券市场发展、简化发行核准程序有关事项的通知》	《公司法》《证券法》《公司债券发行与交易管理办法》《公开发行证券的公司信息披露内容与格式准则第 23 号——公开发行公司债券募集说明书》《公开发行证券的公司信息披露内容与格式准则第 24 号——公开发行公司债券申请文件》
监管机构	国家发改委	中国证监会
发行人	中央政府部门所属机构、国有独资公司或国有控股公司等大型国有机构	沪深所上市公司及发行境外上市外资股的境内股份有限公司（试点）
定价主体	发行人、主承销商、机构投资者	发行人、主承销商、机构投资者
票面利率	上限：不得高于银行同期定期存款利率的 40% 下限：一般不低于银行同期定期存款利率	上限：无 下限：无
基准利率	一年期 SHIBOR 利率	同期无风险债券收益率（国债利率）
发行期限	1 年以上，一般为 5~10 年	1 年以上，一般为 3~7 年

比较内容	企业债券	公司债券
信用评级	要求较高，一般为AAA	要求较低，一般在AA-以上即可
参考价格	近期市场已发行的同种类型债券的发行价格	近期市场已发行的同种类型债券的发行价格
定价方式	由主承销商协助发行人确定发行利率区间 在利率区间范围内向银行机构投资者询价 通过招投标结果确定最终发行价格	由主承销商协助发行人确定发行利率区间 在发行利率区间内向需要配售的上市公司股东、网下机构投资者询价并确定发行价格
流通市场	银行间市场/沪深交易所	沪深交易所

资料来源：根据企业债券和公司债券相关法律法规整理。

3）股权融资

股权融资是指以发行股票进行融资。在企业并购融资中，股权融资也是一种不可缺少的融资工具。如果公司只有债权融资而没有股权融资，那么其面临的财务风险将会扩大。而外部的融资环境稍有恶化，都将使公司处于很大的风险动荡之中。这样的公司要想并购其他公司，融资问题将是一个很大的难题。因为潜在的债权人会认为公司的风险过大，不愿意向其提供资金。可见，股权融资工具是公司自身实力的体现，也是吸纳其他融资工具的基础。在本书中，股权融资、发行股票、股票融资是一致的，论述时不加以区分。

针对我国上市公司并购融资的实践情况，运用股权融资的主要形式有：首次发行股票融资、配股融资、增发新股融资和换股融资（换股并购）。

①首次发行股票融资。上市公司在首次发行股票后会募集大量资金，甚至还有超募资金，上市公司可利用这些充盈的资金直接或间接地进行并购活动，以扩大公司的对外投资业务，为股东创造更多的收益。

②配股融资。配股融资主要是指上市公司向原有股东按其持股比例发行新股来筹集资金。

③增发新股融资。增发新股包括公募增发和定向增发两类。公募增发是指上市公司在具备条件的情况下，经有关部门批准，向社会公众发行股票；定向增发是对战略投资者或少数特定股东发行股票。

④换股融资。换股融资是指主并公司用本公司股票与目标公司的股票

进行交换，以达到收购的目的。

股权融资的优点：第一，减少现金流出，有利于公司未来发展；第二，减低资产负债率，有利于维持一定的举债能力；第三，筹集资金数额大，受约束程度较低。

股权融资的局限性：第一，原有股东的控制权可能会遭到稀释；第二，在股市发展低迷期融资可能较困难且成本高；第三，换股方案中股价的波动也会使收购成本难以确定，方案也要经常调整；第四，股权融资程序复杂，审批时间也较长。

1.2.4　并购对价与并购融资的关系

在现有的相关研究中，大多数学者没有严格区分并购对价和并购融资之间的关系，有些学者还将这两个概念混用，这也造成了对二者关系理解上的困扰和偏颇。本部分在此简单概括二者之间的关系，二者间详细的影响机理见 4.4 节的论述。

（1）并购对价是并购融资的目的，虽然主并公司可以采用多种融资方式来完成并购对价，但是融资方式和融资数量要满足交易双方并购对价的需要。

（2）主并公司的并购对价方式必须要与目标方一同协商敲定，但是主并公司的并购融资对象往往不是目标方（换股并购除外）。

（3）主并公司并购融资决策要依据并购对价的初步方案来调整和确定，只有按并购对价要求完成融资之后，交易双方才能顺利完成交易，即主并公司在并购融资决策时要考虑到并购对价的偏好。

综上，本书认为公司的并购对价决策会影响并购融资决策。

1.3 ———————— 研究目标和研究内容 ————————

1.3.1　研究目标

（1）分析我国上市公司并购事件、对价方式和融资方式趋势特征。本书将对我国上市公司并购事件、并购对价方式与融资方式，按照发生时间、行业分布、产权性质、交易类型（交易规模、关联交易、跨国并购、并购类型）等进行分组，考察并购事件、对价方式和融资方式基本特征及变化趋势。

（2）分析与检验制度环境对并购对价方式和融资方式的影响。本书将经济发展水平、资本市场发展状况、政策法规制度等宏观因素纳入研究模型中，揭示在我国特殊的制度环境影响下，上市公司并购对价方式和融资方式所呈现的特征及变化趋势，为规范政府行为，改善外部公司治理机制的政策性建议提供经验数据支持。

（3）分析与检验并购对价方式和融资方式影响因素的异同及二者关系。本书将通过单变量分析、二元 Logit 模型和多元 Logit 模型分别检验上市公司并购对价方式和融资方式选择的影响因素，在此基础上建立嵌套式 Logit 回归模型，用以检验并购对价方式和融资方式影响因素的差异性，进而阐明和验证二者之间的关系，从而为上市公司选择对价方式和融资方式提供理论依据和经验数据支持。

1.3.2 研究内容

本书主要包括以下九部分内容：

第1章，绪论。本章首先提出了本书的选题背景及研究意义，其次界定了并购、并购对价和并购融资等相关概念，随后分别介绍了研究目标和内容、技术路线和研究方法以及文章的创新之处。

第2章，文献回顾与述评。本章首先从公司并购对价方式和融资方式选择的影响因素研究入手，梳理国内外关于公司特征和宏观环境对公司并购对价及融资选择影响的主要文献，总结国内外的主流研究观点和研究发现；接下来回顾公司并购对价与并购融资关系研究的相关文献，为厘清二者之间的关系提供一定的研究基础；在全面和系统地梳理文献的基础之上，本章最后归纳和总结了现有的国内外相关文献研究的共识观点、争议与分歧、薄弱点及空白，并明确了本书的研究方向和重点。

第3章，制度背景与现状分析。本章立足于我国上市公司并购特有的制度背景，对我国公司并购发展历程进行了阶段划分，随后将上市公司并购事件、并购对价与并购融资样本观察值按发生时间、行业分布、产权性质、交易类型（交易规模、关联交易、跨国并购、并购标的）等进行分组，考察总体和分组后各类别样本观测值的基本特征及其变化趋势。

第4章，理论分析。在本章中，首先提出了一个并购对价与融资选择的理论框架；随后遵循该理论框架，结合经济周期、市场择时、信息不对称、优序融资、委托代理、控制权等理论详细阐述了并购对价和融资选择的机理；最后对并购对价决策影响并购融资选择决策的机理进行了分析。

第5章，研究设计与基本统计分析。本章首先交待了样本数据的来源与筛选标准，随后介绍了本书实证研究部分使用的主要模型，并定义了相关变量，接下来分别对样本数据进行了描述性统计、相关性分析和单变量分析。

第6章，并购对价方式选择影响因素实证分析。本章是在第4章的理论分析框架下展开研究的。由于我国上市公司并购对价大多采用现金和股票两种基本方式，因此本章根据二元Logit模型，从公司特征和宏观环境两个方面分析并购对价方式选择的主要影响因素。微观公司特征层面重点从现金偏好、风险分担等经济动机，控制权稀释威胁、关联交易并购等管理动机，管理层过度自信动机等方面来分析；宏观环境层面重点从经济发展水平、股票市场发展状况、股权分置改革、法律制度环境等方面分析这些宏观因素对上市公司并购对价方式选择的影响。

第7章，并购融资方式选择影响因素实证分析。依据第4章的理论，承接第6章研究思路，本章仍然从宏观和微观两个层面进行并购融资方式选择的因素分析。与对价方式的二值特征不同，我国上市公司融资方式主要有内部融资、负债融资和股权融资三种基本方式，所以本章根据多元Logit模型，并以股权融资为参照组，从公司特征和宏观环境两个方面分析并购融资方式选择的主要影响因素。微观公司特征层面重点从资本成本、融资约束、风险分担等经济动机，股权代理成本、债权代理成本、关联交易并购等管理动机，管理层过度自信动机等方面来分析；宏观环境层面重点从经济发展水平、股票市场发展状况、信贷市场状况、股权分置改革、法律制度环境等方面分析这些宏观因素对上市公司并购融资方式选择的影响。

第8章，并购对价与融资方式嵌套实证分析。从本质上说，并购对价和融资方式是有区别的，同一对价方式可能来源于某一特定的融资方式，也可能来源于不同的融资方式。并购对价方式是由并购双方基于各自的利益和风险均衡而达成的一致妥协，而当控制住某一种对价方式时，收购方对某一特定融资来源有系统性偏好，这可能依赖于公司特征及并购活动所处的特殊制度环境等因素。本章主要采用嵌套 Logit 模型将并购对价方式和融资方式嵌入同一研究框架。第一步骤主要针对并购对价选择影响因素进行分析，第二步骤通过控制并购对价方式偏好（全部为现金），将相应融资方式划分为内部融资、债务融资和股权融资三种，考察上市公司在现金对价方式下融资方式选择的影响因素。两步综合对比分析，较好地揭示了并购对价与并购融资影响因素的异同。

第9章，并购对价与融资方式绩效实证分析。本章以并购事件中主并上市公司为研究对象，借助于全要素生产率指标来度量上市公司并购的整合绩效，检验并购前后全要素生产率的变化，并进一步分析并购支付方式和融资方式与主并公司并购前后全要素生产率变化之间的关系。

第10章，研究结论与政策建议。本部分将根据理论分析和实证检验的结果总结归纳本书的主要研究结论。同时，依据研究结论提出相应的政策建议，最后在分析本书研究不足的基础之上指出未来研究的方向。

1.4 技术路线和研究方法

1.4.1 技术路线

根据研究目标和研究内容，本书遵循图1-1技术路线展开研究：在提出问题和回顾相关文献之后，对我国上市公司并购的发展历程、并购事件、并购对价及融资现状进行了分析；在理论分析部分，主要从宏观环境层面和微观公司特征层面详细地阐述了影响并购对价和并购融资选择的机理；在本书的实证研究部分，分别检验了并购对价、并购融资的影响因素，并在此基础上以嵌套结构的形式和方法分析了二者之间影响因素的异同；最后对全书进行了总结，提出了相关的政策建议，并指出本书的不足及未来的研究方向。

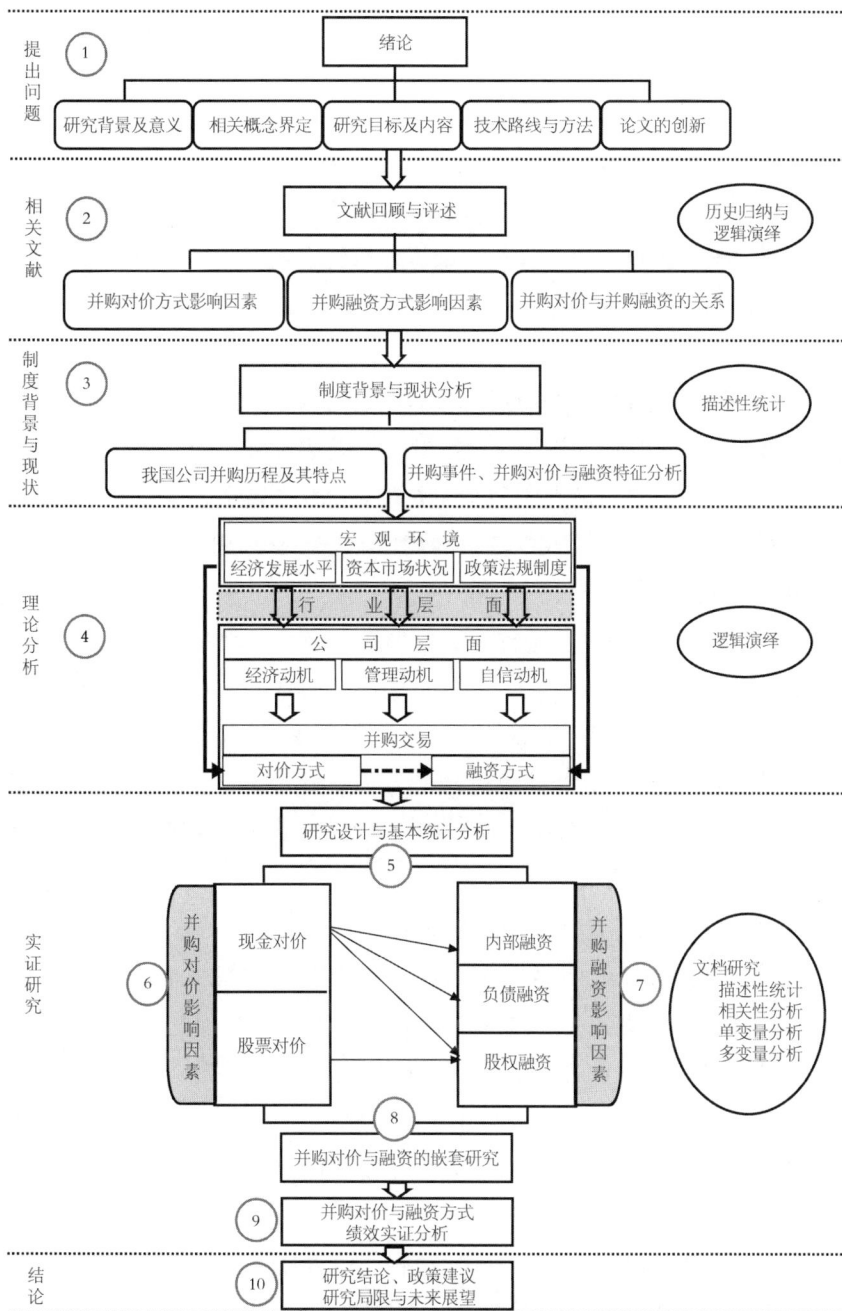

图 1-1 本书的技术路线图

1.4.2　研究方法

1）并购对价方式与并购融资方式趋势分析

对样本总体数据和分组数据进行描述性统计与分析是第3章的主要任务。对搜集和整理的并购样本的数据，运用描述性统计的方法，按发生时间、行业分布、产权性质、交易特征等标准统计我国上市公司并购对价方式和融资方式的集中程度，描述不同对价方式和融资方式的比重及其变化趋势。

2）并购对价与融资方式选择的影响因素分析与检验

本书在第5章中，对并购对价和融资方式选择决策的影响因素进行了单变量分析，主要是对解释主并公司并购对价和并购融资决策的一系列变量的均值差异进行检验。连续变量的均值差异检验采用F检验，二元变量则采用Wald检验。

本书在第6章和第7章进行并购对价和融资影响因素的多变量回归分析。第6章针对主并上市公司并购对价的影响因素进行检验，采用的是二元Logit回归模型；而第7章对主并公司并购融资影响因素的检验，运用的是多元Logit回归模型（以股权融资为参照组），多元Logit模型包括两个同时估计的二元Logit模型，每一个二元Logit模型预测了相对于选择股权融资方式的对数发生比的变动情况。

3）并购对价与并购融资的嵌套研究

为了完成第8章的内容，本书建立了嵌套结构的Logit模型进行研究。具体方案是将主并公司选择集合分成两部分，分别是对价方式和融资方式。由于并购对价方式往往受目标公司决策的影响，主并公司在进行融资决策时，应首先考虑采取何种对价方式，再决定其融资来源。如果并购对价方式和融资决策受不同因素的驱动，当确定某一对价方式后再研究该方式下的融资决策影响因素时，二者的影响因素应该有所差别。嵌套Logit模型允许通过主并公司有条件地基于偏好对价方式进行融资决策，将拓展多元Logit框架，有利于检验并购对价和融资方式影响因素的异同。

1.5 ——————————— 本书的主要创新 ———————————

本书以中国上市公司并购对价和并购融资的相关数据为基础，将并购对价与融资方式嵌入同一框架，着重从宏观环境和微观公司特征两个层面对我国上市公司并购对价和融资方式影响因素的异同及二者之间的关系进行分析与检验。本书的创新之处主要体现在以下四个方面：

（1）厘清并购对价与融资方式的内涵和范畴，将二者嵌入同一研究框架，对并购对价和融资方式影响因素的异同及二者之间的关系进行理论分析和经验检验。以往国内外学者在并购对价和融资方式研究中，大多数没有严格区分二者的内涵和关系，有些学者甚至将这两个概念混用，从而降低了其研究结论的准确性。本书认为，并购对价和并购融资是两个不同的概念，主并公司的并购对价决策和并购融资决策的驱动因素也有一定区别，而并购融资选择决策也要考虑并购对价决策的偏好。

（2）本书在清晰界定并购对价方式和融资方式内涵的理论分析基础上，采用嵌套结构模型进行经验研究。该模型通过允许主并公司有条件地基于对价方式的偏好进行融资决策分析，对于检验二者影响因素的异同及关系意义重大。同时，也有利于拓宽并购对价和融资的研究路径，丰富并购对价和融资方式相关理论，为我国上市公司选择并购对价和融资决策提供参考。

（3）拓展并购对价和融资方式影响因素研究范畴，将与并购对价决策和并购融资决策相关的宏观环境因素及微观公司特征因素纳入同一研究框架。在以往的国内外相关研究中，大多考虑的是微观公司特征层面的因素对并购对价与融资的影响，很少考虑经济发展、资本市场状况、政策法规制度等宏观层面的因素。而由于中国并购市场面临着政府干预和市场机制不完善等制度环境的影响，因此西方传统的并购对价和融资理论并不完全适合用来解释我国上市公司的并购行为。本书将与制度环境相关的宏观因素纳入并购对价与融资方式的公司特质微观因素研究框架中，研究结论有利于更好地揭示我国上市公司并购对价和融资方式选择决策的影响因素，也期待能为规范政府行为、加强金融深化、监控并购融资风险等提供政策建议和经验支持。

（4）拓展并购整合绩效的评价方法。关于并购绩效的研究，大多数学者利用会计数据检验并购整合绩效，并购作为微观经济行为，其成败的关键是并购整合过程中预期协同效应能否实现。从本质上说，这种效应是并购双方合并后各种生产要素（资本、人力、管理等）重新配置的结果。本书采用全要素生产率度量并购整合绩效，不仅可以充分考虑规模经济、技术因素、管理水平等多方面可能引起生产效率变动的因素，而且将全要素生产率、并购对价方式和融资方式等变量统一在一个研究框架里，有利于分析并购价值或效率创造动因，有利于解释并购对价和融资方式对并购整合绩效的影响。

第 2 章

文献回顾与述评

为了更好地对本研究领域核心和重要的文献进行系统的梳理和回顾，本书文献绝大多数源自 SSCI 来源刊（1980—2012）和 CSSCI 来源刊（1998—2012），个别早期文献和重要相关文献除外。本书的文献梳理主要沿着图 2-1 列示的四条主线展开。

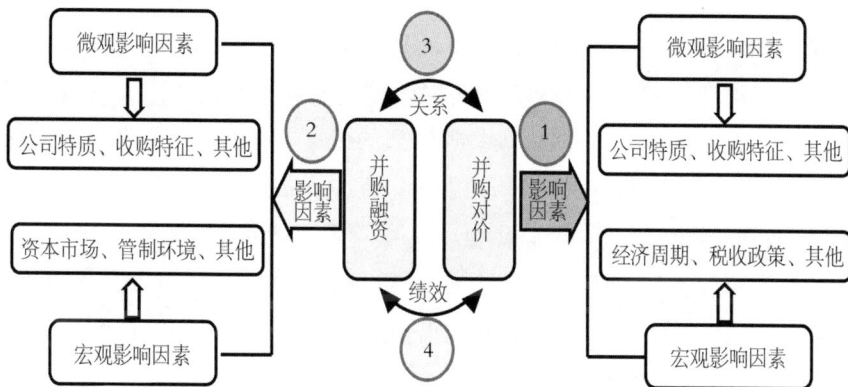

图 2-1　本书的文献脉络图

2.1 ————————— 并购对价方式的影响因素 —————————

在公司并购交易中，对价方式选择是并购活动的关键环节，对交易的顺利完成有着至关重要的影响（Ismail and Krause，2010）。从微观上来说，并购对价不仅关系到并购双方的财务安排，而且影响到双方对公司控制权的力量对比、公司的资本结构的变化。从宏观上讲，并购对价与国家整体的经济环境、资本市场及政策法规制度等都有密切的联系。因而，它成为国内外学者的研究热点（苏文兵、李心合等，2009；谷留锋，2011）。目前来看，影响公司并购对价方式的理论研究也主要分为两大类：一类是在财务学和金融学的微观框架下，研究公司层面的微观因素对并购对价方式的影响，这一研究方向文献较多；另一类是在新古典经济学的宏观框架下，研究经济周期、资本市场、政策法规等宏观因素对并购活动和对价方式的影响，这一主题文献相对较少。

2.1.1 公司特征与并购对价

1）控制权稀释对并购对价方式的影响

并购对价过程中的控制权稀释因素影响，其实质更多体现的是公司管理层和大股东等内部人控制机制。根据并购控制权威胁理论，并购公司的管理层为防止并购后控制权稀释而影响个人财富，在并购对价中他们更偏好现金对价（Hansen，1987；Stulz，1988；Amihud 等，1990；Martin，1996）。但管理层的持股比例与现金对价的关系却不是线性的，当股权高度分散或高度集中时管理层无丧失控制权的担忧，并购公司更有可能采取股票对价进行并购（Amihud 等，1990）。而 Martin（1996）对 1978—1988 年美国成功并购的事件经验证据证实：当管理层持股比例在 5%~25% 范围内，则可能关心"稀释"问题，因而更趋向于选择现金对价方式。Zhang（2001）对英国 1990—1999 年的并购事件进行分析，并购双方的管理层持股比例与并购对价方式选择没有显著关系。

从终极控股权来看，控股股东因其持股比例的不同，也同样关心控制权稀释的风险。Faccio 等（2005）对 1997—2000 年欧洲 13 个国家的并购事件研究发现，当并购公司的终极控股权在 20%~60% 之间时，股权稀释的可能性较大，因此这类公司更愿意采用现金对价方式，在此范围之外，对价方式与控股股东持股比例呈负相关，但不显著。Martynova、Renneboog（2009）对 1993—2001 年期间欧洲 26 个国家的并购样本研究也发现，在控股股东股权相对集中时，并购公司现金对价相对股票对价发生概率更大。但在我国，由于管理层持股比例偏低，有超过 4/5 的上市公司的管理层持股比例不足 1%[①]，因此并购公司的管理层基本不关心控制权稀释问题（刘淑莲等，2012）。但中国上市公司股东的持股比例相对比较集中，公司控股股东可能会对控制权稀释威胁较为敏感。国内学者苏文兵、李心合等（2009），李双燕、万迪昉（2010）研究表明，当主并方大股东的持股比例处于中间水平时，为避免公司控制权转移，并购公司一般选择现金对价（包括承债支付），当持股比例较低或相当高时倾向于选择股票对价。而朱立芬（2007），李善民、陈涛（2009），刘淑莲（2012）研究却得出不同的结论：并购公司第一大股东的控制权对公司选择并购对价方式没有显著影响。国内研究结论产生差异的主要原因可能与中国上市公司控股股东股权高度集中抑或样本选取的范围有关，进而这也成为本书大样本实证检验的重点之一。

　　除了终极控股的大股东和管理层这些公司"内部人"之外，并购公司外部股东为了防止控制权的分散而减少财富，也会对并购公司的对价方式产生一定的影响。Martin（1996）的研究发现，机构投资者的持股比例与股票对价负相关；Harris、Madura 等（2010）进一步将外部股东分为"激进型"和"温和型"两类[②]，并以美国 1998—2008 年并购双方都已公开上市的公司为样本，研究了激进型外部股东对并购对价方式的影响。他们认为，目标公司有激进型外部股东时，并购公司的管理层更可能采用现金对价而不是股票对价，并购公司激进型外部股东持股比例较低时，现金对价的可能性会减少。然而，当并购公司激进型外部股东持股比例处于中间范围时（持股相对集中，这一持股范围的外部股东对股票对价的威胁较敏感，因此可能会使他们对管理层的并购对价决策产生影响），现金对价的可能性会增加。当公司的外部股东并不激进时，并购公司倾向于使用现金对价。国内关于外部股东与公司并购对价决策的研究还是空白。

23

---

　　① 根据中国证监会证券市场概况统计表，截止到 2009 年 12 月底，中国境内 A 股上市公司数量为 1 610 家；另据 WIND 资讯金融数据库数据分析，在这 1 610 家上市公司中，管理层持股比例大于 1% 的上市公司为 303 家，占 18.8%。
　　② 激进型外部股东主要指对冲基金、私人股权投资公司、风险投资者、天使投资者、私募基金、外部董事、个人投资者和企业投资者；温和型外部股东主要是指共同基金、养老基金、银行、保险公司、非银行的信托基金、捐赠基金，以及员工持股等。

2）信息不对称对并购对价方式的影响

由于信息的不对称，公司的管理层比外部投资者具有信息优势，所以当他们认为本公司股价被市场高估时，就会偏好股票融资（Myers and Majluf，1984）。可以说在这样一种并购公司单方信息不对称的情况下，当并购公司的市场价值比较高即股票被高估时，其管理层往往倾向于采用股票融资和对价，如果他们认为本公司的股票被低估时，就会偏好于现金对价（Travlos，1987；Martin，1996；Chemmanur and Paeglis，2003；Shleifer and Vishny，2003；Rhodes-Kropf and Viswanathan，2004）。但是，Nayar 和 Switzer（1998）却提出了相反的观点。他们认为，如果市场上的投资者将采用股票对价当作并购公司高估股票价值的信号时，势必会引起并购公司股票价格的下跌，此时，为了降低投资者的逆向选择，那么高估市值的公司应该采用现金对价更为稳妥。国外专家观点存在的争议，也为检验我国主并上市公司的信息不对称对并购对价方式的影响提供了一个视角。

Hansen（1987），Martin（1996），Martynova、Renneboog（2009），苏文兵、李心合等（2009），刘淑莲（2011；2012）等认为不同对价方式对并购双方股东的影响主要表现为他们承担的风险不同，这种交易风险很大程度上也是由并购交易双方信息不对称造成的。采用现金对价方式，并购后目标公司控制权直接转移给并购公司，目标公司股东不需要承担并购后的风险，由于信息不对称引起的估价偏差（并购交易支付过多）风险将由并购公司股东承担。采用股票对价方式，目标公司股东通过换股成为并购公司的股东，他们与并购公司股东一起承担"支付过多"的风险（Hansen，1987；Fishman，1989；Rappaport and Sirower，1999；李善民、陈涛等，2009）。而关于信息不对称引发的交易风险这一指标国内外绝大多数学者采用并购的"相对交易规模"来测量[①]，相对交易规模越大，信息不对称越大，交易风险（目标公司风险）越大，并购公司越倾向于股票

[①]　关于并购的相对规模，早期 Hansen（1987）的研究采用并购公司总资产与目标公司总资产的比来衡量，国内的李善民、陈涛（2009）采用并购交易金额与并购前一年末收购公司总资产的比率衡量，而自 Martin（1996）采用并购交易额与并购交易额和并购公司市场价值合计数的比率衡量之后，国内外大多数学者沿袭和借鉴 Martin（1996）的方度量并购的相对交易规模（Faccio、Masulis，2005；Martynova、Renneboog，2009；苏文兵、李心合等，2009；刘淑莲等，2012）。

对价；反之，则更偏好现金对价（Faccio、Masulis，2005；Martynova、Renneboog，2009；苏文兵、李心合等，2009；李善民等，2009；刘淑莲等，2011、2012）。但是，Martin（1996），Ghosh、Ruland（1998），Ismail、Krause（2010）的实证检验表明相对交易规模与并购对价方式之间的关系并不明显。Ghosh、Ruland（1998）从并购双方的管理层的角度进行了解释，如果并购的相对交易规模较大的话，目标方的管理层想在并购后的公司中保证自己的利益，他们倾向于股票对价，而并购公司的管理层为了防止控制权稀释倾向于现金对价，而最终对价方式的选择还需要双方的协商和谈判。

国外也有学者认为，在双方信息不对称的情况下，并购双方均衡的对价方式或者称为"最优的并购对价"应该是股票和现金的混合（Eckbo等，1990；Berkovitch and Narayanan，1990；李善民、陈涛，2009）。Eckbo 等（1990）在研究中指出，目标公司的交易信息的"隐瞒"会促使并购公司采用股票作为对价方式，而并购公司股票价值的高估（或目标公司对并购公司股票价值的低估）又会使并购公司采用现金对价。因此在双方信息不对称的情况下，并购对价的一个局部均衡结果是：并购公司真实价值可以通过混合对价向目标公司展现，并且随着混合对价中现金对价的比重增加而增加。Berkovitch、Narayanan（1990）的研究也指出，由于并购公司选择的混合对价方式会影响到目标公司的收益，所以当并购公司的潜在竞争对手增加时，会促使并购公司不断提高混合对价中现金的比例，而现实的竞争中并购公司几乎全部使用现金对价；李善民、陈涛（2009）认为，并购价格的区间机制能够降低并购交易成本和减少风险，我国公司并购对价业务中应该予以重视。所谓的并购价格区间机制，本质就是根据并购双方公司价值影响因素而灵活确定的混合对价方式。当然，交易双方信息不对称会对我国并购公司的对价方式选择产生怎样的影响？这也需要本书的大样本实证数据来检验。

3）交易特征对并购对价方式的影响

由于并购对价涉及并购交易双方的利益与风险的均衡，所以目标公司的特征、并购双方所处的行业、并购的类型（是否为协议收购、要约收购、善意收购、敌意收购、跨国并购等）对并购对价的选择也会产生影响。

Martynova、Renneboog（2009），Ismail、Krause（2010）研究发现，目标公司股票收益率越高，并购公司越倾向于采用股票对价或是增加混合对价中的股票比例的方式。因为目标公司股票较高收益的增长率可以维持较高的股价，进而筹集更多的资金，进而能促进目标公司将充足的资金去投资增长更快的业务，所以目标公司股东有愿望继续持有合并后公司的股票，并购公司也可借助股票对价或增加对价中股份的比率而顺利完成并购交易；当并购公司的目标是上市公司时更容易采取股票对价，而并购目标为非上市公司时更多采取现金对价（Martynova、Renneboog，2009）；大多数国内外学者的经验证据还表明，并购双方是否同行业对并购对价无显著影响（Faccio，2005；Martynova、Renneboog，2009；苏文兵、李心合等，2009）。

此外，并购的类型也会对并购对价方式产生影响，强制性要约收购、竞价要约收购更容易采用现金对价的方式（Martynova、Renneboog，2009）。相对于善意的收购来说，恶意的收购更容易采用现金对价（Martin，1996；Martynova、Renneboog，2009；Ismail、Krause，2010），这样能缩短并购的时间、降低并购的难度。与股票对价相比，跨国并购中现金对价发生的概率更高。因为在跨国并购交易中，很多国家对外资股权投资有很大的限制（Faccio、Masulis，2005），主并公司的股票在目标公司所在的国家几乎不能上市交易（French、Poterba，1991；Coval、Moskowitz，1999），这也导致了目标公司不愿意接受并购公司的股票对价（Martynova、Renneboog，2009）。

4）主并公司财务特征对并购对价方式的影响

国内外学者针对主并公司的一系列财务特征（实证研究中主要是用各种财务指标来表征）是否会对并购对价方式产生影响也进行了理论分析与实证检验，主要包括现金流、财务杠杆、成长机会、投资需求、净资产收益率、股利支付率、资产规模、股价的波动性等。根据Myers（1984）的优序融资理论和Jensen（1986）的自由现金流量假说，当并购公司有充足的现金流量时其更倾向于采用现金对价，这一理论也得到了Martin（1996），苏文兵、李心合等（2009），李善民等（2009），Ismail、Krause

（2010）的基本证实，但是 Martynova、Renneboog（2009）的实证研究却没支持上述观点。并购公司的财务杠杆越大，其举债的能力越小，并购交易中越倾向于股票对价（Faccio，2005；李善民等，2009）。而 Martin（1996），Bugeja 等（2008），苏文兵、李心合等（2009），Martynova、Renneboog（2009）的实证检验却没有发现财务杠杆与股票对价之间的显著关系；并购公司有更大的成长机会，会倾向于采用股票对价，这样可以储备更多的现金以利于并购后公司进行投资活动而谋求增长的需要（Martin，1996；Zhang，2001；Faccio 等，2005；Swieringa、Schauten，2007；刘淑莲，2012）。但 Ismail、Krause（2010）研究了 1985—2004 年美国上市公司间的并购交易发现，无论是并购公司还是目标公司的成长机会都与并购对价没有显著关系，国内李善民等（2009）的研究也得出了类似的结论。Zhang（2001）对英国 1990—1999 年并购对价交易进行分析发现，并购公司股利支付率和净资产收益率越高，越可能采用现金对价方式。他解释，可能这样的公司资金比较充足，并且在资本市场上很容易筹资。此外，国内外学者的经验证据还表明并购公司的固定资产占总资产的比重越大、总资产规模越大，并购公司越倾向于采用现金对价（Faccio，2005；李善民，2009）。Raymond 等（2000）以 1990—1996 年澳大利亚的并购数据为样本研究得出，并购公告声明前，并购公司股价的波动性与采用股票对价的概率显著正向相关。可见，国内外关于公司特征与并购对价的研究结论有共性也有分歧，这也有待本书的重点检验或是在模型中作为控制变量加以控制。

2.1.2　宏观环境与并购对价

1）经济周期对并购活动及对价方式的影响

全球五次并购浪潮都与当时经济周期变动相关联，经济复苏、信贷膨胀和股市繁荣通常会引起大规模并购浪潮（Martynova 等，2011）。不同经济周期还影响并购交易模式。Nakamura、Richard（2004）认为，经济繁荣时并购公司更倾向于通过发行股票进行换股对价，经济衰退时由于股价较低，所以主并方采用股票对价的较少，而此时现金对价方式也更容易被受经济危机影响而产生财务困境的目标公司所接受。根据 Mergerstat

Review 数据库分析，美国公司在1980—2005年间，采用现金与股票对价方式的比率在不同的经济周期会发生很大变化，但是现金和股票对价的比率与 Nakamura 和 Richard（2004）的分析却有些偏差。具体来说，在20世纪80年代后5年中，美国经济繁荣，公司业绩普遍较好，持有现金量增多，现金对价从1985年的51%上升到1988年的56%；在1990—1992年间，经济不景气，并购对价中的现金比例下降幅度较大（1992年下降到22%）；但在2001年经济不景气时，现金对价比率下降比较少（从2000年的49%下降到2001年的45%），随后，在2002年就增加到56%，并在2003年增加到59%；特别是在1998—2003年间，现金对价比率基本上呈"V"型变化（谷底在1992年），股票对价比率基本呈"Λ"型变化（峰顶在1992年）。Netter（2011）的研究也表明，1992—1998年美国并购现金对价比率平稳发展，1998—2003年也呈"V"型变化，2003—2007年现金对价比率持续小幅上升，2008—2009年间受金融危机影响现金对价比率有所下降。国内学者唐绍祥（2007）认为中国总体并购活动与经济周期存在较强的正相关性；刘淑莲等（2012）经验证据表明，经济发展水平越高，采用股票对价相对于现金对价的概率就越大。可见，国内外学者对于经济周期会对公司的并购活动的发生产生影响基本达成共识，但是关于经济周期对并购对价方式的影响在国内外不同学者之间以及理论和实践之间却有着一定的分歧，这也为本书的研究提供了一个重要的研究视角。

2）资本市场要素对并购对价方式的影响

国内外学者还发现股价指数、债券市场和利率、货币政策等也会对并购对价方式产生影响。Martin（1996）发现，标普500指数与股票对价显著正相关，若股市整体业绩良好，公司更喜欢选择股票作为并购对价方式；在解释美国公司并购对价时，一些学者认为现金对价的并购交易实际上依靠垃圾债券市场融资，也就是说债券市场的发展直接影响并购对价方式的选择；而早期学者主要研究利率、货币供应量与并购活动的关系（Shea，1991；Baillie，1994），鲜有直接度量货币政策对并购对价方式的影响。刘淑莲等（2012）针对中国上市公司的并购数据研究表明，货币供应量与现金对价的概率在1%的显著水平上正相关，表明货币供应越充足，并购公司越倾向于选择现金对价。

3) 税收政策对并购对价方式的影响

一些国内外学者对税收政策与公司并购对价之间的关系也给予了一定的关注。在应税的并购交易中对价方式不同，目标公司或其股东可能要缴纳的税金也不同。如《美国税法》规定，在现金对价方式下，目标公司或股东需要对资本利得缴纳所得税，进而他们也会对并购方提出更高的溢价要求。如果采用股票对价方式，目标公司股东的资本利得税可以推迟到股份出售以后；而现金与股票的混合对价，要么按全现金对价对待，要么按全部股票对价看待，这取决于现金在对价总额中的比例和交易特点。Eckbo（1983）认为，股票对价可以使目标公司股东延迟纳税，对目标公司股东有利。而采用现金对价使得目标公司股东必须立即支付资本利得税，这将降低目标公司股东的税后收益；Faccio、Masulis（2005）对欧洲市场公司并购中对价方法的选择及税收的影响进行了探讨，表明税收因素的存在，使得并购中更倾向于采用股票对价。此外，对于并购公司来说，如果在购买法[①]下，较高的并购溢价会被计入商誉，进而在后续的年限内逐年摊销，这样会减少并购公司的利润和税收负担（Ismail、Krause，2010）。此时，并购公司应该考虑利用税收优惠，选择现金对价或混合对价以利用"摊销税盾"，不应选择股票对价（Brown、Ryngaert，1991）。国内学者李维萍（2008）在阐述发达国家并购对价税收规则的基础上，对我国并购交易现金对价、股票对价中税收政策的影响及改进策略进行了分析；胥朝阳、杨青（2012）对我国并购交易中的现金对价、股票对价及混合对价的税收规则进行了详细论述，并分别指出了各种对价方式下税收筹划的关键点。

2.2 —— 并购融资方式的影响因素 ——

大多数学者并没有严格区分并购对价方式和融资方式，从而使得国内

---

① 购买法是假定公司合并是一个公司取得另一个公司净资产的一项交易，与公司购置普通的资产交易基本相同。购买法要求按公允价值反映购买公司的资产负债表项目，并将公允价值体现在购买公司的账户和合并后的资产负债表中，所取得的净资产的公允价值与购买成本的差额表现为购买公司购买时所发生的商誉，并按规定进行摊销和减值；权益结合法下，由于合并各方将公司作为合并公司股东权益的一种联合，而不视作购买行为，因此，参与合并的各公司的资产、负债按原来的账面价值记录，合并结果不会产生商誉。

外文献对于并购对价和融资方式影响因素的研究没有细分。在此，本书从众多文献中归纳出并购融资的主要影响因素（很多来源于并购对价研究方向的文献），并从微观和宏观两个角度进行梳理。

2.2.1　公司特征与并购融资

1）资本成本与并购融资方式选择

主并公司资本成本方面的相关特征，如内部融资数量、资本成本、负债能力（可抵押资产、与银行的关系）、股票价格、资本结构（财务杠杆）等对融资方式都有着重要的影响。并购公司的内部现金流越多，并购公司可用来进行并购支付的资金越多（Martin，1996），因为此时的融资资本成本最低，这与优序融资的理论基本相符[①]（Martynova、Renneboog，2009；翟进步等，2012）；当并购公司的内部资金不足时，将通过外部资金来满足并购的资金需求。可抵押的有形资产越多，预期创造收入和现金流的水平就越高、越稳定（Hovakimian、Opler等，2001），公司的负债能力会显著加强，并购公司越有可能采取负债融资（Martin，1996；Martynova、Renneboog，2009）。Faccio、Masulis（2005）还认为，并购公司的高层管理者（董事长、副董事长、CEO、董事会秘书）如果担任了银行的董事，就会改善与银行的关系，也会提升公司的负债能力。他们也通过数据证实，公司与银行的良好关系使得并购公司增加了负债融资。此外一些研究还表明，在股价被高估时公司使用股票进行融资的可能性更大（Myers、Majluf，1984）。

国内外学者发现，当并购公司发布收购声明前，股价持续上升时，公司采用股权融资的概率增大，究其缘由除了与并购公司单方信息不对称相关外，也与目标公司或其股东过高估计并购公司股价有关，这也共同体现了短期市场择时动机对并购融资决策的影响（Martynova、Renneboog，2009；唐蓓、潘爱玲，2011）。还有一些学者认为公司资本结构的偏差会引起公司融资方式的变化（Hovakimian、Opler等，2001；Fama、French，2002；Flannery、Rangan，2006；Morellec、Zhdanov，2008；

---

　　①　Myers、Majluf（1984）的优序融资理论的融资先后顺序为：内部融资、负债融资和股权融资；Martynova、Renneboog（2009）发现并购融资方式选择与优序融资理论不完全相同，在1 361例并购案中，并购资金来源排序先后为内部融资、股权融资和负债融资。

Harford、Klasa 等，2009；Vahap，2011）。具有代表性的是 Morellec、Zhdanov（2008）以美国 1980—2005 年的并购案例为样本进行的研究，他们认为，在多个潜在收购公司竞价中，杠杆率水平低的公司，容易赢得并购成功，并购方财务杠杆在并购完成过后有所提高，这就意味着并购前较低的财务杠杆会影响并购公司的负债筹集金额。Harford、Klasa 等（2009）也以美国 1981—2000 年并购成功的公司为样本进行研究发现，资本结构的偏差是上市公司并购融资来源的主要决定因素，对目标资本结构的调整可以解释并购致使资本结构变化的主要原因。

2）代理成本与并购融资方式的影响

在内部留存收益一定的情况下，并购所需要的外部资金实际上体现的是负债融资决策与股权融资决策之间的选择（刘淑莲，2011）。Aghion、Bolton（1992）认为负债融资与股票融资不仅收益索取权不同，而且在控制权安排上也不相同，通常负债融资契约和破产机制相联系，而股权融资契约与在保持清偿能力下的公司经营控制权相联系。Harris、Raviv（1988）认为在其他因素一定的情况下，公司融资中没有投票权的融资工具（债务、优先股以及认股权证等）越多，管理层的控制权就越大。Amihud、Travlos（1990）认为注重控制权和拥有公司股票份额的管理层不愿意通过发行股票进行并购融资，以避免其持有股份被稀释和控制权丧失的风险，他们更可能选择债务方式进行融资；Martynova、Renneboog（2009）的研究发现，管理层和大股东的持股比例对并购融资方式的选择没有显著影响，但是大股东的持股比例对公司的并购对价选择却有显著的影响。翟进步等（2012）对我国并购市场 2002—2006 年数据进行分析后认为，当公司控制权比较分散时，为了减少管理层和股东之间的代理冲突，主并公司应该采用负债融资，以加强对管理层的刚性约束。

3）收购特征对并购融资的影响

收购特征是否会对并购融资产生影响，国内外学者也进行了一些研究。Martynova、Renneboog（2009）实证考察了跨国并购、要约收购、敌意收购、目标公司是否上市等特征对并购融资的影响。研究发现，主并公司实施敌意收购更倾向于采用内部融资和负债融资，跨国并购交易的混合对价中有相当一部分资金可能来源于内部融资，而收购已上市的目标公司则倾向于采用股票融资，其他的并购特征与公司并购融资关系不显著。刘淑莲（2011）对吉利并购沃尔沃的案例进行分析，发现我国上市公司在跨国并购交易过程中，银行和银团贷款等负债融资占并购支付价款的比例更大。Zhang（2001），Martynova、Renneboog（2009）等学者还分析，如果并购交易金额比较大（目标公司价值比较高），对于现金有限的主并公司来说，其倾向于采用股票融资。

4）管理层过度自信对并购融资方式的影响

国内外一些学者还探讨了管理层的过度自信对公司并购融资决策的影响。Heaton（2002）、Nofsinger（2005）指出，过度自信导致公司管理者过度投资，并举借过多的债务资金。Hackbarth（2010）的模型也表明，与理性的管理者相比，过度自信的管理者倾向于选择更高的负债水平。他的研究还指出，从股东与管理者之间的代理问题角度看，过度自信的管理者会高估投资项目的盈利能力，并低估投资项目的风险，因此会降低对公司陷入财务困境可能性的评估水平。在权衡负债与权益融资的成本和收益之后，其会选择较高的负债比率，从而使公司的资本结构偏离最佳资本结构。唐蓓（2011）以2004—2008年发生并购的沪、深市场的上市公司为样本，检验了管理层过度自信对并购融资决策的影响。研究发现，我国上市公司在并购融资时，过度自信的管理层与主并公司负债融资正相关，但并不显著。但过度自信的管理层在既定的债务融资决策中，会选择激进的债务期限结构（短期负债占总负债比例比较大）。可见，国内外学者基于行为经济学视角的相关研究，拓展和丰富了并购融资的研究理论。

2.2.2 宏观环境与并购融资

并购所需资金量巨大，当公司没有足够的内部资金支持并购对价需求时，必须要借助有效的外部融资渠道筹集资金。此时，公司面临的外部经济发展状况、资本市场的完善程度及国家的管制环境和政策等宏观因素对公司并购融资会产生重要影响。

1）资本市场发展对并购融资的影响

Martynova、Renneboog（2009）的研究表明，当经济发展形势较好、股票市场正在蓬勃发展时，并购公司更喜欢采用股权融资来支付并购所需资金，而股市低迷时期，股权融资的比例就会降低。债券市场对公司并购融资也起着至关重要的作用，美国第四次并购浪潮（1984—1989年）的兴起与该时期垃圾债券①市场的发展密不可分。垃圾债券融资对于那些缺乏内部资金和难以通过传统的银行贷款渠道筹集资金的并购公司特别有益，这也促进了许多中等规模公司的成长（Gaughan，2007）。但是垃圾债券融资风险巨大、一些垃圾债券发行公司的失败、并购价格过高、并购公司负债过多等因素也导致了并购公司偿款困难，进而使得垃圾债券市场遭受重大打击（Ma、Rao 等，1989）；进入 21 世纪美国基金市场发展迅速，一些私人权益基金、对冲基金也成为了并购融资的来源之一（Gaughan，2007）。

在国外，多元化的资本市场为并购融资提供了便利的条件，但我国公司的并购融资却受制于资本市场的发展。长期以来，我国政府部门重视股票市场发展、轻视债券市场发展，特别是企业债和公司债在整个债券市场中所占的规模一直很小；重视交易所场内交易发展、轻视和限制场外交易市场发展；重视证券市场发展、轻视非证券化资本市场发展。这就使我国资本市场结构出现严重畸形，股票市场与债券市场发展不平衡，上市公司直接融资与间接融资比例不协调，进而导致并购融资需求与供给失衡现象明显（田满文，2010）。

2）管制环境对并购融资的影响

有大量的文献表明，管制环境是影响公司融资的关键因素，管制环境的好坏直接决定了股东和债权人为公司提供资金的意愿和所要求的资本成本（La Porta 等，1997、1998；Levine，1999；Djankov 等，2007）。国家为保护股东和债权人的利益，需要对公司融资的环境进行管制。在由于对股东保护差而导致发行权益成本相对较高的国家或由于对债权人保护较好而使得借款成本相对较低的国家，公司更可能使用债务融资。透明度标准高（法制健全、金融制度规范、信息披露制度完善等）的国家更可能使用股权融资（Martynova、Renneboog，2009）。而在新兴市场经济国家中，

---

① 垃圾债券（junk bond；junk），也称高收益债券，但投资垃圾债券的风险也高于投资其他债券，评信级别在标准普尔公司 BB 级或穆迪公司 Ba 级以下的公司发行的债券。垃圾债券是并购融资来源之一，尤其是在杠杆收购中。但在进入第五次并购浪潮后，垃圾债券的重要性开始降低。

由于在股票市场获得股权融资的难度较大，债务融资便成为解决融资约束的重要方式。Almeida、Wolfenzon（2006）发现，在投资者保护较弱的地区，企业集团可通过金字塔结构获得债务融资优势，即通过子公司的债务融资放大企业集团的债务融资规模。设立金字塔结构虽然可以获得债务融资的杠杆效应，缓解外部融资约束，但同时也增加了企业集团的违约风险（孙铮、李增泉、王景斌，2006），严重时也可能发生控制权的转移。

2.3 ———————— 并购对价与并购融资的关系 ————————

国内外学者的很多实证文献都已对公司并购对价方式的选择给予明显的关注（Travlos，1987；Amihud 等，1990；Ghosh、Ruland，1998；Faccio、Masulis，2005；苏文兵、李心合等，2009；李善民、陈涛等，2009；刘淑莲等，2012）。在这些文献中，并购的对价方式通常被认为等同于并购的融资方式。用融资来源（融资方式）代替并购对价（支付方式）可能引起一些结论的错误和偏差，这相对于全现金对价（全现金对价通常被认为是完全现金融资）来说特别严重。Martynova、Renneboog（2009）以欧洲26个国家的1 361例样本进行分析，在完全用现金对价的并购中，至少1/3的资金是来自于外部融资，而这其中70%的外部融资是债务融资，30%是股权融资。因此，将并购对价认同为并购融资的情况下，关于并购对价和融资潜在影响因素的分析和解释可能会得出有效性较差的结论，所以非常有必要厘清并购对价和融资的关系，并检验二者不同的影响因素。

Martynova、Renneboog（2009）认为，并购对价和并购融资是完全不同的，并实证检验了二者受不同因素的驱动。同时他们的研究还表明，并购的融资决策受并购对价方式特定类型偏好的影响；而国内学者刘淑莲（2011）通过案例研究也表明，在其他因素一定的情况下，并购对价方式会对并购融资方式产生影响；翟进步等（2012）从交易成本（资本成本、代理成本）的视角探讨了现金对价方式下并购融资的影响因素，这也是国内第一篇研究并购融资影响因素的实证文献。在文章中作者严格区分了并购对价和融资的成本，认为并购对价成本更为显性和直接，而并购融资成本更加隐性和复杂，但是作者对于并购对价和并购融资之间的关系并没有明确的阐述。

可见，近年来随着国内外学者对并购对价和并购融资相关问题研究的不断深入，已有一些学者开始关注并购对价和并购融资之间的关系这一问题。那么，并购对价和并购融资之间的关系怎样？影响并购对价决策和并购融资决策的因素有何异同？这些是学界与实务界有待讨论与争辩的议题，也是本书理论与经验分析要回答和解决的主要问题。

2.4 ────── 并购对价方式与并购融资方式的绩效 ──────

1）并购对价方式的绩效

不同对价方式会向市场传递不同的信号，从而引起股票价格的不同变化。Hansen（1987）研究发现，使用现金对价表明收购者现有资产可以产生较大的现金流量，收购者有能力充分利用目标公司所拥有的或由并购所形成的投资机会。因此，现金对价会向市场传递一个好消息。Travlos（1987），Amihud 等（1990），Netter 等（2010），杜兴强等（2007）的研究发现，对并购公司而言，现金对价通常会引起股票价格上升，而股票对价通常引起股票价格下跌。Franks、Harris 等（1991），Andrade 等（2001），Goergen 等（2004）研究发现，对目标公司股东而言，现金对价获得的收益高于股票对价的收益。Barai、Mohanty（2010）考察了印度 1996 年 4 月到 2008 年 3 月间的 1 177 个并购案发现，并购公司现金对价的超额收益显著高于股票对价。Netter 等（2010）对美国 1992—2009 年并购对价收益趋势的研究表明：并购目标如果是上市公司，股票对价方式的超额累计收益率为负，而现金对价却为正；并购目标如果是非上市公司，股票和现金对价的超额累计收益率都为正，但是股票对价超额收益却要高于现金对价。而宋希亮、张秋生等（2008），李善民、陈涛（2009）对中国上市公司并购对价方式绩效的研究，却得出相反结论，采用股票对价时收购公司股东收益显著为正，而现金对价对收益却没有显著影响。

2) 并购融资方式的绩效

由于市场上的投资者关于公司资产价值的信息少于公司内部人，发行股票融资并购通常会被市场错误定价，当投资者领会到股票收购的意图，就会把它当作一个负面信号，从而引起股票价格下跌，造成现有股东的净损失（Myers、Majluf，1984；Travlos，1987；Moeller等，2004；Andrade等，2001；Martynova、Renneboog，2008）。在这种情况下，公司只能通过发行不被市场严重低估的证券为并购融资才能够避免信息不对称的影响。因此，内部融资和风险程度较低的债务都要优于股权融资。与股权融资不同，市场对于债务融资持积极的态度，特别是银团贷款的收购，通常会为收购公司带来显著为正的超常收益（Leland、Pyle，1977；Diamond，1984；Lummer、McConnell，1989；Billett等，1995；Bharadwaj、Shivdasani，2003）。这些研究认为债务融资不仅可以避免股票下跌风险，而且可以获得利息抵税的效应，降低融资成本。

Nayar、Switzer（1998）虽然在其研究中没有区分对价方式和融资方式，但其研究的实质表明，债务融资（现金对价）、债务和股票融资（混合对价）可以使并购公司获得较大的超额收益，值得一提的是，投资者认为混合对价（债务和股票融资）中的股票融资是并购公司调整资本结构降低并购风险的需要。翟进步等（2012）以中国2002—2006年间上市公司并购事件为样本，对现金对价方式下不同的并购融资方式的绩效进行了实证检验并发现，权益融资方式显著提升了收购公司的市场绩效和股东财富，而债务融资则降低了收购公司的市场绩效，自有资金的绩效则介于二者之间，文章解释为，这主要由于我国资本市场的弱式有效以及该环境下的投资者"功能锁定"造成的。

2.5 文献述评

综上，通过对国内外大量文献的系统回顾和梳理不难发现，关于并购对价、并购融资以及二者关系问题的现有研究，国内外学者既有共识，也有争议和分歧，更存在薄弱和空白，所以才使得国内外诸多学者持续地专注和关注该领域的理论与经验研究。

2.5.1　存在共识的观点

现有文献共识观点见表 2-1。

表 2-1　　　　　　　　　　**现有文献共识观点列表**

研究主题	基本共识的观点	代表学者
并购对价方式选择影响因素	（1）国外大多文献表明相对集中的管理层和终极股东的控制权会影响并购对价方式选择。 （2）并购双方信息不对称明显时，采用股票对价会分散并购公司的交易风险。 （3）并购双方信息不对称明显时，并购双方均衡的对价方式应该是混合对价。 （4）并购公司的财务特征会影响并购对价方式选择。 （5）跨国并购和恶意收购倾向于采用现金对价。 （6）目标公司或其股东出于税收考虑，会促使并购公司采用股票及混合对价	Travlos（1987） Hansen（1987），Stulz（1988） Fishman（1989） Amihud 等（1990） Eckbo（1990） Martin（1996） Faccio 等（2005） Chemmanur 等（2003） Martynova、Renneboog（2008） 苏文兵、李心合等（2009） 李善民、陈涛（2009） 李双燕、万迪昉（2010） 刘淑莲（2011，2012）
并购融资方式选择影响因素	（1）并购公司的现金流及负债能力会增强其债务融资的能力。 （2）股价持续上升或股票市场繁荣时，股权融资在并购融资中的比例会上升。 （3）敌意收购倾向于采用内部融资和负债融资。 （4）国家管制环境会对并购融资产生影响	Myers（1984） Amihud 等（1990） Martin（1996） La Porta 等（1997） Faccio（2005） Gaughan（2007） Martynova、Renneboog（2008） 翟进步等（2012） 刘淑莲（2011）
并购对价与并购融资的绩效	不同的对价方式会引起并购公司股票价格及财务收益指标的不同变化，现金对价引起的绩效要高于股票对价的绩效	Amihud 等（1990） Netter 等（2010） 杜兴强等（2007） Goergen 等（2004）
总体分析	国内外关于并购对价选择决策影响因素研究得出的共性结论较多，其次是并购融资，但是关于并购对价与融资之间的关系研究共性结论较少	

2.5.2　饱有争议和分歧

现有文献争议与分歧观点见表2-2。

表2-2　　　　　　　　　　**现有文献争议与分歧观点列表**

研究主题	主要争议与分歧观点	代表学者
并购对价方式选择影响因素	(1) 国内外关于控股股东控制权稀释因素是否影响并购对价选择存在争议。 (2) 并购公司股票价值偏高时，并购公司会采取何种对价需要具体分析。 (3) 并购的相对交易规模较大时，采取何种对价方式不确定。 (4) 并购公司的财务特征在针对不同的样本、不同的国家、不同时期的数据研究时，其对并购对价选择的影响存在一定的差异，因此需要研究者根据实际加以控制和考察。 (5) 关于经济周期对并购对价方式的影响在国内外不同学者之间以及理论和实践之间有着一定的分歧	Hansen（1987） Martin（1996） Nakamura（2004） Faccio等（2005） Ismail等（2010） Martynova、Renneboog（2008） 唐绍祥（2007） 苏文兵、李心合等（2009） 李善民、陈涛（2009） 刘淑莲（2011，2012）
并购融资方式选择影响因素	(1) 管理层和大股东的持股比例对并购融资方式的选择是否存在显著影响。 (2) 国内外并购融资优序理论存在差异。 (3) 公司特征对并购融资方式影响应具体分析，各学者研究需要加以控制。 (4) 国内外跨国并购融资的偏好不同	Faccio等（2005） Martynova、Renneboog（2008） 刘淑莲（2011） 翟进步等（2012）
并购对价与并购融资的绩效	国内外不同对价方式和融资方式引起股票价格变动和财务收益指标的变动的方向及幅度存在差异	宋希亮、张秋生等（2008） 李善民、陈涛（2009） Nayar、Switzer（1998） 翟进步等（2012）
总体分析	(1) 大多数学者并没有严格区分并购对价方式和融资方式，有些学者甚至将这两个概念互用，这势必造成理解上的困扰和研究结论的偏颇。 (2) 国内外上市公司并购发展历程、制度背景及面临的管制环境不同，致使国内外的研究结论存在争议和分歧，这也使得当前针对中国上市公司并购实际问题的研究更具有理论和实践意义	

2.5.3　留有薄弱和空白

现有文献薄弱和空白之处见表2-3。

表2-3　　　　　　　　　　　**现有文献薄弱和空白之处列表**

研究主题	主要薄弱和空白之处	代表学者
并购对价方式选择影响因素	（1）外部股东对并购公司对价方式选择的影响研究。 （2）国内税收政策对并购对价方式影响的实证研究。 （3）股价指数、利率、债券市场和货币政策等宏观因素对并购对价的影响	Harris（2010） 李维萍（2008） 胥朝阳（2012）
并购融资方式选择影响因素	（1）管理层过度自信对并购融资决策的影响。 （2）我国资本市场要素及构成对公司并购融资影响的理论分析与实证研究。 （3）并购融资供给和需求矛盾的成因及解决对策。 （4）管制环境、产权性质与并购融资	Heaton（2002） Nofsinger（2005） Hackbarth（2010） 唐蓓（2011）
并购对价与并购融资的关系	深入探讨并采用实证方法研究并购对价和并购融资之间的关系	Martynova（2009） 刘淑莲（2011） 翟进步等（2012）
并购对价与并购融资的绩效	现有研究更多的是关注并购对价和并购融资的短期交易绩效。但是，从并购这一长期的投资活动过程来看，长期绩效更能体现真实的并购整合能力。而关于并购对价和融资的长期绩效合适的度量指标及区别很少有文献提及	Martynova、 Renneboog（2008） 翟进步等（2012）
总体分析	（1）现有研究关注并购对价方式的经验研究相对较多，关注融资方式的相对较少，而将并购对价方式和融资方式相结合进行影响因素异同检验的嵌套式经验研究则更少。正如Martynova、Renneboog（2008）所言，"缺乏可靠的并购融资数据来源可能是以往从未对并购融资方式及其与对价方式相结合进行研究的主要原因"，而这也将是本书研究的一个难点。本书力图搜集整理一个上市公司并购融资数据库（涵盖沪深两市2001—2010年成功发生并购的上市公司样本），借助嵌套Logit模型对二者之间的关系进行经验分析。 （2）在并购对价和融资方式影响因素的研究中，更多关注的是微观因素影响，而考虑与制度环境相关的宏观因素的研究相对较少，特别是将微观因素与宏观因素相结合进行研究的更是鲜有提及，这也是本书研究的重点问题。 （3）有关并购对价和并购融资的长期整合绩效的研究还不充分	

应该指出，关于各主题现有文献的共识观点为本书提供了研究基础，现有文献观点的争议和分歧为本书提供了研究重点，而现有研究的薄弱和空白更为本书提供了探索空间和创新机会。

━━▶ 第 3 章 ◀━━

制度背景与现状分析

本章首先介绍了我国公司的并购发展阶段，并对各阶段内并购范围、并购类型、并购对价及融资、并购监管法规等特点进行了归纳总结；而后依据本书样本选择期间，对 2001—2010 年的并购事件、并购对价及并购融资所呈现的现状特征进行了大样本的描述性统计分析，并对其制度背景进行了简要的剖析。

3.1 ━━━━━ 我国公司并购发展阶段及其特点 ━━━━━

与以美国为代表的西方发达国家相比，我国公司的并购起步较晚且有着特殊的社会制度背景和历史渊源。一方面，尽管经历了放权让利、承包制、利改税、股份制等一系列改革，但走出短缺经济后暴露出来的资源配置不合理的痼疾仍然是我国经济再发展的最大障碍，迫切需要通过资本的流动与重组来盘活企业资产，实现资本的扩张和增值；另一方面，伴随着改革开放程度的不断深入，市场经济体制的确立、资本市场的建立与发展以及政府职能的不断转变为社会资源的流动和重组提供了有利的契机（刘淑莲，2010）。可以说，在国际、国内经济形势和企业制度变迁的冲击下，我国的公司并购经历了一个从无到有、从小到大、从不规范到逐渐规范的发展历程（刘锴，2011）。回顾中国并购30年来的历史发展过程，大致可分为以下五个阶段。

1）并购萌芽阶段（1984—1989年）

改革开放以后，我国企业并购的第一案发生在河北省保定市（胡海峰，2007；李曜，2010）。1984年7月，河北保定纺织机械厂和保定市锅炉厂以承担全部债权债务的对价方式分别兼并了保定市针织器材厂和保定市鼓风机厂，开创了中国国有企业并购的先河。当时，保定市有80%以上的预算内企业处于亏损状态，而政府财政资金有限，不能对产业结构和产品结构进行调整，同时一些优势企业亟待发展，但缺少资金和场地。当地政府采用了大企业带动小企业、优势企业并购劣势企业的调整方式。随后到1987年，武汉、南京、上海、北京等大城市也发生了并购活动。

1988年3月，全国七届人大一次会议又明确把"鼓励企业承包企业，企业租赁企业"和"实行企业产权有条件的有偿转让"作为深化改革的两条重点措施。1988年5月湖北省武汉市率先成立了中国第一家企业兼并市场，同年在保定、南京、福州、成都、深圳等地类似机构相继建立，产权市场的普遍发展为并购方式的多样化创造了条件（李曜，2010）。1989年2月，我国第一个与企业兼并相关的行政法规《关于企业兼并的暂行办法》出台，为我国并购提供了政策指导。可以说，上述政策措施对中国企业兼并重组活动起到了积极的推动作用，从而掀起了我国并购活动的第一次浪潮（刘锴，2011）。据不完全统计，20世纪80年代全国25个省、直辖市、自治区和13个计划单列市共有6 226家企业兼并了6 966家企业，转移资产总计82.25亿元，减少亏损企业4 095家，减少亏损金额达5.22亿元。其中，仅1989年一年就有2 315家企业并购了2 559家企业，转移存量资产20亿元，减少亏损企业1 204家，减少亏损金额1.3亿元（上海国家会计学院，2011）。

这一时期呈现以下特点：第一，并购活动开始由少数城市中小企业间的并购向全国范围扩展。第二，大多数并购活动是在政府主导下实施的，以国有企业为主。政府为了减少国有亏损企业，以所有者身份积极介入企业并购活动，从而使这一时期的大多数并购行为具有明显的强制性，很多呈现"拉郎配"的现象。第三，在浓重的政府干预色彩下这一阶段初期并购对价方式以承担债务和无偿划拨方式为主。1988年以来开始出现地方局部产权交易市场，有偿的现金出资购买方式逐渐兴起，而在"拨改贷"和"基本建设基金贷款"等融资政策指引下，企业有偿现金并购的融资渠道也由财政拨款逐步向国有商业银行贷款过渡。严格来看，这一时期的并购行为是一种"准兼并"行为（刘文通，1995），并不是基于企业发展战略目标的自发并购。

2）并购起步阶段（1990—1996年）

上海证券交易所（1990年12月）和深圳证券交易所（1991年7月）的相继成立，引发了中国证券市场的迅速成长，上市公司数量和证券交易量急剧增加。股份制和证券市场的发展，为公司通过购买股份而控股另一家公司提供了可能，上市公司并购开始萌芽。1992年，中国确立市场经济的改革方向，企业并购成为国有企业改革的重要组成部分，并购开始升温，并且在形式上和规模上有所突破。

1993年9月，深圳宝安集团通过上海证券交易所大量购买上海延中实业股份有限公司的股票，成为其第一大股东，这是国内首起通过股票市场（二级市场）收购一家上市公司的案例。"宝延风波"尚未平息，同年11月和12月相继发生深圳万科试图控股并最终参股上海申华这一"三无概念股"①公司、深圳天极光电及其关联方控股上海飞乐音响等事件②。1994年4月，珠海经济特区恒通置业股份有限公司协议收购上海凌光实业股份有限公司1 200万股国家股，占总股本的35.5%，成为凌光实业的第一大股东，揭开了以协议收购上市公司的序幕（李曜，2010）。可以说，上市公司这一阶段的零星股权收购案例发生，为其后来的并购积累了经验，并促进了我国上市公司收购和反收购以及证券立法监管的发展。

在此阶段还萌发了外资并购和海外并购的跨国并购事件。1992—1993年两年间，香港中策公司先后出资33亿元获得了中国上百家国有企业的控股权，建立起35家合资公司，每家均由中策控股51%以上；1992年，

43

---

①　"三无概念股"是指无国家股、无法人股、无外资股。一般来说，符合"三无概念股"条件的上市公司股份全部为流通股，股权结构非常分散，没有绝对控股股东，在并购活动中最容易成为并购目标。

②　在深圳天极光电控股上海飞乐音响这一并购事件中，作为主并方的深圳天极公司并非上市公司。因此，这也成为中国内地首例非上市公司收购上市公司的并购事件（资料来源：中证网）。

首钢为实现企业长远发展目标收购了美国加州钢厂、秘鲁铁矿等海外企业；1993年，华北制药股份有限公司购买了德国纽勃兰登一个年产量500吨的青霉素厂；1993年，在内地有关部门和香港证券界的配合下，中国首批大中型国有企业在中国香港和海外成功上市。

这一阶段主要呈现以下特点：第一，并购行为日益规范化，但并购规模相对较小，出现了真正以市场化为标志的并购活动，范围也扩大到国有股转让、外资并购和海外并购，同时在并购类型上出现了要约收购、协议收购等并购事件；第二，沪深证券交易所的成立，为上市公司的股份流动创造了平台，萌发了上市公司并购事件，但由于上市公司数量较少，资产重组多以买壳扩大融资渠道和解决财务困境为动机，且重组方和被重组方多为国有企业，以股权划拨为主（李曜，2010；刘锴，2011）；第三，为了快速地实现对目标方的并购，主并方现金对价占据主导，随着证券市场的发展，并购融资除了依靠内部融资和银行贷款融资之外，股权融资方式迅速发展。

3）兴起探索阶段（1997—2000年）

从1997年起，我国开始进入市场经济体制与资本市场快速发展的新阶段。但随着上市公司数量的不断增加，有些上市公司也逐渐暴露出因改制不彻底或缺乏市场竞争力等原因造成业绩连年滑坡的问题。迫于退市的压力，上市公司大举进行重大购买、出售和置换资产用以改善自身的资产质量。尽管这一饮鸩止渴的做法使得交易方式日趋多样化，但其中暴露的问题也越来越多、越来越复杂。这一时期，许多西方发达国家成熟资本市场上的重组模式被探索性地简单移植到国内证券市场，以上市公司为主体的并购行为逐渐成为市场的热点和主角，上市公司重组规模也越来越大。

为满足上市公司日益发展和规范证券市场交易行为的需要，政府部门在这一阶段也颁布了一系列法律法规。1999年7月我国《证券法》正式颁布实施，使得我国证券市场进入了良性发展轨道；为规范上市公司重大重组行为，鼓励上市公司通过并购重组提高资产质量，促进资源优化配置，1998年证监会发布了《关于上市公司置换资产变更主营业务若干问题的通知》（证监上字〔1998〕26号）；2000年6月证监会出台了《关于规范上市公司重大购买或出售资产行为的通知》（证监公司字〔2000〕75号）。

但是，由于上市公司并购重组法律规范和相关实施细则的滞后性，上市公司并购重组过程中出现的"暗箱操作"和信息披露不透明等问题没有得到有效制约，重视财务业绩、忽视资产质量的报表重组甚至虚假重组现象突出，严重侵犯了中小股东利益，并购重组效率低下。

这一阶段具有以下特点：第一，随着相关法律法规和政策办法的出台，中央政府的积极干预和政策鼓励极大推动了国有企业兼并重组的发展，地方政府出于自身政绩的考虑，也对重组表现出极强的积极性；第二，上市公司的非效率并购重组行为与现象突出并引起政府部门的重视，政府对并购市场的法律建设和公司信息披露的监管开始加强；第三，公司并购规模进一步扩大，上市公司参与并购重组呈上升趋势；第四，并购对价方式中资产对价比例有所增加。此阶段国家为了治理通货紧缩实施了相对宽松的货币政策，银行贷款利率逐年下降，而1997年证监会还提高了配股融资的条件，所以上市公司并购融资更多地来自内部资金和银行贷款。

45

4）规范发展阶段（2001—2005年）

2001年以后，我国证券市场进入规范运作和有序发展的阶段。从保护投资者利益的角度出发，证监会于2001年12月重新修订了"证监公司字〔2000〕75号文"，颁布了《关于上市公司重大购买、出售、置换资产若干问题的通知》（证监公司字〔2001〕105号）。新通知对重大重组的监管由事后备案改为事中审核，并规定上市公司重大重组达到一定规模视同新公司上市，须提请中国证监会发行审核委员会审核，遏制了报表重组和虚假重组，从而鼓励了实质性重组；为全面规范上市公司收购行为，积极鼓励上市公司收购活动有序、规范进行，我国证监会2002年底又发布了《上市公司收购管理办法》及其配套法规。2002年11月，由证监会、财政部和国家经贸委共同发布的《关于向外商转让上市公司国有股和法人股有关问题的通知》和《合格境外机构投资者境内证券投资管理暂行办法》，使外资收购上市公司进入了实质性实施阶段，开始与国际市场接轨。上述法规制度与《证券法》和《公司法》等法规初步构建起一套完整的并购重组法律框架体系。至此，上市公司并购重组开始进入有法可依的规范发展阶段，开创了中国上市公司并购重组的新局面，上市公司并购市场的活跃性得到了较大的释放。

这一阶段主要特点表现为：第一，初步建立较为完整的并购重组法律法规体系，使控制权市场逐步走向成熟；第二，并购主体和并购类型发生变化，外资、民营资本活跃，协议收购与要约收购并存；第三，中介机构在公司并购重组中发挥重要作用，实现证券市场的价格发现功能和资源优化配置功能；第四，受股权分置的影响，上市公司并购对价仍以现金对价为主，而公司并购融资主要依赖内部资金和负债融资。

5) 市场导向阶段（2006年至今）

2005—2006年的股权分置改革成为推动上市公司市场化并购重组的重要因素。上市公司并购目标从保壳、保配等逐步转向以市场为导向的公司资源战略整合。战略性重组与跨国并购成为这一阶段并购的主流。同时，制度环境上，我国已经建立起一整套较为完整的并购重组相关的法律制度框架，包括新《证券法》、《外国投资者对上市公司战略投资管理办法》、新修订的《上市公司收购管理办法》（2006年、2008年和2012年三次修订）、新修订的《关于外国投资者并购境内企业的规定》、《商业银行并购贷款风险管理指引》、《企业会计准则——应用指南》、《企业内部控制基本规范》及其配套指引等。

这一阶段的主要特点是：第一，并购法律体系逐步完善，对并购重组行为有了更系统的规范。第二，上市公司并购不断创新，形式开始多样化。协议收购、要约收购、吸收合并、定向增发收购等都成为可能。第三，随着股权分置改革的完成及并购贷款制度的出台，对价方式、融资方式逐步创新。除了现金对价以外，股票对价和混合对价方式也有所增加，商业银行、投资银行、信托等金融机构都有可能为并购融通资金，权益性融资也将更为便捷。第四，跨国并购越来越引人注目。在全球化趋势和全球产业大转移的背景下，中国公司开始成为外资公司并购的目标。同时，随着我国公司实力的增强以及国内经济发展的需要，我国上市公司近年来开始在全球范围寻求并购资源，海外收购数量有所增加。

然而，新时期发展形势也给上市公司并购重组的市场监管带来了挑战：一方面，在"新兴转轨"的制度背景下，我国上市公司很多由国有企业改制而来，使得上市公司并购重组过程中虽然有市场化因素，但也很难避免一定的政府干预行为，监管难度加大；另一方面，随着股权流通性的增强，上市公司控股股东、管理层、机构投资者利用信息不对称谋取私利的动机增大，上市公司利用并购重组进行内幕关联交易的事件有所增加，信息披露的监管难度大大增加，中小投资者利益的保护显得尤为重要（刘锴，2011）。

3.2 —————— 并购事件、对价与融资的现状特征分析 ——————

为了更好地刻画我国上市公司并购事件、并购对价方式和并购融资方式的基本特征，本书以国泰安（CSMAR）"并购重组研究数据库"提供的并购数据为基础，在尽可能保证并购事件完整的前提下，对该数据库提供的并购对价方式进行了查缺补漏，且通过阅读上市公司年报和数据挖掘分析，着重对现有数据库都没有提供的并购融资方式数据进行了手工搜集和整理。本节将从时间特征、行业特征、产权特征和交易特征等四个维度初步对上市公司并购事件、对价方式和融资方式分别进行大样本的描述性统计分析。我们用于分析所选取的数据区间为2001—2010年，其原因主要在于：从我国上市公司的并购发展历程来说，自2001年以来逐步进入规范发展阶段，并购事件也逐年增多，样本的统计趋势会更加明显；此外，有些并购交易在其公告发布后，要经过一定时间后才能确定该起并购事件是否成功，因此将样本时间窗口截止年份限定于2010年度。

具体的数据筛选步骤及标准如下：（1）保留交易成功的并购事件；（2）研究主体为处于买方地位的主板A股上市公司；（3）剔除股份回购、资产剥离、债务重组及难以区分交易地位的资产置换事件，仅保留有偿受让的资产收购、股权收购和吸收合并交易事件；（4）剔除行政划转、无偿受让、司法裁定、继承赠与等非市场化的并购交易事件；（5）剔除并购对价方式和融资方式不能确定的交易事件；（6）国泰安的"并购重组研究数据库"包括很多重大资产购买交易记录（如购买大型设备、购买车船飞机等交通工具、投资理财产品、采购金额较大的生产性材料等），按照并购的内涵它们不属于真正意义上的并购事件，所以仅在分析并购事件的时间特征时将其保留，但在随后的其他特征分析中将其剔除。

3.2.1 并购事件、对价与融资的时间现状特征

1）并购事件时间特征

从表3-1中，我们可以看到 CSMAR 数据库中经过筛选后得到的10年间并购基本数据：数据库的交易记录共有 8 305 例，重大资产购买记录有 1 797 例，而符合并购内涵的交易记录有 6 508 例，其中，股权收购记录为 5 457 例（占并购交易记录的比重为84%），资产收购为 1 051 条（占并购交易记录的比重为16%）。

表3-1 并购事件时间特征分析

年度 (1)	股权收购 (2)	资产收购 (3)	并购小计 (4)=(2)+(3)	重大资产 购买 (5)	交易记录 (6)=(4)+(5)
2001	278	118	396	15	411
2002	320	123	443	19	462
2003	336	108	444	41	485
2004	412	79	491	100	591
2005	315	67	382	82	464
2006	373	59	432	62	494
2007	713	133	846	300	1 146
2008	844	156	1 000	302	1 302
2009	885	122	1 007	319	1 326
2010	981	86	1 067	557	1 624
合计	5 457	1 051	6 508	1 797	8 305

从图3-1中可以清楚地看到，总体上来说，上市公司的并购交易和重大资产购买的数量具有明显阶段性特征，在2001年至2004年之间都呈现平稳的上升趋势；2005年有一定幅度的下降，2006年有小幅上升；但在2006年以后，上市公司并购交易和重大资产购买则均呈现明显的上升趋势，特别是，并购交易在2007年增长幅度高达96%，2008年增幅放缓为

18%，2009年和2010年都有平稳小幅增长。

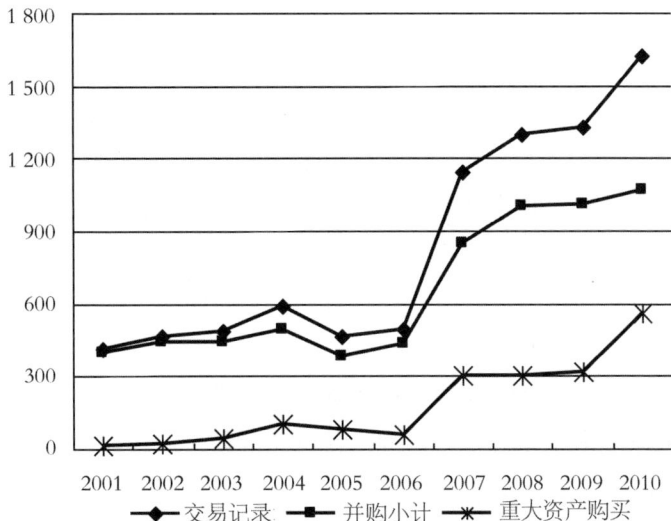

图3-1 并购交易记录趋势分析

现有研究认为，并购浪潮一般是与宏观经济环境、政策制度等因素的变化调整密切相关的（Mitchell、Mulherin，1996；Martynova等，2011）。结合10年间我国宏观经济环境和政策制度变迁的发展状况，我们或许能够发现其与我国并购交易事件时间特征之间的联动效应。自中国2001年加入WTO以后，我国的产业格局与世界经济接轨的方式也在不断地发生变化，上市公司运用市场规则经营企业的步伐坚定不移。2002年《上市公司收购管理办法》的颁布，以及一批涉及外资并购规章的出台，在一定程度上促进了我国上市公司并购活动的增加；而2004年，随着《企业国有产权转让管理办法》的实施，对国有产权转让的全过程从制度上进行了规范，客观上加快了国有资产布局调整、国有企业股份制改革的步伐。在国资委的大力推动下，围绕突出主业、增强企业核心竞争力和强强联合的"重组造舰"运动，以及在整体上市概念下中央大型国有企业以整体上市为目的进行的大规模并购重组愈演愈烈，都直接带动了2004年并购数量的增长。2005年和2006年则处于政策的调整期，股权分置改革正在进行时，上市公司对并购交易活动更加谨慎（全球并购研究中心，2005），并持观望态度，到2006年底，我国上市公司股权分置改革的逐步完成，催生了 2007 年股票市场牛市的上扬势头,从而极大推动了并购交易活动的大幅增长。尽管 2008 年下半年以来,资本市场受到了全球金融危机的冲击,但是此时,资本市场中以《证券法》和《公司法》为核心,以《上市公司收购管理办法》为主体,以国务院及其他部门规章①、规范性文件和操作指引为补充的上市公司并购重组的法律框架已初步形成,这为上市公司并购交易提供了坚实的法律保障和政策支持,从而也维持了上市公司较大数量的并购交易规模。

如图 3-2 所示,股权并购与并购交易的变化趋势基本一致,2001—2005 年平稳发展,2006 年以后大幅上升,这与股权分置改革后股份的全流通密不可分;而资产收购 2001—2006 年呈现逐年小幅下降,2007—2008 年有所上升后,2009—2010 年又呈现下降趋势。

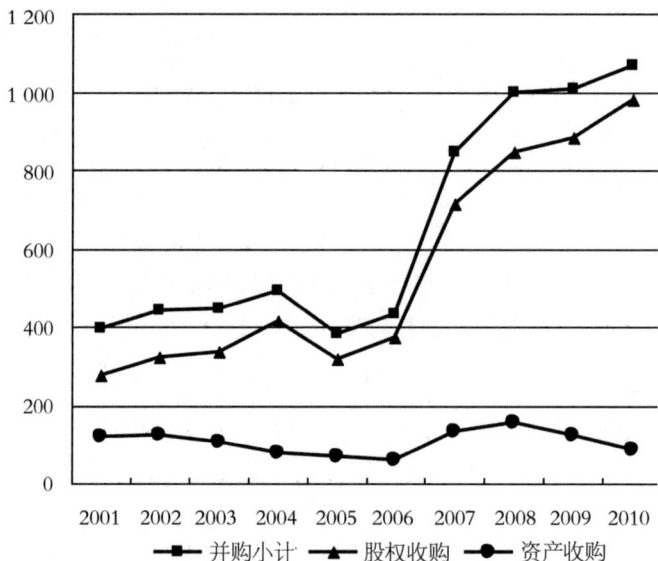

图 3-2 并购类型趋势分析

综合分析,我国进入 21 世纪以来,并购时间性特征明显,且与这一期间的宏观环境变化情况基本相符。

---

① 2010 年 9 月 7 日,国务院下发《国务院关于促进企业兼并重组的意见》(以下简称《意见》),并详细列出促进企业兼并重组的任务分工情况,税收、金融、资本市场、土地等多项扶持政策被分解到工信部、财政部、证监会、商务部、发改委等 12 个部门来具体实施。《意见》的出台有可能成为中国资产重组加速的催化剂,将推动优势企业实施强强联合、跨地区兼并重组和提高产业集中度,以期形成规范有序的市场格局。

2）并购对价方式时间特征

表 3-2 列示的是 2001—2010 年并购交易对价方式合并前的特征分析。这里需要说明的是，在 CSMAR 数据库中并购对价方式有：现金对价、股票对价、承担债务、可转债对价、资产对价及以上任意方式的混合等多种对价方式。表 3-2 列示了对价方式未合并之前的统计数据，从中可以看出，在股权分置改革以前承担债务①对价方式占有一定比例，但是 2006 年以后这一方式逐渐减少。从对价方式的内涵分析来看，非股票对价方式都可以等同现金对价，同时也为更清晰地说明对价方式的特征，笔者在后文分析中将承担债务对价、现金与承担债务的混合对价、资产对价、现金与资产的混合对价等都归到现金对价中，见表 3-3。

表 3-2　　　　并购对价方式的时间特征分析（对价方式合并前）

年份	现金对价	股票对价	现金对价+股票对价	承担债务	现金对价+承担债务	资产对价	现金对价+资产对价	合计
2001	388	1	0	1	5	1	0	396
2002	353	3	1	6	78	1	1	443
2003	436	0	1	2	2	0	3	444
2004	485	1	0	2	3	0	0	491
2005	380	0	0	0	1	1	0	382
2006	410	9	3	2	5	3	0	432
2007	741	85	5	3	5	5	2	846
2008	880	99	10	0	5	2	4	1 000
2009	885	104	10	3	1	3	1	1 007
2010	954	108	2	2	0	0	1	1 067
合计	5 912	410	32	21	105	16	12	6 508

从表 3-3 中可以看出，在数据分析期间，现金对价一直是我国上市公司并购交易的主要支付方式，股票对价和混合对价在 2006 年及以后才逐

━━━━━━━━
① 承担债务的对价方式，是指收购方在收购目标公司时，不向目标公司股东对价任何现金或股票，而采用承担目标公司所有债务的方式取得对目标公司的控制权。承担债务方式一般发生在被并购公司资不抵债或资产负债相等的情况下，因此，在发达国家里极少采用承担债务的方式收购公司，但这种方式在我国却为各地方政府、债务人以及债权人所支持。

渐增多，但是混合对价数量凤毛麟角。图3-3较为直观地描绘了每一年各对价方式的占比，我们明显地看出：在2001—2005年间，现金对价方式占比几乎达到100%，而股票对价和混合对价仅有零星的记录；在2006年及以后年度，股票对价有大幅上升；在2007—2010年间，股票对价占比均超过10%，与2005年以前年度相比上升比例非常明显。但即使是这样，现金仍是各年并购交易的主要对价方式。

表3-3　　　　并购对价方式的时间特征分析（对价方式合并后）

年份	现金对价	股票对价	现金对价+ 股票对价	合计
2001	395	1	0	396
2002	439	3	1	443
2003	443	0	1	444
2004	490	1	0	491
2005	382	0	0	382
2006	420	9	3	432
2007	756	85	5	846
2008	891	99	10	1 000
2009	893	104	10	1 007
2010	957	108	2	1 067
合计	6 066	410	32	6 508

综合来看，上市公司对价方式在年度间所呈现的"阶梯分布"和年度内"形式单一且现金对价占主体"的双重特征是我国上市公司并购对价的主要特色，这也反映了我国上市公司并购对价存在的主要问题：首先，由于我国资本市场建设起步较晚且发展不够完善，上市公司从资本市场中融资的规模有限，所以现金对价仍是主体；其次，股权分置改革前后股票对价占比的明显差异也表明，我国很长一段时间不规范的股权结构和治理结构也制约了股票对价方式的选择与应用；最后，尽管2002年底《上市公司收购管理办法》的出台，允许使用"依法转让的证券"作为并购对价，但对股票对价涉及的有关并购公司增发新股等具体操作细则问题仍缺乏相应的法律规范，因而股票对价的比例并没有随着相关法规办法的出台而立即发生变化。

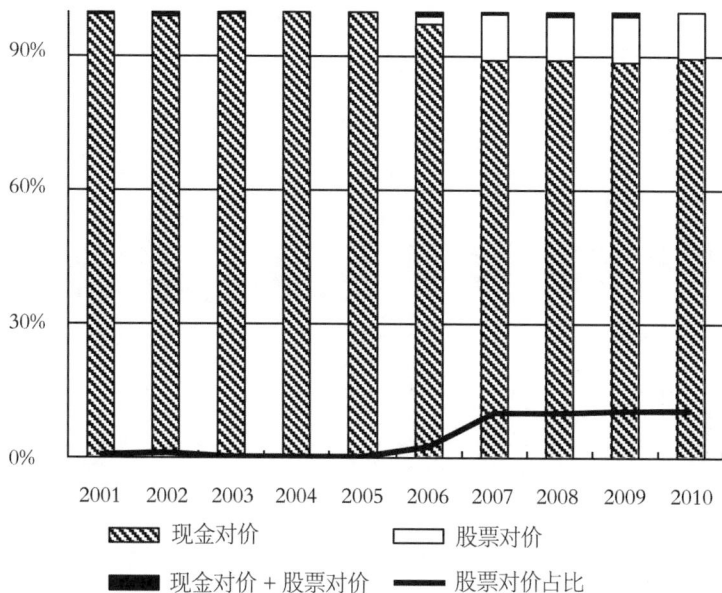

图 3-3 各年并购对价方式占比

3）并购融资方式时间特征

表 3-4 列报了 2001—2010 年并购融资方式的统计结果[①]。从中可以看出，在上市公司各年的并购融资中内部融资是最主要的融资方式，而后是股权融资和负债融资，"负债融资+股权融资""内部融资+负债融资+股权融资"等混合融资几乎鲜有使用。

通过图 3-4 各年融资方式占比来分析，各年度内部资金融资方式占比均在 70% 以上。在 2006 年及其以前年度，负债融资占比明显高于股权融资占比，但在 2007 年以后股权融资占比却高于负债融资占比。

综合各年具体情况来看，内部资金融资方式是我国上市公司并购资金的主要来源，外部融资所占比例较低；而在不同时期，上市公司在利用负债和权益两种不同的外部融资方式时却有明显的偏好。这与我国长期以来并购融资渠道狭窄、融资工具缺乏及资本市场起伏震荡的发展现状相符。2006 年及以前年度，股票市场发展低迷且融资限制条件多，上市公司更

---

① 由于 CSMAR 数据库中披露并购融资方式的记录缺失较多，所以本书通过查找有关上市公司并购重组交易公告予以补充，无法找到融资数据的交易记录将其剔除（详见 5.1.1 的样本来源介绍）。与此同时，为了方便研究，借鉴 Martynova 等（2009）和翟进步等（2012）的做法，将"内部资金与发行股票"混合融资与"内部资金+负债融资"混合融资分别归到"发行股票"和"负债融资"中。

表3-4　　　　　　　　　　并购融资方式的时间特征分析

年份	内部融资	负债融资	股权融资	负债融资+股权融资	内部融资+负债融资+股权融资	合计
2001	299	62	32	3	0	396
2002	311	106	22	3	1	443
2003	371	49	22	2	0	444
2004	408	63	19	0	1	491
2005	309	64	9	0	0	382
2006	374	40	18	1	0	433
2007	650	60	130	3	2	845
2008	792	68	137	2	1	1 000
2009	820	40	145	2	0	1 007
2010	816	70	180	1	0	1 067
合计	5 150	622	714	17	5	6 508

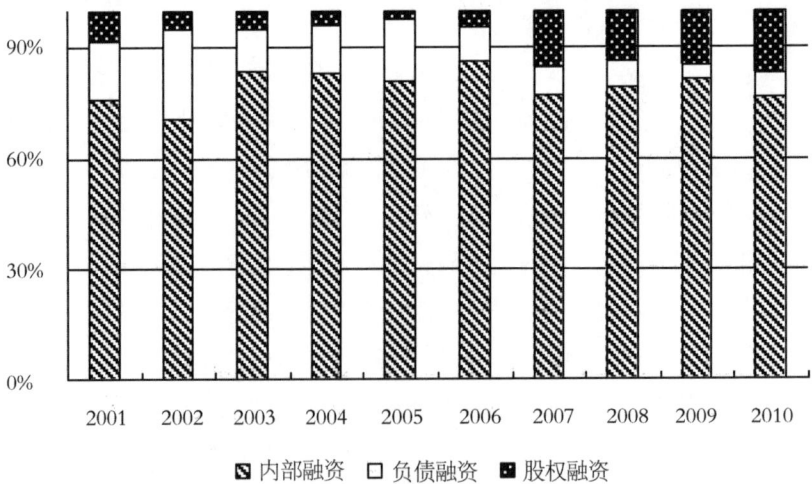

图3-4　各年并购融资方式占比

多的是通过银行贷款进行融资。但由于并购的风险极大，商业银行的相关
规定在制度上限制了银行参与并购贷款，所以大部分金融机构并不能深入
参与并购行为。而上市公司即使想贷款，也只能"巧立名目"，以生产经
营或其他项目投资名义获得贷款，且需要提供足够的固定资产或股权抵押
担保，而缺少政治背景的民营企业和规模较小的公司将很难取得银行贷
款。虽然，2008 年 12 月，我国商业银行已经被允许开展并购专项贷款业
务，但是贷款最高限额不能超过并购价款的50%，但该政策出台后，恰逢
金融危机，上市公司的贷款能力受到影响。综合多方影响来看，并购贷款
政策并没有带来预期的效果。

3.2.2　并购事件、对价与融资的行业现状特征

1）并购事件行业特征

按照证监会 CSRC 代码划分的上市公司的行业分类（共 22 个，其中
制造业分至小类）对 2001—2010 年间的并购交易数量进行分析，如表 3-5
所示，从其最后一列的各行业 10 年的并购交易合计数来看，各行业之间
并购交易数量差异较大。

图 3-5 呈现了研究期间各行业之间上市公司并购交易趋势分析，主要
是通过每个行业 10 年内并购交易的合计数与样本中并购交易合计总数的
比例来计算的。可以看到：并购活动最多的三个行业依次是：C7（机
械、设备和仪表业）、J（房地产业）和 C4（石油、化学、塑胶和塑料
业）。C4 和 C7 是传统的制造业，这两个行业本身上市公司的数量就很
多，同时也面临着较大行业竞争压力，因而并购数量很多；而房地产业属
于高利润行业，市场前景好，行业内上市公司数量也相对较多，并购数量
也较大。通过图 3-5 还可看到：C2（木材、家具业）、L（传播与文化产
业）和 I（金融、保险业）发生并购活动的数量较少，这与这些行业内上
市公司的数量少且上市的时间较短有直接关系。此外，金融保险业由于自
身行业垄断程度很高，因而并购数量也相对较少。

为了进一步分析每个行业内并购活动的变动趋势，我们绘制了图 3-
6，具体做法是将每年各行业内发生的并购交易数量比上行业内上市公司
总数，然后求得 10 年间每个行业内上市公司发生并购的平均比例。

表3-5 并购事件的行业特征分析

行业代码	行业名称	2001	2002	2003	2004	2005	2006	2007	2008	2009	2010	合计
A	农、林、牧、渔业	12	9	8	6	10	4	9	20	11	12	101
B	采掘业	7	2	8	11	11	7	31	63	54	55	249
C0	食品饮料业	14	23	19	21	18	16	41	29	28	44	253
C1	纺织、服装、皮毛业	27	20	32	15	10	13	18	33	35	37	240
C2	木材、家具业	0	1	0	0	6	2	9	4	3	4	29
C3	造纸、印刷业	2	6	5	5	2	4	10	13	14	18	79
C4	石油、化学、塑胶、塑料业	40	48	32	37	50	38	68	78	81	97	569
C5	电子业	15	8	8	17	9	10	20	32	31	19	169
C6	金属、非金属业	18	27	54	26	19	44	64	81	76	109	518
C7	机械、设备、仪表业	42	57	57	60	51	65	116	151	109	109	817
C8	医药、生物制品业	21	40	33	45	23	21	49	60	57	58	407
C9	其他制造业	1	1	1	12	0	4	10	17	10	17	73
D	电力、煤气及水的生产供应业	23	19	28	28	17	26	57	36	74	83	391
E	建筑业	4	4	4	10	9	12	21	45	33	17	159
F	交通运输、仓储业	10	10	18	29	25	12	24	22	32	24	206
G	信息技术业	33	28	27	24	17	22	51	58	81	113	454
H	批发和零售贸易业	35	37	33	39	23	23	46	72	68	60	436
I	金融、保险业	3	2	3	3	3	7	21	11	9	5	67
J	房地产业	31	26	32	39	39	47	88	90	112	96	600
K	社会服务业	21	24	9	25	16	23	28	30	41	41	258
L	传播与文化产业	6	3	8	2	3	2	9	9	11	11	64
M	综合类	31	48	25	37	21	30	56	46	37	38	369
	合计	396	443	444	491	382	432	846	1 000	1 007	1 067	6 508

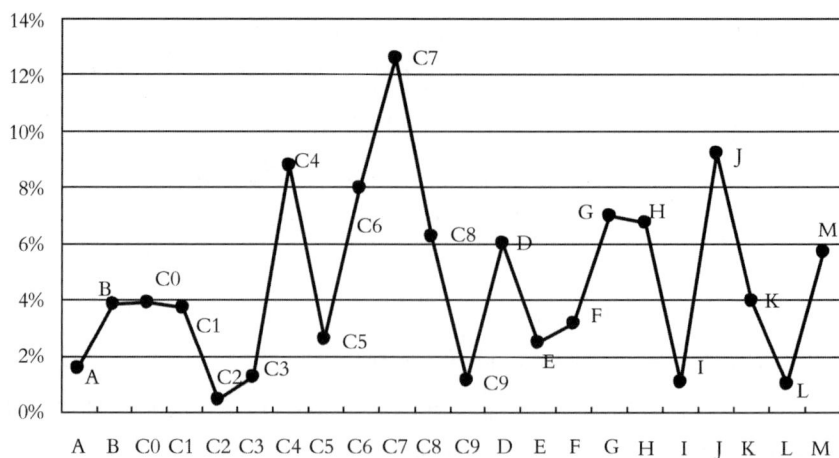

图3-5 各行业间并购事件趋势分析

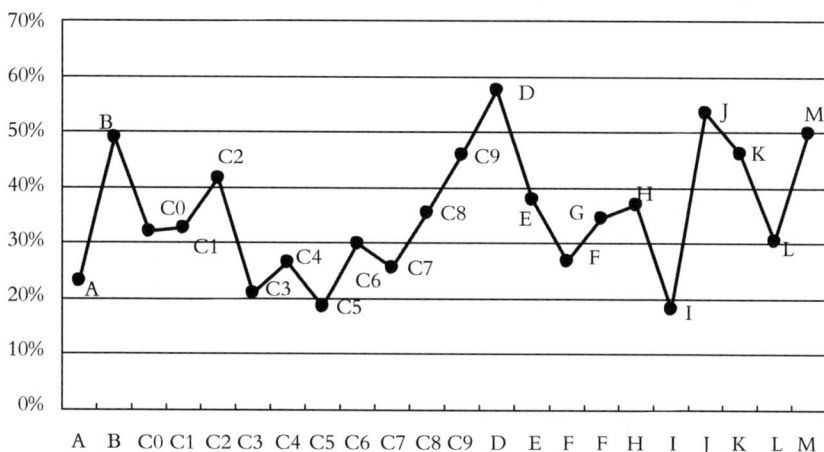

图3-6 各行业内并购事件趋势分析

通过图3-6不难发现：如果考虑各行业内上市公司数量分布不均的现实状况，研究期间发生并购活动比例比较高的行业分别是：D（电力、煤气及水的生产供应业）、J（房地产业）、M（综合类）及B（采掘业）等。深入分析可知，这些行业有些是我国传统的行业（D、B和M），行业内的上市公司面临着较大的产业升级压力，纷纷通过并购寻求新的发展机会；有些行业，例如房地产业受利润和市场的驱动也更容易并购，而近年来国家对房地产市场的调控力度不减，预计一些规模小、融资渠道有限、"关系背景"少的房地产企业将被卷入并购大潮，成为规模较大的房地产上市公司的并购对象。图3-6也显示出，I（金融、保险业）、C5（电子业）、C3（造纸、印刷业）和A（农、林、牧、渔业）等行业10年间行业内部上市公司并购交易比例较低。如前所述，金融保险业因其上市公司数量少，且垄断程度较高，因而并购比例低；而收益率较低且步入"夕阳产业"的造纸和印刷业、"准夕阳产业"的电子业以及生产经营领域特殊、盈利能力较弱的农、林、牧、渔业并购比例也偏低。

2）并购对价方式行业特征

表3-6和图3-7列示和直观呈现了上市公司并购对价方式的行业特征。各行业内现金对价仍是上市公司并购最主要的支付方式，其中在行业A（农、林、牧、渔业）和C2（木材、家具业）等收益不稳定、风险较高的行业，现金对价比例几乎达到100%；而C6（金属、非金属

57

业）、J（房地产业）、I（金融、保险业）、K（社会服务业）、L（传播与文化产业）、B（采掘业）等盈利能力较强的行业，股票对价占有一定比例。

表3-6　　　　**并购对价方式的行业特征分析（制造业明细）**

行业代码	行业名称	现金对价	股票对价	现金对价+股票对价	合计
A	农、林、牧、渔业	100	1	0	101
B	采掘业	227	21	1	249
C0	食品饮料业	240	13	0	253
C1	纺织、服装、皮毛业	233	6	1	240
C2	木材、家具业	29	0	0	29
C3	造纸、印刷业	77	2	0	79
C4	石油、化学、塑胶、塑料业	545	23	1	569
C5	电子业	164	4	1	169
C6	金属、非金属业	464	49	5	518
C7	机械、设备、仪表业	763	50	4	817
C8	医药、生物制品业	380	26	1	407
C9	其他制造业	71	2	0	73
D	电力、煤气及水的生产供应业	364	24	3	391
E	建筑业	150	8	1	159
F	交通运输、仓储业	193	12	1	206
G	信息技术业	414	38	2	454
H	批发和零售贸易业	408	22	6	436
I	金融、保险业	61	6	0	67
J	房地产业	534	64	2	600
K	社会服务业	233	23	2	258
L	传播与文化产业	58	5	1	64
M	综合类	358	11	0	369
	合计	6 066	410	32	6 508

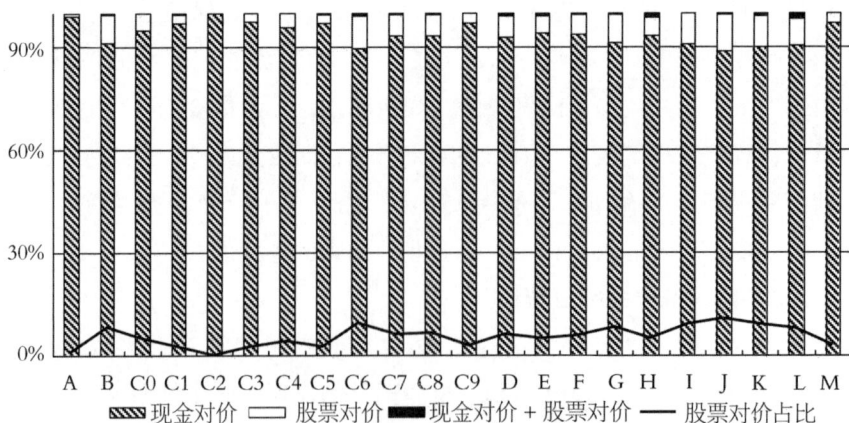

图3-7　各行业内并购对价方式占比

3）并购融资方式行业特征

表3-7和图3-8列示和描绘了并购融资方式的行业特征。内部融资是各行业上市公司并购交易采用的最基本的融资方式。在B（采掘业）、D（电力、煤气及水的生产供应业）和F（交通运输、仓储业）等固定资产较多、负债能力较强的行业，并购交易采用负债融资的比例更大；在J（房地产业）、B（采掘业）、I（金融、保险业）、C6（金属、非金属业）等财务杠杆较高的行业内，股权融资也占一定比例；而对于K（社会服务业）和L（传播与文化产业）等行业由于债务融资能力不强，所以在外部资金筹集的过程中更倾向于股权融资。

表3-7　　　　并购融资方式的行业特征分析（制造业明细）

行业代码	制造业明细	内部融资	负债融资	发行股票	负债融资+股权融资	内部融资+负债融资+股权融资	合计
A	农、林、牧、渔业	85	11	5	0	0	101
B	采掘业	171	33	44	1	0	249
C0	食品饮料业	209	24	20	0	0	253
C1	纺织、服装、皮毛业	207	20	13	0	0	240
C2	木材、家具业	27	2	0	0	0	29
C3	造纸、印刷业	62	12	5	0	0	79
C4	石油、化学、塑胶、塑料业	447	63	58	1	0	569
C5	电子业	144	15	10	0	0	169
C6	金属、非金属业	388	57	70	3	0	518
C7	机械、设备、仪表业	658	70	86	3	0	817
C8	医药、生物制品业	335	25	45	1	1	407
C9	其他制造业	66	1	6	0	0	73
D	电力、煤气及水的生产供应业	277	65	46	1	2	391
E	建筑业	137	6	15	1	0	159
F	交通运输、仓储业	147	37	20	2	0	206
G	信息技术业	386	13	54	0	1	454
H	批发和零售贸易业	353	37	46	0	0	436
I	金融、保险业	59	2	6	0	0	67
J	房地产业	446	58	95	1	0	600
K	社会服务业	190	30	35	2	1	258
L	传播与文化产业	49	5	10	0	0	64
M	综合类	307	36	25	1	0	369
	合计	5 150	622	714	17	5	6 508

59

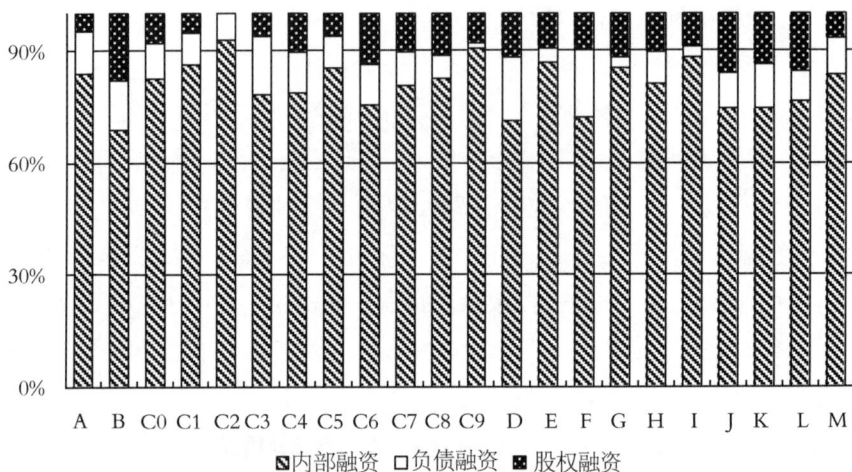

图3-8　各行业内并购融资方式占比

3.2.3　并购事件、对价与融资的产权现状特征

1）并购事件的产权特征

表3-8和图3-9显示了10年间不同产权性质的上市公司并购活动的变化趋势。从总量上看，国有上市公司约占据并购交易的60%，其中地方国有上市公司是并购交易的主要力量。央企并购交易在2009年最多，为212例。民营上市公司并购数量则在2010年首次超过国有上市公司，达到585例。从长期趋势来看，国有上市公司并购趋势呈现平稳小幅下降趋势，而民营上市公司并购平缓上升趋势明显。

表3-8　　　　　　　　并购事件的产权特征分析

年份	民营产权			国有产权			合计
	民营自然人	民营法人	小计	地方政府	中央部委	小计	
2001	54	69	123	225	48	273	396
2002	74	59	133	238	72	310	443
2003	75	58	133	251	60	311	444
2004	71	62	133	281	77	358	491
2005	99	25	124	202	56	258	382
2006	129	38	167	200	65	265	432
2007	287	57	344	389	113	502	846
2008	382	57	439	428	133	561	1 000
2009	345	69	414	381	212	593	1 007
2010	492	93	585	325	157	482	1 067
合计	2 008	587	2 595	2 920	993	3 913	6 508

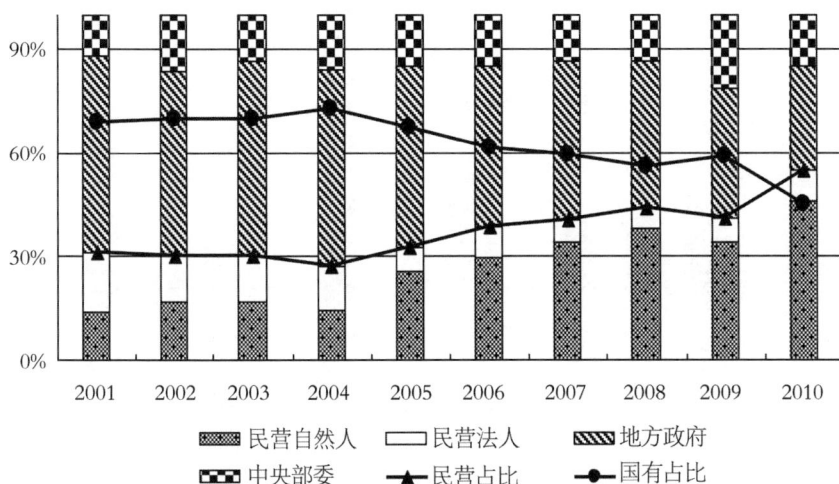

图 3-9　基于产权性质的并购事件趋势分析

2）并购对价方式产权特征

从表 3-9 和图 3-10 中看到，无论是国有上市公司还是民营上市公司并购交易中现金对价比重均在 90% 以上。对于股票对价方式来说，只有民营法人控制的上市公司比例较小一些，其余产权性质的上市公司之间没有太大差距。总体来看，并购对价方式在国有和民营上市公司之间特征不明显。

表 3-9　　　　　　　　　　并购对价方式的产权特征分析

产权性质		现金对价	股票对价	现金对价+股票对价	合计
民营产权	民营自然人	1 854	148	6	2 008
	民营法人	563	24	0	587
	小计	2 417	172	6	2 595
国有产权	地方政府	2 724	181	15	2 920
	中央部委	925	57	11	993
	小计	3 649	238	26	3 913
合计		6 066	410	32	6 508

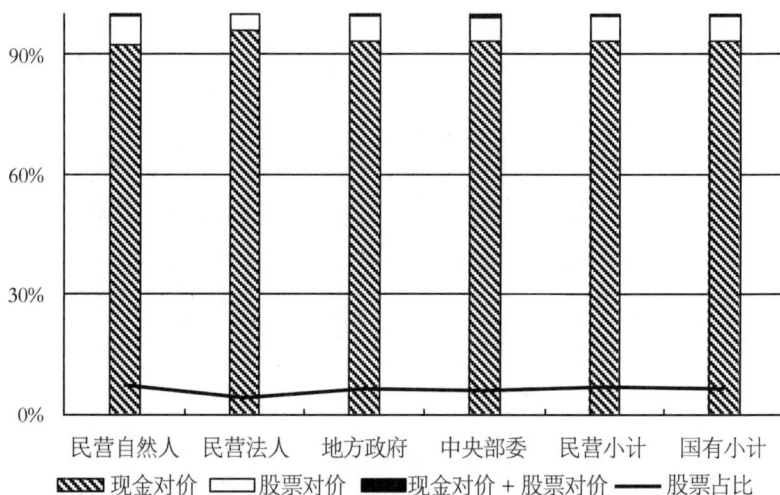

图 3-10　基于产权性质的并购对价方式占比

3）并购融资方式产权特征

表 3-10 和图 3-11 刻画了上市公司融资方式的产权特征。在各类型的产权性质中，内部融资都是主要并购融资方式。两类民营上市公司之间，民营法人控制的上市公司比民营自然人控制的上市公司更倾向于采用负债融资，对于股权融资则相反；两类国有上市公司之间，外部融资比例差别不大，央企股权融资比例稍大一些，地方国有上市公司负债比例偏大一些。综合民营和国有产权性质来说，民营上市公司的内部融资的使用比例要大于国有上市公司，国有上市公司可能凭借着产权的"隐性担保"，负债融资比例要远高于民营企业，两类公司在股权融资的比重上差别不大。

表 3-10　　　　　　　　　并购融资方式的产权特征分析

产权性质		内部融资	负债融资	股权融资	负债融资+ 股权融资	内部融资+ 负债融资+ 股权融资	合计
民营 产权	民营自然人	1 663	105	238	1	1	2 008
	民营法人	483	60	42	2	0	587
	小计	2 146	165	280	3	1	2 595
国有 产权	地方政府	2 252	352	302	12	2	2 920
	中央部委	752	105	132	2	2	993
	小计	3 004	457	434	14	4	3 913
合计		5 150	622	714	17	5	6 508

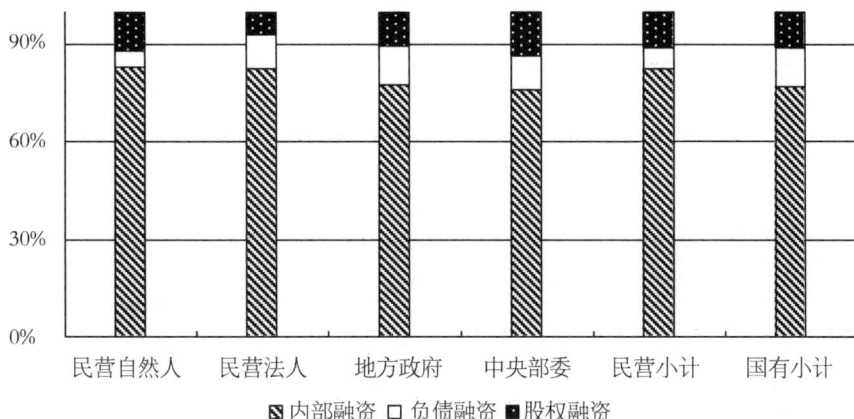

图 3-11 基于产权性质的并购融资方式占比

3.2.4 并购事件、对价与融资的交易现状特征

1）交易规模特征分析

（1）并购事件

表 3-11 和图 3-12 列示和描述了上市公司并购的交易规模特征①。从中看出，上市公司的并购交易规模特征明显。研究期间，3 000 万元以下并购交易占并购总数的 53.1%，3 000 万~5 000 万元之间的并购交易占比 9.8%，5 000 万元以上占比 37.1%。在 2006 年及以后，5 000 万元以上的并购交易逐年上升，中小规模的并购交易数量有所下降，这表明 2006—2010 年上市公司不仅并购交易数量上升趋势明显，并购交易规模也在逐年增加。

表 3-11　　　　　　　　　基于交易规模分组的并购事件分析

年份	0~3 000 万元	3 000 万~5 000 万元	5 000 万元以上	合计
2001	224	51	122	397
2002	276	53	111	440

---

① 对于本书研究来说，并购交易规模的划分标准非常重要。如果标准过低很可能无法体现并购对价方式和融资方式的特征，如果标准过高很多并购样本就被排除在外。《上市公司重大资产重组管理办法》中规定：购买、出售的资产净额占上市公司最近一个会计年度经审计的合并财务会计报告期末净资产额的比例达到 50% 以上，且超过 5 000 万元人民币，构成重大资产重组。尽管 5 000 万元的标准不是判定重大资产重组的唯一条件，但这一规模限制标准却能够保证并购交易事项的重要性。关键的一点是，大规模的并购交易中对价方式和融资方式类型会更加多样，符合我们后文实证研究的需要。此外，为了更清晰描述并购事件、对价及融资的交易规模特征，我们在 5 000 万元以下，又设置了 3 000 万元这一标准。

年份	0~3 000万元	3 000万~5 000万元	5 000万元以上	合计
2003	241	65	137	443
2004	282	60	149	491
2005	222	37	125	384
2006	239	58	137	434
2007	427	82	340	849
2008	507	77	414	998
2009	499	76	430	1 005
2010	537	79	451	1 067
合计	3 454	638	2 416	6 508

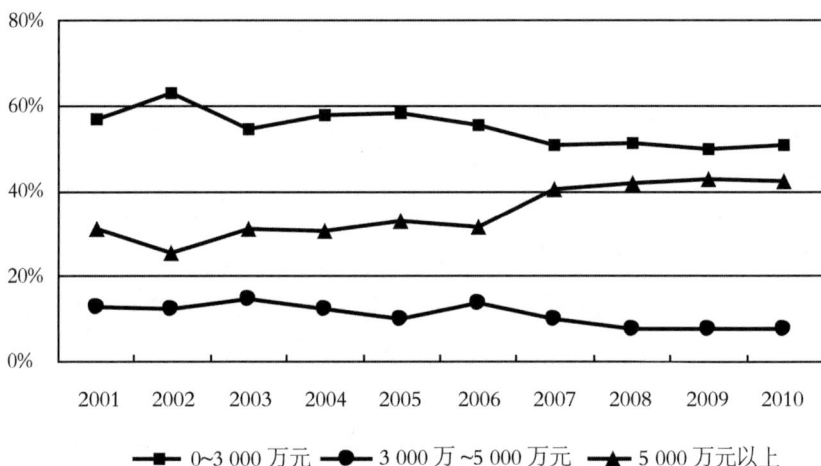

图3-12　并购事件交易规模趋势分析

（2）并购对价方式

表3-12和图3-13较为清晰地揭示了上市公司并购对价方式在不同交易规模之间的差别。当并购交易规模较小时，几乎所有公司都采用现金对价。随着并购交易规模的增加，股票对价的比例也随之增加，在5 000万元以上的并购交易中现金对价比例为83.5%，股票对价和混合对价比例也有所增加，特别是股票对价的比例上升至15%以上。尽管这样，现金仍是大规模并购交易的主要对价方式。

表 3-12　　　　　　　　基于交易规模分组的并购对价方式分析

交易规模	现金对价	股票对价	现金对价+股票对价	合计
0~3 000万元	3 429	23	2	3 454
3 000万~5 000万元	619	19	0	638
5 000万元以上	2 018	368	30	2 416
合计	6 066	410	32	6 508

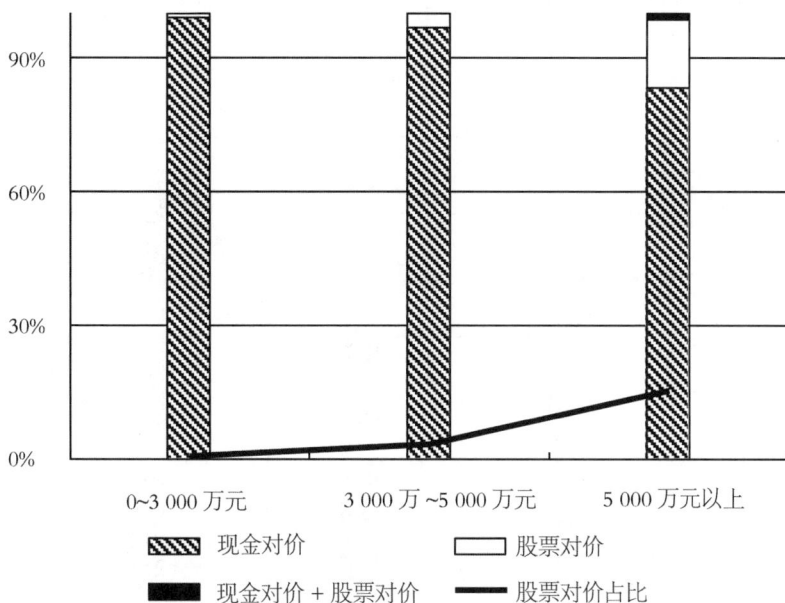

图 3-13　不同交易规模并购对价方式占比

（3）并购融资方式

表 3-13 和图 3-14 描述了并购融资方式的交易规模特征。在 3 000 万元以下的并购交易中，上市公司内部融资占比为 96.8%，负债融资和股权融资不足 4%；在 3 000 万~5 000 万元的交易规模范围内，上市公司负债融资和股权融资占比为 7%；在 5 000 万元以上的并购交易中，上市公司使用内部融资的比例降至 50%，负债融资、股权融资及混合融资比例大幅上升，负债融资和股权融资占比相当，分别为 21.7% 和 27.1%。这一统计结果也初步表明，随着并购交易规模的扩大，公司的内部资金将很难满足需要，上市公司若要顺利完成并购交易必须采用外部融资方式。同时也表

65

明，只有在大规模的并购交易中，上市公司并购融资方式的多样性才能得以体现，这也为本书后续实证研究的数据筛选提供了标准。

表3-13 基于交易规模分组的并购融资方式分析

交易规模	内部融资	负债融资	股权融资	负债融资+股权融资	内部融资+负债融资+股权融资	合计
0~3 000万元	3 343	80	31	0	0	3 454
3 000万~5 000万元	593	18	27	0	0	638
5 000万元以上	1 214	524	656	17	5	2 416
合计	5 150	622	714	17	5	6 508

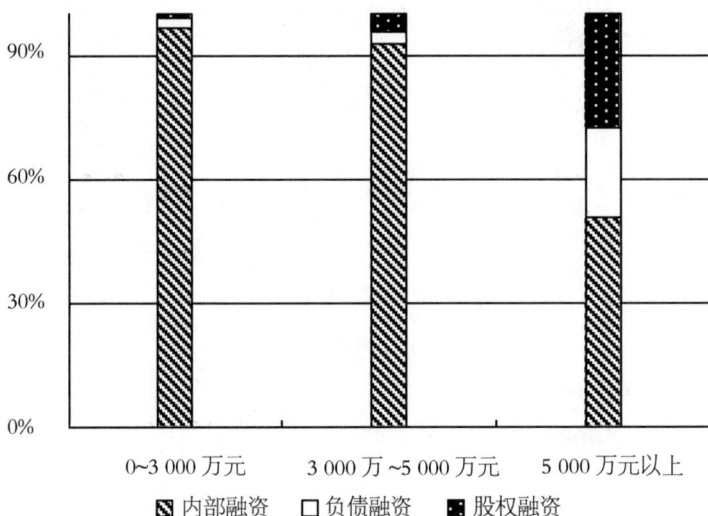

图3-14 不同交易规模并购融资方式占比

2）关联交易特征分析

（1）并购事件

由前文述及的我国公司并购发展历程可知，关联交易是我国上市公司并购交易中一个非常鲜明的特征，本书的统计数据也印证了这一点。表3-14显示：研究期间，关联交易占并购交易总量的46.4%，非关联交易占比为35.5%，而还有18.1%的并购样本没有披露交易关系①。如果仅以披露

---

① 在我们的研究样本中，缺少关联关系披露的绝大多数样本是3 000万元以下的并购交易，为了后续实证研究需要，也为了减少数据统计的工作量，我们仅对5 000万元以上的缺少交易关系披露的样本予以手工搜集和补充。

交易关系的记录分析（见图3-15），在2006年以前，关联并购的交易数量一直高于非关联并购，但在2006年以后，上市公司关联并购数量在逐年下降，非关联并购数量在平稳上升，在2009年两种类型并购数量接近相等，到了2010年非关联并购的数量超过了关联并购的数量。

表3-14　　　　　　　**基于关联交易分组的并购事件分析**

年份	关联交易	非关联交易	不确定	合计
2001	215	96	85	396
2002	240	136	67	443
2003	245	140	59	444
2004	253	133	105	491
2005	220	94	68	382
2006	235	103	94	432
2007	402	330	114	846
2008	443	363	194	1 000
2009	379	387	241	1 007
2010	389	528	150	1 067
合计	3 021	2 310	1 177	6 508

67

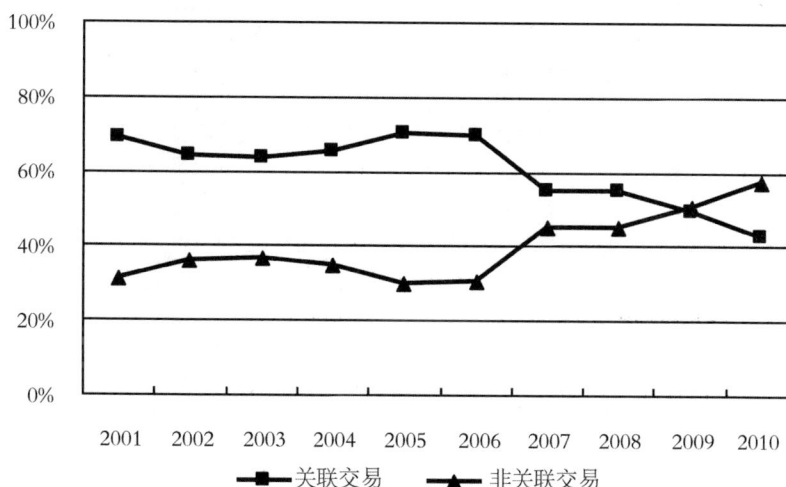

图3-15　并购事件关联交易趋势分析

（2）并购对价方式

由表3-15和图3-16可看出，在上市公司的关联交易并购中，股票对价的并购交易为306例，占关联交易并购总数的10.1%，而并购样本中仅有的32例混合对价（即现金对价+股票对价）方式在关联交易并购中也有26例。相对于关联交易并购，上市公司在非关联交易并购中使用现金对价的比重更大，占比达到96.9%，而股票对价和混合对价合计占比仅为3.1%。总体来看，上市公司在关联交易并购中使用股票对价的比例远远高于非关联交易并购中股票对价的比例。

表3-15　　　　　基于关联交易分组的并购对价方式分析

交易类型	现金对价	股票对价	现金对价+股票对价	合计
关联交易	2 689	306	26	3 021
非关联交易	2 239	65	6	2 310
不确定	1 138	39	0	1 177
合计	6 066	410	32	6 508

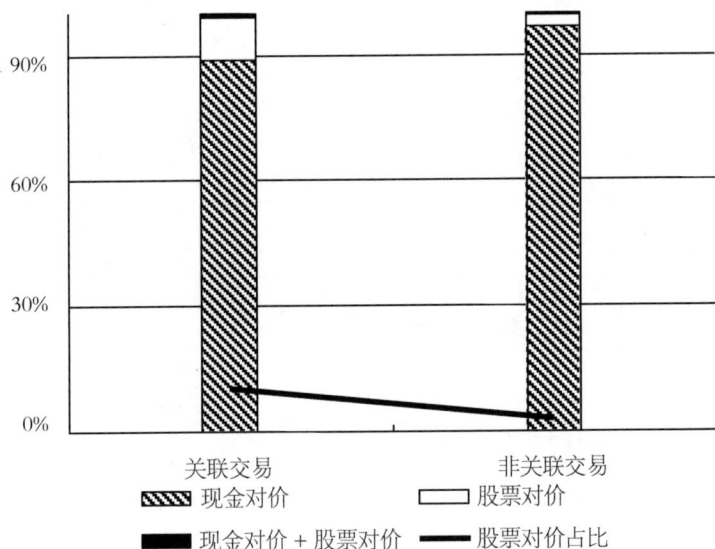

图3-16　基于关联交易特征的并购对价方式占比

（3）并购融资方式

表3-16和图3-17揭示了并购融资方式的关联交易特征。在上市公司的关联交易并购中，利用内部融资完成交易的占交易总数的71.9%，股权融资占比16.6%，负债融资占比为11%，样本中22例混合融资有17例发生在关联交易并购中。相对于关联交易并购，上市公司在非关联交易并购的

融资方式中内部融资占比 82%，负债融资和股权融资分别占非关联交易总体的 10.9% 和 6.8%。综合来看，关联交易并购中外部融资方式占比更大，特别是股权融资所占比例要大于负债融资。而在非关联的并购交易中外部融资占比较低，股权融资占比也小于负债融资占比。

表 3-16 　　　　　　**基于关联交易分组的并购融资方式分析**

交易类型	内部融资	负债融资	股权融资	负债融资+ 股权融资	内部融资+ 负债融资+ 股权融资	合计
关联交易	2 171	331	502	13	4	3 021
非关联交易	1 897	252	157	3	1	2 310
不确定	1 082	39	55	1	0	1 177
合计	5 150	622	714	17	5	6 508

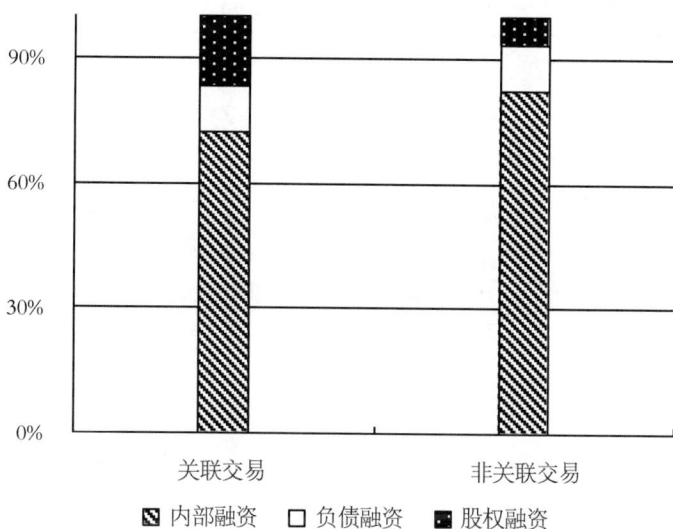

图 3-17 　基于关联交易特征的并购融资方式占比

3）跨国并购交易特征分析

（1）并购事件

本书所指的跨国并购交易包括外资并购和海外并购两类并购事件。表 3-17 统计了上市公司并购交易记录在跨国交易与非跨国交易两组之间的分布情况。相对于非跨国并购来说，我国上市公司跨国并购交易的数量还是极少的，在 2006 年及以后才逐年增加，但数量却不大。

表3-17　　　　　　　　**基于跨国交易分组的并购事件**

交易类型 年份	跨国交易	非跨国交易	合计
2001	3	393	396
2002	9	434	443
2003	5	439	444
2004	7	484	491
2005	6	376	382
2006	11	421	432
2007	34	812	846
2008	43	957	1 000
2009	45	962	1 007
2010	51	1 016	1 067
合计	214	6 294	6 508

（2）并购对价与融资方式

　　表3-18和表3-19分别描述了上市公司并购对价和融资方式的跨国并购交易特征，可以看出：跨国并购交易中股票对价方式仅为4例，而融资方式中跨国并购采用负债融资的有9例，股票融资的有7例。可见，在上市公司跨国并购中，无论是对价方式还是融资方式都是比较单一的。

表3-18　　　　　　**基于跨国交易分组的并购对价方式分析**

交易类型	现金对价	股票对价	现金对价+股票对价	合计
跨国交易	210	4	0	214
非跨国交易	5 856	406	32	6 294
合计	6 066	410	32	6 508

表3-19　　　　　　**基于跨国交易分组的并购融资方式分析**

交易类型	内部融资	负债融资	股权融资	负债融资+股权融资	内部融资+负债融资+股权融资	合计
跨国交易	198	9	7	0	0	214
非跨国交易	4 952	613	707	17	5	6 294
合计	5 150	622	714	17	5	6 508

4）并购标的特征分析

（1）并购事件标的特征分析

图 3-18 列示了上市公司并购交易的标的特征[1]，研究期间，股权收购基本呈现逐年平稳增加的趋势，相反，资产收购所占的比例逐年缓慢减少。

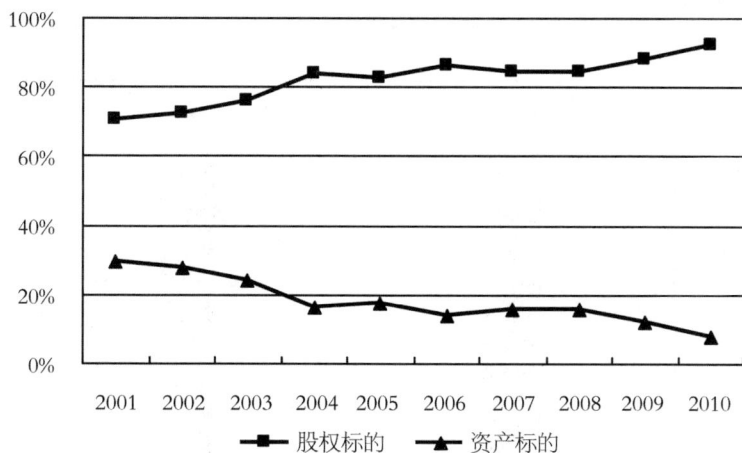

图 3-18　并购事件标的趋势分析

（2）并购对价与融资方式标的特征分析

通过表 3-20 和图 3-19 可以看出，在上市公司的股权收购中，股票对价和混合对价占比仅为 6%，而在资产收购中股票对价和混合对价的占比为 10.8%。

表 3-21 和图 3-20 还显示，在上市公司资产收购中负债融资和股权融资的比例分别为 17.7% 和 16%，二者均大于股权收购中负债融资（8%）与股权融资（10%）的比例。并购融资之间产生这样的差异也可以理解，因为资产收购的交易规模往往要大于股权收购的交易规模[2]，因此需要更多的负债融资和股权融资。

---

[1]　并购事件的标的各年分布数据见表 3-1。
[2]　股权收购中的股权标的实际上是目标公司待转让的总资产减去目标公司总负债后的差额；而资产收购中的资产标的就是目标公司待转让的资产总额。

表 3-20　　　　　　　　　并购对价方式的标的特征分析

并购标的	现金对价	股票对价	现金对价+股票对价	合计
股权标的	5 129	306	22	5 457
资产标的	937	104	10	1 051
合计	6 066	410	32	6 508

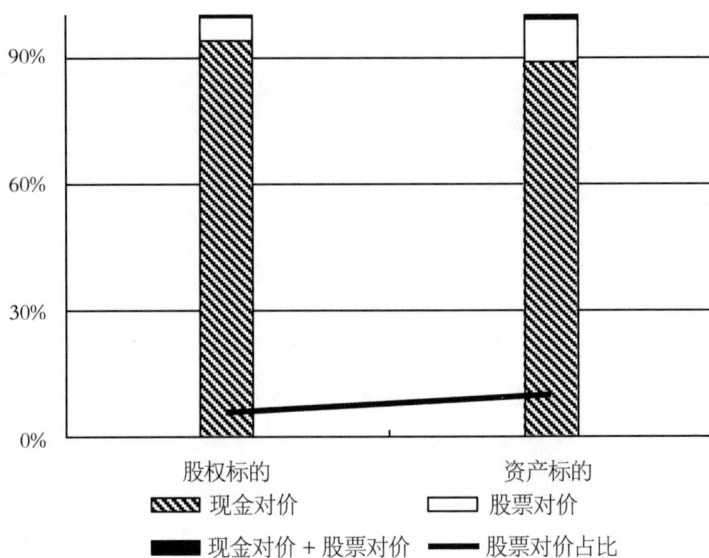

图 3-19　不同标的并购对价方式占比

表 3-21　　　　　　　　　并购融资方式的标的特征分析

并购标的	内部融资	负债融资	股权融资	负债融资+股权融资	内部融资+负债融资+股权融资	合计
股权标的	4 460	436	546	12	3	5 457
资产标的	690	186	168	5	2	1 051
合计	5 150	622	714	17	5	6 508

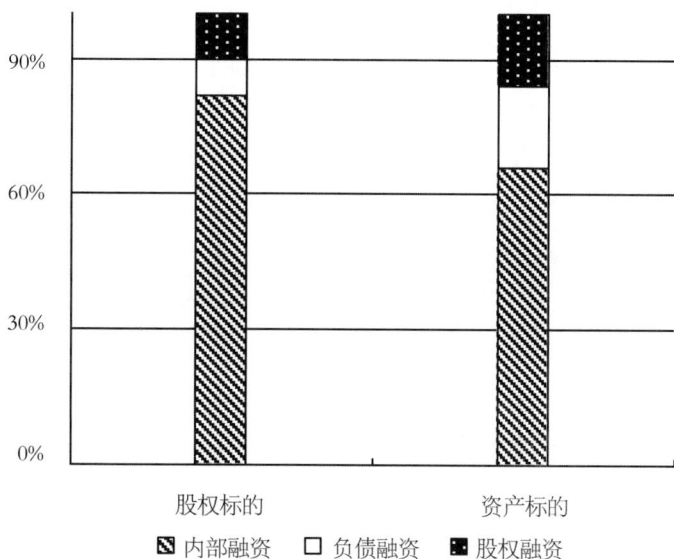

图 3-20　不同标的并购融资方式占比

3.3 ——————————— 本章小结 ———

　　本章作为后续研究的基础，首先较为系统地回顾了我国公司并购三十年来的发展历程，重点交代了本书开展研究的制度背景。而后，根据搜集和整理的我国上市公司2001—2010年间的并购事件、并购对价及并购融资的详细数据，进一步从时间趋势、行业分布、产权性质和交易性质等四个维度加以描述性统计分析，为后续章节的实证分析奠定了基本的数据基础。

　　我国公司并购总体呈现出一个从无到有、从小到大、从不规范到逐渐规范的发展趋势。在各阶段内无论是并购范围、并购类型、并购监管法规还是并购对价及融资都表现出了不同的特点。而立足于我国上市公司并购对价及并购融资数据，通过大样本的描述统计分析发现：

　　（1）现金对价一直是我国上市公司并购交易的主要对价方式。从时间特征来看，并购对价方式在年度间呈现"阶梯分布"，而在年度内"现金对价仍占主体"；从行业特征来看，农业和木材家具行业，现金对价比例几乎达到100%，而金属非金属业、房地产业、金融保险业、社会服务业等行业股票对价占有一定比例；从产权特征来看，并购对价方式在国有和民营上市公司之间特征不明显；从交易特征来看，在小规模并购、非关联交易并购、跨国并购和股权收购中现金对价比例更大。

（2）并购融资中内部融资是主要融资方式，股权融资和负债融资等外部融资也占一定比例，而在大规模的并购交易中外部融资已成为并购融资的主要来源。从时间特征来看，各年中内部融资方式仍占主体。2001—2006年间负债融资占比明显高于股权融资，2007—2010年间股权融资占比却高于负债融资。从行业特征来看，负债融资在采掘、电力煤气等固定资产较多、负债能力较强的行业中所占比例更大，在房地产业、采掘业等财务杠杆较高的行业内股权融资也占有一定比例，而对于社会服务、传播与文化产业等债务融资能力不强的行业，外部融资更倾向于股权融资。从产权特征来看，民营上市公司更依赖内部融资，国有上市公司可能凭借着产权的"隐性担保"，负债融资比例更高，而两类公司在股权融资的比重上差别不大。从交易特征来看，在大规模交易中，公司的内部融资将很难满足需要，负债融资和股权融资比例均大幅上升。关联交易并购中股权融资所占比例要大于负债融资。在跨国并购中，融资方式以内部融资为主。相比于股权收购，资产收购中负债融资和股权融资比例更大。

第 4 章

理论分析

在本章中，首先构建了一个并购对价与融资方式影响因素的理论框架；其次，遵循该理论框架，依据经济周期、市场择时、信息不对称、优序融资、委托代理和控制权等相关理论从宏观环境和公司特征两个基本层面详细阐述了并购对价和融资方式选择决策的影响动因；最后论述了并购对价影响并购融资的机理。

4.1 —— 并购对价与并购融资选择决策：一个理论分析框架 ——

并购是公司对外投资的重要活动之一。从微观层面看，并购是公司持续获得经营成功的契机；从宏观层面来看，并购是对社会经济中存量资源的重新配置，并借此促进社会生产发展（Gaughan，2007）。并购活动的发生不仅是微观公司各种行为动机必然的结果，也会受到外部宏观环境和行业发展水平的冲击（Ali-Yrkkö，2002；Nakamura，2004）。而并购对价和融资选择决策作为并购交易过程中的关键环节，同样与公司特征和外部环境密不可分。考虑到我国并购活动面临的外部特殊环境，并结合公司层面的并购对价与融资决策动机，本书构建了如图4-1所示的理论研究框架。当然，本节只是对这个理论框架进行整体阐述，并购对价与融资决策选择的具体机理将在本章后续小节详细论述。

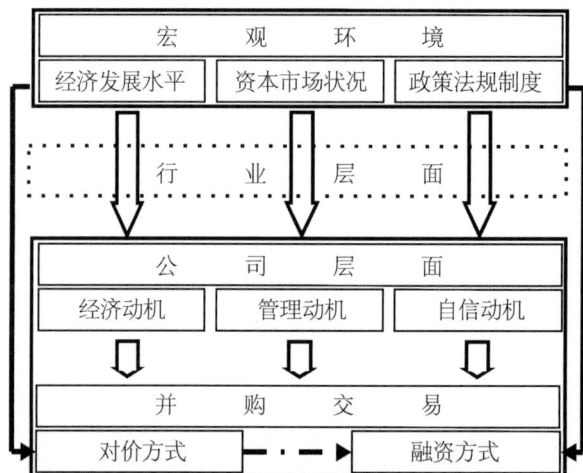

图4-1 影响并购对价与融资选择决策的理论框架图

在图4-1中，所提及的影响并购对价和融资决策的宏观环境主要包括经济发展水平、资本市场状况和政策法规制度三方面。其中，资本市场状况主要是指股票市场发展状况和信贷市场发展状况，这主要是考虑到股票市场和信贷市场是我国公司并购融资的两个最主要的外部渠道；政策法规制度主要是指股权分置改革和法律制度，原因在于股权分置改革的完成促进了并购对价和融资方式类型的多样化，而法律制度的健全能够对投资者的合法权益提供更好的保障，进而影响到并购对价和融资决策。

按照图4-1的理论框架，中观层面的行业因素也会对并购对价和融资决策的选择产生影响。但由于行业影响因素研究的特殊性[①]和本书篇幅的限制，本书并没有进行深入的研究，在后续的实证研究模型中仅将行业特征作为控制变量加以简单控制。但是，为了保证理论框架的完整性和学术的严谨性，此部分对行业层面的冲击进行了如下详细分析：

行业层面的冲击会导致公司的产能过剩和并购需求，同时也可能会给实施并购决策的管理层提供获取私利的机会，管理层动机往往隐藏在行业动荡之中（Ali-Yrkkö，2002）。但是由于行业冲击的影响，事实上很难准确估计目标公司的真实价值，尤其是在行业繁荣时期，管理层和投资者对

---

① 考察行业特征对并购对价方式的影响时，应该将所有的行业作为主要解释变量纳入研究模型，分别检验行业特征所体现出的并购对价方式选择的差异，且由于行业特征往往受外部宏观环境因素的冲击，要求对二者进行交乘，以便深入分析二者的联动效应（Luis等，2012）。

未来利润都持有相同的过度乐观态度，因此并购标的定价往往会溢价过高，可能会导致其需要筹集更多的外部资金用于对价支付。此外，主并公司和目标公司的行业特征也会影响并购及其对价和融资方式，具体表现为：（1）如果主并公司或目标公司处于国家鼓励或重点扶持的行业，那么处于这一行业的公司不仅具有较好的发展前景，而且会获得国家给予的一些如低息贷款和减免税费等优惠待遇（张远堂，2011），一般情况下这类行业的并购价格会比较高，而主并方很可能会利用低息贷款来完成现金对价；（2）如果主并公司或目标公司处于盈利能力和发展前景比较好的"朝阳行业"，并购标的定价往往也会较高，主并公司可能由于充沛的资金采用现金对价，也可能会基于并购双方长远利益分享的要求采用股票对价；（3）并购市场内的标的价格也受供求关系的影响，一般来说，行业中的主并公司竞争者多，并购标的价格就高，竞争者少，并购标的价格就低，这同样也会影响到并购对价与融资的选择。

在图4-1中，本书将影响公司并购对价和融资的微观公司层面因素总结为：经济动机、管理动机和自信动机三个方面。经济动机主要是从公司整体角度来分析风险分担、现金持有量、资本成本和融资约束等因素对并购对价与融资的影响；管理动机是从公司管理层角度分析其机会主义行为（或称其为"道德风险"）对并购对价与融资产生的影响；自信动机，也称自负动机或傲慢动机，是一种管理层的非理性行为，是管理层对并购交易所持有的过于乐观的估计，管理层的过度自信同样也会影响并购对价与融资方式的选择。本书所指的管理层，从严格的意义上来讲，应该称作"内部人"。从我国公司治理的实际情况来看，上市公司中一股独大的情形非常普遍，大股东通常参与公司的治理。大股东的代表或者控制董事会或者直接成为管理层，对上市公司而言，他们都是"内部人"（孙永祥，2002）。此外，三种动机之间不一定是相互排斥的，因为并购对价与融资方式的选择可能是多种动因共同影响的结果。

在图4-1的理论框架中，也标注了并购对价与并购融资的影响路径。并购对价是并购融资的目的，并购融资的具体方式和具体金额要满足并购对价的需要。所以本书认为并购对价会对并购融资产生影响，并购融资决策要考虑到并购对价的偏好。

4.2 —— 宏观环境影响并购对价和融资选择决策的机理分析 ——

4.2.1 经济发展与并购对价及融资选择

经济发展往往具有一定的周期性，它是指经济运行中周期性出现的经济扩张与经济紧缩交替更迭、循环往复的一种现象。按照熊彼特（1934）的定义，经济周期指社会经济运行所经历的繁荣、衰退、萧条和复苏四个阶段的周期性循环变动。熊彼特（1934）和凯恩斯（1935）均指出如果经济出现周期性波动，公司盈利水平也将随之发生波动。在经济景气阶段，社会购买欲望更加强烈，对消费品和投资品的需求持续上升，企业家也更愿意加大投资力度。当外部总需求增加，企业的产品销售、投资以及盈利水平都会相应上升。

经济周期理论认为经济发展水平对公司并购具有一定的影响。当经济处于复苏或繁荣阶段时，公司利润开始增加并产生投资冲动，而并购作为公司对外投资的一种方式也开始活跃起来。大量实证研究表明并购与经济周期正相关。Nelson（1959）通过实证检验发现，并购活动与经济周期是一致的。Melicker（1983）分析了并购活动与经济周期等宏观经济变量之间的关系，认为在经济周期的增长阶段并购活动较多。Benzing（1992）发现当前经济发展形势以及公司对未来经济增长的预期都会对公司并购产生很大的影响。

1）经济发展水平与并购对价

公司并购对价决策会受宏观经济环境的影响，对价方式的选择往往会随着经济发展周期的变化而呈现出一定的阶段性特征（Nakamura、Richard，2004；史佳卉，2006；刘淑莲，2012）。对于主并公司来说，采用股票对价和股票发行有着相同的原理，即股票对价很少发生在经济下滑时期。因为在此时期，股票市场在股价、成交量和报价频次上都会减少（Ali-Yrkkö，2002），一个有吸引力的收购出价可能突然间变得无人问津。如果此时并购交易资金依赖于换股或股票发行，那么这一交易就毫无希望可言。现金对价相比股票对价来说更为直接和简单，在经济衰退期当公司现金储备充裕或外部融资受限时，使用现金对价就更为普遍。在上市公司的并购交易中，经济繁荣和衰退对目标方的并购对价偏好也会产生重要影响。一方面，发行股票或换股并购可能更多地发生在经济繁荣时期，因为在此时期，目标方可通过股票对价方式取得并购后公司股票的持续收益权。另一方面，现金对价在经济衰退时期对于目标方来说可能是一个有吸引力的选择，他们可以借助剥离资产获得的现金摆脱困境。

2）经济发展水平与并购融资

经济发展水平对并购融资影响也很大，在经济发展较繁荣的阶段，公司可能有充足的内部资金，因此会优先采用内部资金这一融资方式为并购融资，同时由于经济繁荣阶段股市发展也较好，而并购往往又需要巨额的资金，所以此时上市公司也很有可能会采取股权融资这一外部融资方式（Martynova、Renneboog，2009）。在经济不景气时，公司缺少足够的内部资金进行并购，往往借助外部融资，而在外部融资选择时，很可能会选择负债融资，这主要源于以下两点原因：一方面，此时受社会整体经济环境的影响，主并公司很难通过股市获取融资来源；另一方面，在经济下滑时，我国往往会通过调整货币政策降低金融机构贷款利率来刺激经济发展，进而降低了公司的借款成本。

4.2.2　资本市场与并购对价及融资选择

资本市场的发展状况是影响上市公司并购对价与融资的重要宏观环境因素之一。资本市场的发育程度直接影响到并购的融资方式、对价方式和并购规模（贾立，2006）。如果资本市场发展健康、流动性强，就会为上市公司并购交易双方提供更容易接受、更便捷、更丰富的对价方式和融资方式；反之，资本市场发展萎靡，就会阻碍并购对价与融资的顺利开展，也不利于并购活动的实施。下面分别从股票市场和信贷市场的发展状况两方面来探讨它们对并购对价和融资的影响。

1）股票市场状况与并购对价及融资选择

Baker 和 Wurgler（2002）首次提出了"市场择时理论"①，按照该理论的假说，在股票市值被高估、公司股票价格上扬时，公司通常偏好股权融资，公司的资本结构是过去进行市场择时行为的累积结果。在我国股票市场上，市场择时的现象也是存在的（才静涵、刘红忠，2006；王琳，2009）。

依据市场择时理论，可以很好地理解股票市场状况与并购对价及融资选择的关系。当股市处于繁荣阶段，上市公司的盈利能力往往会提高，公司的股价也会维持在一个较高的水平。在这种情况下如果发生并购，主并公司可能更偏好于采用股票融资并以此为对价完成并购交易。而目标企业也因主并公司股票良好的盈利性和流动性而愿意接受股票对价。当股市处于低迷阶段时，主并公司的股票可能会受股市整体形势的影响，价格偏低，此时目标方可能不愿意接受主并方价格较低的股票，并购交易双方协商的结果很大概率会选择现金对价，为此主并公司必须选择内部融资或负债融资来完成并购交易。

尽管公司发行股票可能会向外界传达股票价值被高估的负面信号，增加融资的资本成本（Myers and Majluf，1984），然而，由发行股票引发的股价降低在股市繁荣时期并不严重。繁荣的股市不仅能够在短期内高估股价使得发行股票成为相对低成本的融资来源，同时也能够使得目标方和投资者对主并公司用于并购对价和融资的股价负面信号的反应不过于强烈。

2）信贷市场状况与并购融资选择

信贷市场是资本市场的重要组成部分，也是我国上市公司并购交易过程中负债融资的主要渠道。目前，由于我国企业债券市场和公司债券市场受多方面因素的制约，其发展很难满足大多数上市公司并购融资的需要。所以，在我国信贷市场中银行发挥着关键的作用。而根据本书对并购融资长达十年（2001—2010年）的数据搜集整理也发现，我国上市公司并购所需的负债融资大多依附于银行贷款来实现。这样看来，信贷

---

① 市场择时理论强调的是公司"市值被高估"时倾向于股权融资。而现实中某一上市公司的股票市值被高估时，往往股票市场也处于繁荣阶段。但是绝不可以把"市场择时"片面地理解为外界股票市场繁荣时期公司一定会进行股权融资。这里，之所以强调这一点是要说明，即使不考虑股票市场的繁荣程度，仅从公司层面的经济动机考虑，市场择时也会对并购对价与融资产生影响。

市场中对公司并购融资影响较大的因素主要是银行贷款利率和货币供给量。

利率变化会直接导致公司并购成本的变化。由于公司并购金额巨大，所以当银行的贷款利率上调时，公司负担的借款成本会随之大幅增加，而当利率下调时，主并公司会节省很多利息支出。在并购实务中，利率的预测往往也是并购公司面临的一个难题。因此，上市公司应根据并购双方谈判的进程，准确把握借款时机，力争以较小的成本进行负债融资，进而以现金的形式来完成并购对价。相对于利率来说，货币供应量增加，可能会使公司负债融资的难度降低，融资数量增加。但是二者相比，利率对公司并购负债融资的调控作用会更直接和迅速。

4.2.3　政策法规与并购对价及融资选择

国家颁布实施的政策法规等制度环境也是影响公司并购对价和融资选择决策的重要外部因素，这是因为制度环境会改变与公司财务决策相关的约束条件，进而影响公司的投融资选择行为。

1）股权分置改革与并购对价及融资选择

在我国上市公司股权分置时期，非流通股和流通股同时存在，非流通股难以合理定价，而且上市公司发行新股要受到盈利水平等多方面的制约，这些均使得我国上市公司并购的对价方式仅局限于现金对价和承担债务等手段，使用股票对价的情况几乎不存在（陈宇、杨华、伍利娜，2008）。对价方式的单一使得上市公司并购交易过程中有关定价和对价的问题谈判复杂，从而导致并购效率低下。

股权分置改革以后，股票对价的数量有较大幅度提升，股票对价不再受股份流动性的限制，可以被灵活运用到上市公司之间，以及上市公司与非上市公司之间。股票对价方式除公司之间直接以股份按照一定的比例进行互换外（换股并购），定向增发、非公开发行购买资产等方式都是可行的办法。并购标的估价将主要依据股票市场价格而不再是净资产。采用股票对价能避免大量的现金流动压力以及对后续并购整合所带来的资金支出压力，而主并方也能享受延期纳税和低税率的优惠，还可与目标方共同承担估价下降的风险（张林超、张琴，2006）。

81

在股权分置改革后的全流通格局下，股票融资逐渐成为一种被广泛采用的并购融资方式。股权分置改革使得股票的定价机制更加市场化，由于股票的流动性增强，股票也更容易被目标方和投资者接受，从而拓宽了上市公司并购资金的融资渠道。

2）法律制度与并购对价及融资选择

完善的法律制度有利于社会经济秩序和资本市场的健康发展，进而有助于规范公司并购行为、促进经济增长。自从我国并购进入规范发展阶段（2001 年以后）以来，国家相继颁布或修订了多项涉及并购的法规制度，诸如《上市公司收购管理办法》及其配套法规、《上市公司非公开发行股票实施细则》、《商业银行并购贷款风险管理指引》、《上市公司重大资产重组管理办法》和《国务院关于促进企业兼并重组的意见》等。这些制度都为上市公司的并购活动的规范性提供了法律依据，其中也不乏针对并购对价和融资的有关规定①。

另外，完善的法律制度也有助于保护投资者的利益，降低公司的融资成本。从某种意义上讲，公司并购所需的资金都来源于社会中的投资者。在投资者保护法律欠缺或不完善的国家或地区，投资者是不愿意承担较大风险而提供闲置资金的，即使提供也往往会要求较高的风险收益率。根据法与金融学的基本理论观点，在法律制度较好的国家或地区，投资者的利益能够得到充分的保障，投资者更愿意购买上市公司的股票作为投资资产，而公司股票的高流动性也会促使其价值不断提高。同样，在并购实务中，目标方的公司或股东也更愿意接受主并方的具有较高价值的股票作为对价方式。

---

① 例如，《上市公司收购管理办法》第二十七条规定："收购人为终止上市公司的上市地位而发出全面要约的，或者向中国证监会提出申请但未取得豁免而发出全面要约的，应当以现金支付收购价款；以依法可以转让的证券（以下简称证券）支付收购价款的，应当同时提供现金方式供被收购公司股东选择。"《上市公司重大资产重组管理办法》第四十一条规定："上市公司为促进行业或者产业整合，增强与现有主营业务的协同效应，在其控制权不发生变更的情况下，可以向控股股东、实际控制人或者其控制的关联人之外的特定对象发行股份购买资产，发行股份数量不低于发行后上市公司总股本的5%；发行股份数量低于发行后上市公司总股本的5%的，主板、中小板上市公司拟购买资产的交易金额不低于1亿元人民币，创业板上市公司拟购买资产的交易金额不低于5 000万元人民币。"《商业银行并购贷款风险管理指引》第十六条规定："商业银行全部并购贷款余额占同期本行核心资本净额的比例不应超过50%。"第十七条规定："商业银行对同一借款人的并购贷款余额占同期本行核心资本净额的比例不应超过5%。"第十八条规定："并购的资金来源中并购贷款所占比例不应高于50%。"第十九条规定："并购贷款期限一般不超过五年。"《国务院关于促进企业兼并重组的意见》中指出："支持符合条件的企业通过发行股票、债券、可转债等方式兼并重组融资，鼓励上市公司以股权及其他金融创新方式作为兼并重组的支付手段。"

4.3 ── 公司特征影响并购对价和融资选择决策的机理分析 ──

如前文述及，本节主要从经济动机、管理动机和自信动机三个方面来分析公司层面的因素对上市公司并购对价和融资决策的影响。

4.3.1　经济动机与并购对价及融资选择

本书认为影响上市公司并购对价与并购融资的经济动因是有区别的，风险分担和现金持有量更多会影响到并购对价，资本成本和融资约束则更大程度上会对并购融资产生影响。

1）风险分担与并购对价选择

在并购交易中，风险分担（risk sharing）是指交易双方为了分散信息不对称风险，偏好于某一特定对价方式的一种行为。在公司并购过程中，信息不对称现象是普遍存在的。信息不对称是指参与交易的主体各自掌握的信息不同，交易一方拥有另一方无法拥有的信息，由此造成信息的不对称。交易双方对有关信息的了解是有差异的，掌握信息比较充分的一方，往往处于比较有利的地位，而信息贫乏的一方，则处于比较不利的地位。信息不对称导致的后果按发生时间的不同分为双方交易实施前的"逆向选择"和交易实施以后的"道德风险"①。

从主并方角度来分析，其一般不如目标方了解并购标的的真实情况，因此在并购交易中主并方往往存在较严重的"支付过多"（溢价支付）的风险。所以说，在这种信息不对称的状况下，主并方在并购交易中通常倾向于选择股票对价方式，并与目标方一同来分担溢价支付风险，以防范目标方的"道德风险"。但从目标方的角度来分析，目标方是否愿意接受主并方提出的股票对价也会受信息不对称的影响。由于目标方不了解主并公司真实的内在价值信息，如果目标方认为主并方用于对价的股票价格被市场高估时，目标方就会倾向于要求主并方提供现金对价，以提防主并方的

---

① 逆向选择是指在买卖双方信息非对称的情况下，拥有信息优势的一方，在交易中总是趋向于做出尽可能地有利于自己而不利于别人的选择；道德风险是指在双方信息非对称的情况下，人们享有自己行为的收益，而将成本转嫁给别人，从而造成他人损失的可能性。道德风险的存在不仅使得处于信息劣势的一方受到损失，而且会破坏原有的市场均衡，导致资源配置的低效率。

"欺骗行为"。这样看来，信息不对称对并购对价的影响似乎没有定论，但是目标方的信息不对称程度毕竟要高于主并方信息不对称的程度，因为主并方的股票价值在公开市场上还是很容易被目标方所了解的，而目标方及并购标的的详细信息主并方了解起来更加困难，并且这种困难程度随着并购交易规模的扩大而增加。因此，在大规模的并购交易中，并购交易双方协商采用股票对价的可能性还是较大的。当然，如果出于风险分担的目的，主并公司使用了股票对价，这也意味着其必须选择股权融资的方式。

2）现金持有量与并购对价选择

尽管并购是一种以商务控制权为对象的复杂交易活动，但仍具有一般交易的本质特征——双方各自拥有资源的交换过程。并购交易中，主并方的最终目的就是要迅速得到目标方的资产或股权，而目标方的目的就是换出资产或股权获得能给自己带来稳妥收益的资源。所以说在并购交易双方利益均衡的条件下，现金无疑是最容易让并购交易双方都接受的支付方式。综合比较世界各国并购交易中的对价方式比重，现金对价比率是最高的（Netter，2010）。根据以上分析，主并公司会认为大多数的目标方都会倾向于要求现金对价，所以主并公司在并购前就会有计划、有步骤地去留存或筹集一定数量的现金及现金等价物。

3）资本成本与并购融资选择

资本成本反映了上市公司支付并购交易资金的融资代价，是影响上市公司并购融资选择的首要因素，融资方式不同，其资本成本也不同。Myers 和 Majluf（1984）提出了经典的融资优序理论（pecking order theory）。按照该理论的分析，负债融资和股权融资的资本成本要高于内部融资方式，原因主要归于以下两方面：一是外部融资方式具有交易成本；二是外部资金提供者与公司管理层之间的信息不对称会引起他们对公司管理层逆向选择和道德风险的担忧，从而使得债权人和股东会要求较高的投资报酬率，导致相应融资成本增加，因此相比于外部融资，公司会优先选择内部融资方式。另外，Myers 和 Majluf 还认为相对于负债融资，发行股票进行融资会向外界传递公司股价被高估的负面信号从而会引起股价下跌，这使得股权融资的资本成本要高于债务融资，所以，股权融资是公司的最后选择。

依据这一理论，上市公司在并购融资过程中会从降低资本成本角度来选择融资方案。当公司内部资金比较充沛时，首先要考虑内部资金融资，当需要外部融资时如果有足够的负债能力（比如有较多的可抵押资产、较低的资产负债率），应该会倾向于负债融资，最后才是股权融资。但优序融资理论隐含的假设是在当前信息的状态下存在融资成本的优先顺序。倘若股票市场正处于繁荣阶段，大多数公司的股票价格可能会随同牛市的趋势大幅上涨，股权融资成本相对较低，主并公司出于成本考虑也很可能会择时选择股权融资。尽管此时发行股票会向外界传递负面信号，但是公司股价下跌的幅度在很大程度上会被股价随大盘上涨的幅度所抵消。

　　以上理论分析与我国上市公司并购融资的实际情况是否相符呢？在第3章的并购融资特征中，本书发现样本研究期间，内部融资所占比例是第一位的，而债务融资和股权融资的比重却在不同的年份有所差别。在2001—2006年这一期间负债融资比例显著高于股权融资，而在2007年以后负债融资比例有所下降，股权融资比例上升。这种"阶段性的优序融资"现象也使得笔者思考主并公司是否也存在市场择时的经济动机。当控制住其他因素之后，并购融资的优序融资理论是否会成立？这有待于本书后续的实证分析加以检验。

4）融资约束与并购融资选择

　　依据优序融资理论和市场择时理论，公司内外部融资之间是可以相互替代的，上市公司并购融资一般根据融资成本的大小做出选择。但往往现实情况下，公司的并购融资还会受到公司融资约束程度的影响。融资约束主要是指公司外部融资和内部融资成本存在差异的一种现象，融资约束源于资本市场的不完美，表现为公司外部融资的溢价，或者说公司外部融资成本要远远高于内部融资成本。虽然，资本市场的不完善导致了公司普遍的融资约束问题，但不同公司面临的约束程度是不同的，这又取决于公司的特征差异。与融资约束较小的公司相比，融资约束程度较高的公司会面临较大的外部融资障碍，它们在并购融资时只能更多地依赖其内部资金。而即使它们能获得外部融资的资格，也要承担较大的融资成本。

4.3.2 管理动机与并购对价及融资选择

本部分主要是从控制权威胁和代理成本两个角度来分析上市公司的"内部人"——管理者和控股股东的机会主义行为对并购对价和融资决策的影响。严格意义上来讲，这两个研究视角都是在委托代理理论框架下展开的，但是二者的侧重点还是有区别的：控制权威胁关注的是主并公司的"内部人"和目标公司（或目标公司的股东）这一"外部人"之间的利益均衡问题，而代理问题关注的是主并公司的"内部人"之间及"内部人"与其"外部人"之间（比如债权人）的利益均衡问题。因此，本部分将这两个视角分开阐述。

1）控制权威胁与并购对价选择及融资

在现代公司制的控制权利益主体中，主要涉及两类相关人：一是公司的管理者，二是控股股东。在股权分散的情况下，公司的所有权和控制权相分离，公司的控制权①更多地集中在管理者手中（Berle、Means，1932），此时公司股东为了防止管理层的败德行为，往往会给予管理层一定的股权激励；在股权集中的情况下，控股股东（大股东）掌握着公司的主要控制权，其控股比例越高，享有的控制权收益②就越大。管理者和控股股东往往为了维护自身的控制权利益，很可能会抵制公司开展的可能威胁其控制权的投融资活动。

按照这一理论，在公司的并购交易过程中，无论是管理者还是控股股东都会很关注并购对价的选择是否会使他们的控制权遭到威胁。特别是在并购对价过程中，管理者和控股股东可能更关心控制权的稀释威胁，因为并购对价方式会直接决定交易双方的股权结构。具体来说，在并购对价过程中，主并公司管理者和控股股东会倾向于采用现金对价，以防范采用股票对价而引入目标方的新股东对他们控制权的稀释。

---

① 管理者的控制权收益主要是指管理者实现自身利益最大化而享有的私有收益（Jensen、Meckling，1976）。

② 控股股东的控制权收益可分为共享收益和私有收益。前者是指控股股东由于加强监督、改善经营管理带来的公司价值的提高，这一价值提高的好处由所有股东共同分享；后者是指控股股东利用控制权进行自利性交易行为（如转移定价、内幕交易、关联交易等）以侵害中小股东利益而获取的收益（Grossman、Hart，1988）。

2）代理成本对并购对价及融资的影响

从本质上说，公司的管理者与股东（内部人）、内部人与债权人、大股东与中小股东等各相关利益主体之间的契约关系就是一种委托代理关系。通常，公司委托人和代理人之间的行动目标并非完全一致，代理人可能会为了自己的利益而损害委托人的利益。公司各项决策的做出可能都会给各利益主体之间带来冲突，从而产生较高的代理成本①。所以，当公司在进行并购对价和融资决策时，也要充分考虑各相关利益人之间的代理成本问题。

（1）股权代理成本和并购融资选择

公司股东和管理者之间的代理问题主要表现为管理者在缺乏有效的监督约束时存在有损股东利益的行为，特别是在股权集中度较低的公司，这种代理问题更加明显。由于股东和管理者之间的代理问题会影响交易融资的选择（Jensen、Meckling，1976），因此公司股东为缓解此类代理问题、强化对管理者的约束和监督，在进行并购融资决策时，股东会通过选择合适的融资方式来降低代理成本（翟进步、王玉涛、李丹，2012）。如果主并公司选择股权融资方式，可能因股利支付难以对管理者构成刚性约束，进而带来管理者无效率行为的扩大；如果主并公司选择债务融资方式，由于其利息支付具有强制性特点，可在一定程度上抑制或防止管理者的低效率行为。此外，若主并公司采取股权融资，则有可能使控股股东所占股份比例下降，相应地对公司的控制力也会有所削弱。因此，当主并公司的控股股东拥有的股份比例较低时也会倾向于负债融资。

（2）债权代理成本和并购融资选择

公司负债融资形成了债权人与内部人（股东和管理者）之间的委托代理关系。债权人的目标是贷出资金能如期"回本收息"，而股东和管理者则希望通过借入资金最大化自己的利益，因而债权人与内部人之间就产生了如下两方面的利益冲突：

① Jensen 和 Meckling（1976）认为，代理成本包括为设计、监督和约束利益冲突的代理人之间的一组契约所必须付出的成本，加上执行契约时成本超过利益所造成的剩余损失。在 Jensen 和 Meckling 看来，代理成本是监督成本、约束成本和剩余损失之和。委托人的监督成本，即委托人激励和监控代理人，促使代理人为委托人利益尽力的成本；代理人约束成本，即代理人用以保证不采取损害委托人利益行为的成本，以及如果采取损害行为，将给予委托人补偿的成本；剩余损失，即委托人因代理人的代行决策而产生的一种价值损失。

第一，资产替代。这主要是指公司负债后内部人很可能放弃事先债务契约所拟定的较低风险的投资项目，而将负债资金转移到具有高风险、高收益的投资项目上。债权人为了降低和防止内部人的资产替代的道德风险，往往会提高贷出资金的成本，或者与内部人签订债务资金的限制性条款，这些代理成本最终都需要股东来承担。据此分析，如果主并公司具有较高的成长潜力①，未来有较大的投资需求，主并公司在并购中应该尽量避免采用负债融资，以防止债务合同的束缚使其在今后的发展中失去良好的投资机会。

第二，投资不足。这是指由于公司的巨额负债融资后其破产风险加大，股东更容易放弃价值增加很小的投资项目，长此以往会导致公司投资不足。Myers（1977）认为，尽管股东财富最大化目标要求管理者必须在项目预期收益大于支付给债权人必要收益后才能进行一个项目的投资，但是管理者可能会放弃预期收益仅仅足够偿付债权人收益的净现值为正的投资项目。因为此时，股东和管理者认为即使投资能够获取一定收益，大部分或全部收益要归属债权人，而股东的利益却不能很好地改善，所以他们就会放弃一些微利的项目，而伺机谋划高风险、高收益的项目。依此分析，对于未来投资需求比较大、负债比例比较高的主并公司，为了缓解并购后公司整合业务扩张的投资不足，应该采用股权融资，而不是通过负债来筹集外部资金。

（3）关联交易并购与并购对价和融资选择

由于社会制度差异、经济发展程度不同等各种原因，世界各国的公司有着不同的股权结构。近年来，很多研究表明许多国家的上市公司股权都是集中的，普遍存在控股股东。一方面，由于控股股东持股比例较大，分享收益和承担损失的比例也比较大，有利于降低"股东—管理者"的代理冲突；但另一方面，控股股东与中小股东的利益不完全一致，也增强了控股股东能够凭借对上市公司的控制权而谋取私有收益的能力。Johnson等（2000）将控股股东获取私有收益的行为称为"隧道效应"，即以隐蔽的方式"掏空"公司。但是掏空的部分或全部成本最终还是要由控股股东承

88

---

① 有较高成长潜力的公司往往具有以下特点：主营业务突出且主营业务收入持续增长；重视无形资产投入和经营；具有某种资源垄断性。这类公司往往投资数额比较大，且风险也较大。

担，因为外部投资者和中小股东可以选择"用脚投票"的方式保护自己。这样看来，控股股东又必须对自己的掏空行为有所节制，特别是在上市公司面临困境的时候，控股股东可能会动用私有资源来"支持"上市公司。

如第 3 章所分析的，我国上市公司的并购行为具有明显的关联性特征，因此可以用掏空和支持的理论来解释（李增泉、余谦、王晓坤，2005）。而并购对价和融资方式的选择会影响到控股股东的收益，也可传递出控股股东的掏空和支持动机（李善民、陈涛，2009），因此关联交易并购与并购对价和融资之间可能存在一定的联系。关联并购主要发生在上市公司和控股股东之间[①]。如果在关联交易并购中，控股股东出于掏空动机向上市公司虚增注入资产或注入劣质资产，就会给中小股东带来不利的影响，就会形成利益侵占性的关联并购，从而最小化掏空上市公司所带来的成本[②]，而上市公司就要以内部融资或负债融资来支付控股股东的对价款；相反，如果在关联交易并购中，控股股东出于支持动机向上市公司注入优质资产或帮助上市公司扭亏，交易双方协商的结果很可能是采用股票对价和股票融资完成并购，控股股东此时就会暂时牺牲个人利益，接受上市公司提供的诸如非公开发行购买资产等并购议案，以为上市公司节约更多的资金，用于未来投资，达到最大限度支持上市公司和使其长远获利的目标。

这样分析来看，关联并购对上市公司并购对价和融资的影响可能较为复杂，但从行为反映动机的角度看，这种不确定的关系可以提供关联并购动机的证据，即如果能够观察到关联并购与股票对价方式或股票融资方式的正向关系，则可以推断关联并购中控股股东的支持动机可能性较大；相反，如果是负相关，则更大可能是出于掏空动机（李善民、陈涛，2009）。

4.3.3　自信动机与并购对价及融资选择

过度自信是一种因人们对自身能力和知识了解程度不足而产生的偏差。大量的认知心理学文献认为，人们普遍有着过度自信的心理状态，尤

[①]　关联交易还可能发生在受同一控股股东控制的其他子公司之间，但最终受益人还是控股股东。

[②]　在关联并购中如果出于掏空目的，而采用股票对价，上市公司和控股股东就要一同承担并购后的风险，对于控股股东来说成本是比较高的。所以，出于掏空目的的关联并购控股股东倾向于上市公司支付现金，以降低其掏空上市公司的成本。

其是对自身知识等能力的过度自信。而国内外很多学者的研究表明，公司管理层过度自信的程度通常高于一般大众（Cooper 等，1988；张敏、于富生等，2009）。过度自信的管理层认为自己具有更全面的知识、更多的管理技能和更强的掌控大局的能力（Weinstein，1980），他们往往高估公司预期收益和未来回报、低估出现不利结果的可能性（March、Shapira，1987）。

我国的上市公司中管理层是否也有明显的过度自信现象呢？我们知道，我国的上市公司很多是由国有企业改制组建，其他一些民营上市公司也多为家族控股，这就导致了上市公司有很高的股权集中度。再加之公司管理环境受"君臣之纲"的儒家文化思想的束缚，使得公司内部"一把手"和"一言堂"的现象明显。而"一把手"又处于公司重大决策机制的中心地位，其言行极有可能感染和影响其他管理者的决策行为，这都会成为上市公司管理层滋生过度自信的"心理温床"（姜付秀等，2009）。此外，在上市公司内外部监督机制不尽完善，责权利的合理分配与相互制约机制还没有根本解决的情况下，很多上市公司的并购决策都由"一把手"号召下的管理层"群体表决"做出，缺乏责任边界约束、严重的从众行为也会成为管理层过度自信适宜的"生长土壤"。由此可见，我国上市公司中管理层过度自信现象也比较明显。

行为经济学主要是从管理层过度自信或自负的视角研究并购问题。Roll（1986）最早将管理层的过度自信与公司并购行为联系起来，提出了公司收购动机的"自负假说（hubris hypothesis）"。在此之后，以管理者过度自信研究并购问题主要集中在三个方面：第一，过度自信的管理层相信自己对目标公司的估价要优于市场估价（Roll，1986），从而过高估计并购的协同效应，对目标公司价值的高估导致主并公司支付了更多的并购溢价（Hayward、Hambrick，1997；Seth et al.，2000），使主并公司成为"倒霉的赢家"（winner's curse）；第二，过度自信的管理层认为自己的领导能力高于行业的均值，能够发现目标公司潜在的协同收益（Malmendier、Tate，2008），过度自信心理导致管理层热衷于进行高频率并购（Doukas、Petmezas，2007）；第三，过度自信的管理层在并购决策时对现金流较敏感，当公司内部资金充裕，管理层不需要通过外部资本市场融资时，更容易实施并购活动（Malmendier、Tate，2005，2008）。

按照这一理论分析，过度自信的管理层同样也会对并购对价和融资决策产生影响：第一，过度自信的管理层往往会频繁发起并购，他们会高估目标公司的价值、乐观地估计并购后的协同效应，在并购交易的谈判过程中往往接受过高的价格，而此时目标公司也更倾向于提出现金对价，因为可以获得更高的溢价收入；第二，由于过度自信的管理层通常高估并购后公司未来的现金流入、高估公司价值，进而会认为市场低估了公司目前的股票价值，所以他们不愿意进行外部融资（Heaton，2002），倾向于采用内部融资进行并购；第三，当公司必须寻求外部融资时，由于股票价格对市场的反应更加敏感，这时发行股票比发行债券等负债融资成本要高，所以他们偏好负债融资。由此看来，管理层的过度自信也会驱使其产生并购融资偏好：内部融资，负债融资，最后是股权融资，这也从行为金融视角为优序融资理论提供了另一种解释。

4.4 ————— 并购对价影响并购融资的机理分析 —————

在并购对价和并购融资的相关研究中，大多数学者没有严格区分二者的关系，有些学者还将这两个概念互用，造成了理解上的困扰和研究结论的偏颇（Martynova、Renneboog，2009；刘淑莲，2011）。因此，有必要澄清并购对价和并购融资的关系机理。

1）从并购对价和融资的内涵角度分析

并购对价是主并公司通过一定支付方式获得对目标公司的控制权的行为。这里有两点需要说明：第一，并购对价是并购交易的最后一个环节，对价完成意味着目标公司的控制权已经转移到并购公司；第二，并购对价过程中的交易对方一定是目标公司或目标公司股东，并购对价方式及金额的确定是主并方和目标方"双方利益均衡"的一个博弈结果，因此在并购对价过程中主并公司应该充分考虑目标方的要求。

而并购融资是主并公司为顺利完成并购对价融通资金的行为。对此有两点要强调：第一，并购对价是并购融资的目的，可以采用多种融资方式来完成并购对价，但是融资方式和融资数量要满足并购对价的需要；第二，并购融资过程中的融资对象不一定是目标公司或目标公司股东[①]。

所以从并购对价与并购融资的内涵角度分析，并购对价会对并购双方的利益都产生影响，并购对价方式的选择必须要经过双方的协商并最终确定，但是并购融资的对象不一定是目标方；不同的对价方式要求不同的融资方式来实现（史佳卉，2006），以某一方式完成并购对价时，融资方式可以选择多种形式，见图4-2[②]。例如，用于现金对价的资金，可以利用主并公司的内部融资，也可以由主并公司通过负债融资、股权融资或混合融资取得；并购融资决策通常依赖并购交易中对价方式的选择（Martynova、Renneboog，2009），即在并购融资决策时要考虑到对价偏好。

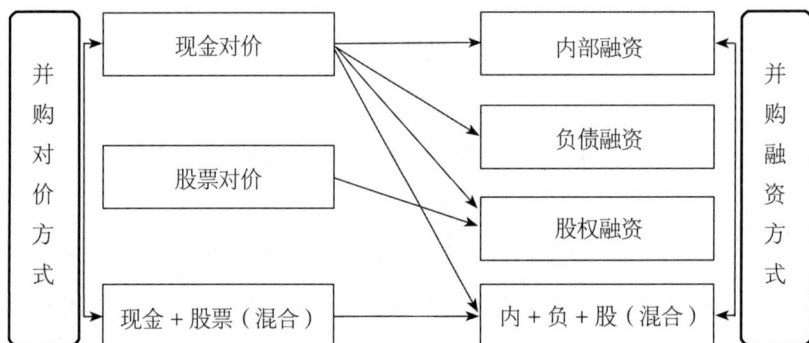

图4-2　并购对价与并购融资对应关系

2）从并购对价和融资的决策实务角度分析

在并购实务中，一般在最初的并购意向协议阶段，并购交易双方就会对并购交易的标的价格、对价方式加以明确。并购交易价格和对价方式的确定是并购交易双方谈判的焦点问题。在并购交易双方初步确定并购对价金额、对价方法和对价原则以后，主并公司才能根据初步披露、掌握的信息资料预测最终的并购交易价格或对价方式，以便更好地规划和调整融资方案。如果主并公司有意采用股票等非货币方式进行对价，必须向目标方

[①]　在向特定对象非公开发行股票购买资产的关联并购和换股并购这两种并购方式中，对价和融资对象都是目标公司股东。
[②]　在并购的混合融资方案中，可以有"内部资金+负债融资"、"内部资金+股权融资"、"内部资金+负债融资+股权融资"及"负债融资+股权融资"多种方式，为了图示简化，并没有一一列示。

说明并征得对方同意（张远堂，2011）。

　　所以，从并购对价和并购融资决策实务角度来看：并购交易的对价形式和金额要经过双方协议商定；而并购融资方案要依据并购对价的初步方案来确定和调整，当主并公司筹集的并购资金到位以后，其才能以确定的某一对价方式向目标方完成支付。对价与融资的这一启继过程可用图 4-3 来表示。可见，在理论研究中如果仅考虑 2→3 的过程，而忽视了 1→2 的过程，就会使融资决定对价的认知结论偏误。

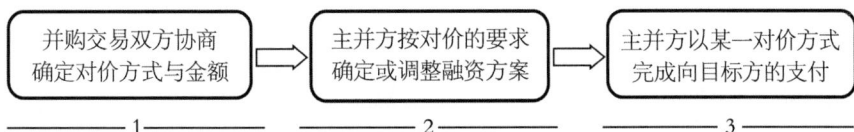

图 4-3　并购对价与并购融资启继关系

　　综上分析，本书认为主并公司并购对价决策的选择会对其并购融资决策的选择产生影响，并购融资决策要考虑到并购对价决策的偏好。

93

4.5　本章小结

　　本章立足于所构建的一个理论框架，依据经济学中的相关理论，从宏观环境和公司特征两大方面详细论述了影响主并公司并购对价和并购融资选择的主要因素，并阐述了并购对价影响并购融资的机理。

　　本章将影响并购对价和融资的宏观环境因素概括为三方面：经济发展水平、资本市场状况和政策法规制度。经济的周期性波动会对并购对价和并购融资产生重要影响，繁荣时期并购更容易采用股票对价和股票融资；股票市场行情较好时，股票对价与股票融资发生的概率也会增加；当信贷市场利率水平较低时，公司更容易获得成本较低的债务资金；随着股权分置改革的完成，并购对价和并购融资的类型更加多样；而法律制度的健全能够对投资者的合法权益提供更好的保障，这也有利于主并公司从证券市场吸纳更多的股权资金。

　　本章将影响公司并购对价和融资的微观公司层面因素总结为经济动机、管理动机和自信动机三大方面。经济动机主要是从公司整体角度来分析风险分担、现金持有量、资本成本和融资约束等因素对并购对价与融资的影响；管理动机是从公司管理层角度分析其机会主义行为对并购对价与融资产生的影响；自信动机主要是探讨管理层的过度自信对并购对价与融资选择的影响。

　　并购对价是并购融资的目的，并购融资的具体方式和具体金额要满足并购对价的需要，所以本书认为主并公司的并购对价决策也会对其并购融资决策产生影响。

第 5 章

研究设计与基本统计分析

5.1 ———————— 样本数据的来源与筛选 ————————

5.1.1 样本数据来源

根据前述的理论架构，本书的实证检验以2001—2010年发起并购事件的A股主板上市公司为基本研究样本。由于研究涉及主并公司的并购基本数据（主要包括并购的交易时间、交易类型、交易金额、对价方式和融资方式等）、公司基本特征数据、财务特征数据以及公司外部宏观环境等大量数据，因此本书通过以下渠道获取数据：

（1）并购基本数据来源于国泰安数据服务中心（CSMAR）提供的中国上市公司并购重组研究数据库。对于CSMAR中记录不完整的数据，本书通过查找WIND资讯的并购数据库予以核对。

（2）上市公司的基本特征和财务特征等数据来源于CSMAR的中国上市公司财务报表数据库、上市公司财务指标分析数据库、上市公司治理结构研究数据库、上市公司股东研究数据库和股票市场交易数据库。

（3）国内生产总值（GDP）、股票市场指数收益率、银行贷款利率等宏观经济数据来源于 RESSET 金融研究数据库；股权分置改革数据来源于 CSMAR 股权分置改革研究数据库；上市公司所在的各地区中介组织发育和法律制度环境指数等指数来源于樊纲、王小鲁和朱恒鹏编著的《中国市场化指数——各地区市场化相对进程 2011 年报告》。

（4）由于绝大多数上市公司并购对价数据在 CSMAR 中的上市公司并购重组研究数据库都有明确的记录，对于部分缺失数据本书通过巨潮资讯网查找上市公司年报予以补齐；CSMAR 的上市公司并购重组研究数据库中并购融资数据缺失较多，这也是本书数据搜集工作的难点和重点。对此，本书以并购事件公告日期为主要检索条件，通过巨潮资讯网的"公告查询"专栏逐一查找可能披露并购融资信息的"年度报告""半年度报告""季度报告""董事会会议决议公告""股东大会决议公告""收购资产和股权的公告""收购资产和股权的可行性研究报告""收购资产和股权草案""收购资产和股权协议""非公开发行股份购买股权和资产公告"等文档予以补充。

5.1.2 样本数据筛选

通过 CSMAR 的并购重组研究数据库，本书初步获取了跨期 10 年、多达 3 万余条的并购交易事件基本数据，如何从中筛选出符合研究条件的样本数据是本书数据搜集与整理工作的难点和关键，具体的筛选步骤及标准如下：

（1）样本选取时间的限制。本书选择 2001—2010 年为样本数据期间，主要是出于以下四点考虑：第一，从我国上市公司的并购发展阶段来说，从 2001 年开始进入规范发展阶段，市场化意义上的并购交易逐渐增多；第二，有些并购交易在其公告发布后，要经过一定时间后才能确定该起并购事件是否成功，所以本书将样本时间上限定在 2010 年度（含）（例如，以非公开发行股票方式进行的并购交易，往往要经过监管部门较长时间的审查，并且要根据 2011 年和 2012 年披露的上市公司并购重组相关公告考察 2010 年以前的相关交易是否成功）；第三，实证研究所需的个别变量，需要上市公司并购后续数据（例如，主并上市公司未来投资需求变量）；第四，长达 10 年的数据期间，有利于更好地考察宏观环境变化对上市公司并购对价与融资选择行为的影响。

（2）保留交易成功的并购事件。CSMAR 并购重组数据库中有关并购交易事件的成功与否有明确的记录，样本数据剔除标注交易失败的并购事件。但是有些并购交易，例如，上市公司发行股票购买资产或股权等重大并购交易事件，需要中国证券监督管理委员会等监督管理部门的批准审核，而最终结果有可能是并购交易事项没有获得监管部门批准而失败。因此，本书通过巨潮资讯网对股票对价和股权融资的并购交易事件又进行了核对，剔除最终审核未获批准的并购交易事件。

（3）主并公司处于买方地位且为主板 A 股上市公司。样本筛选时只保留上市公司在并购交易中处于买方地位的并购样本。此外，由于并购交易中非上市公司相关数据难以取得，且考虑主板和创业板、A股和 B 股之间的差异性，因此本书以主板 A 股上市公司作为研究对象，并剔除股份回购、资产剥离、债务重组及难以区分交易地位的资产置换事件，仅保留有偿受让的资产收购、股权收购和吸收合并交易事件[①]。

（4）以尽量符合市场化意义的并购事件为研究样本[②]。从 CSMAR 并购重组数据库的基本数据中，剔除行政划转、无偿受让、司法裁定、继承赠与等非市场化的交易事件。

（5）剔除无法确定对价方式和融资方式的并购事件。

（6）剔除重大资产购买等非并购意义上的交易事件。在并购基本数据中剔除购买大型设备、购买车船飞机等交通工具、投资理财产品、购买破产性资产、采购金额较大的生产性材料、从国土资源管理部门购买土地使用权、购买房屋和房产、中标工程项目及签订重大合同等交易事件。

（7）并购交易金额的限定。正如第 3 章所分析的，为了确保并购对价

97

[①]　在 CSMAR 并购重组数据库中资产收购和股权收购几乎都是以"协议方式"进行的，从 2003 年至 2010 年要约收购在数据库中仅有 28 条记录，所以在后续的研究中，本书并没有严格地区分协议收购和要约收购这两种类型，因为这样区分意义已经不大了。

[②]　市场化的并购重组将直接提升市场经济中资源配置和结构调整的力度，促进经济增长方式的转变和产业结构的调整（洪涛，2013）。市场化并购一般是基于如下产业规划和企业发展战略的目的：谋求企业经济实力的增长，促进企业扩张；追求规模经济和获取垄断利润；获取先进技术等特殊资源，进入新的行业；收购低价资产从中谋利等（胡可果、姚海鑫，2012）。

和并购融资类别的差异性，也为了确保并购交易对并购公司的重要性，本书剔除了交易金额低于人民币5 000万元的并购样本。

（8）剔除并购交易任一方属于金融保险行业的样本。由于金融保险行业经营业务、财务核算制度、信息披露制度的特殊性，因此将其剔除。

（9）剔除跨国并购的样本。因为跨国并购的对价方式和融资方式差异很小，无法满足实证研究需要。

（10）删除实施特殊处理的样本。由于财务状况异常环境下发生的并购交易很可能出于某些特殊目的，因此本书剔除了并购交易事项当年上市公司处于特殊处理（ST类和PT类）阶段的样本[①]，同时剔除已退市的上市公司样本。

（11）同一家上市公司披露多次并购事件的处理。对于一家上市公司在一年内参与的多起并购交易，为了剔除冗余样本并不失代表性，本书只保留该公司在当年内交易金额最大的一起并购交易；对于同一起交易分别披露的并购交易事件，予以合并[②]。

（12）为降低对价方式和融资方式影响因素研究的噪声，本书剔除了数量极少的混合对价事件，将并购对价方式最终确定为现金对价和股票对价两类，剔除为数不多的"内部融资+负债融资+股权融资"和"负债融资+股权融资"的交易事件，并且把"内部融资+负债融资"归为"负债融资"类别内，将"内部融资+股权融资"归到"股权融资"类别内。

（13）剔除个别公司特征数据和财务数据缺失的样本。

经过筛选最终得到有效样本1 404例，具体样本筛选过程及各年样本分布情况如表5-1所示。

由表5-1可以看出，2007年以来上市公司并购数量较2006年（含）之前明显增加，这与我国近年来并购交易活动大幅增长的趋势是相符的，同时也表明上市公司通过控制权市场进行资源配置的投资形式在公司对外投资中所占的比重也在逐渐提高。

---

① PT类股票的交易从2002年5月1日起停止。
② 例如，2008年7月28日，神火股份与商丘金源投资有限公司和商丘众诚投资股份有限公司分别签署了关于受让其所持河南神火铝业股份有限公司16.41%、7.92%股权的协议，交易价款分别为389 631 692.38元、188 048 933.80元，合计577 680 626.18元。关于此次并购交易事件，在CSMAR数据库中虽然分别披露，但是属于与两个交易对方完成对一个标的公司股份的收购，所以交易事项应该予以合并。

表5-1　　　　　　　　　　　样本筛选过程及样本数量各年分布情况

2001—2010年CSMAR并购交易数据记录（2012年1月3日下载）	30 747
剔除并购交易事件失败的样本	586
剔除并购交易地位处于卖方及未披露交易地位的样本	20 735
剔除股份回购、资产剥离、债务重组及难以区分交易地位的资产置换事件样本	443
剔除行政划转、无偿受让、司法裁定、继承赠与等非市场化的交易事件样本	138
剔除B股和创业板样本	216
剔除无法确定并购对价方式和融资方式样本	324
小计（1）：用于第3章分析并购事件时间特征的样本数	8 305
剔除重大资产购买等非并购意义上的交易事件样本	1 797
小计（2）：用于第3章分析并购对价和融资特征的样本数	6 508
剔除并购交易金额低于人民币5 000万元的样本	4 092
剔除并购交易任一方属于金融保险行业的样本	49
剔除跨国并购交易样本	82
删除对上市公司实施特殊处理的样本	104
剔除同一家上市公司披露多次的并购事件样本	644
剔除混合对价和混合融资样本	40
剔除个别公司特征数据和财务数据缺失的样本	93
小计（3）：用于本书第5章~第8章实证检验的样本数	1 404

样本分布 ＼ 年份	2001	2002	2003	2004	2005	2006	2007	2008	2009	2010	总计
各年样本数量	87	75	102	107	94	104	194	215	208	218	1 404
各年占比（%）	6.2	5.3	7.3	7.6	6.7	7.4	13.8	15.3	14.8	15.5	100

　　表5-2列示了并购对价与融资方式的样本分布比例。从并购对价方式来看，上市公司现金对价占总样本的87.9%，而股票对价方式占12.1%，虽然与第3章的分析相比，样本中股票对价比例有所上升，但是我国并购交易严重偏好于现金对价的事实仍然毋庸置疑。从总体的并购融资方式来看，内部融资占比47.6%，外部融资占比为52.4%（负债融资与股权融资合计），这表明在大规模的并购交易中，内部融资已不能满足并购资金的

需求，必须通过外部资金来完成并购对价。而在外部融资来源中负债融资和股权融资分别占 27.8% 和 24.6%，差异不大。对比现金对价方式下的并购融资来源构成比例时不难发现，负债融资和股权融资这两种外部并购融资方式的比例合计（31.7%＋14.2%＝45.9%）占现金对价下融资方式总数的将近一半，且负债融资的比例远远超过股权融资的比例。这一方面说明，公司并购的现金对价和内部资金融资是不能等同的两个概念或活动；另一方面也表明，公司并购对价方式对现金对价的偏好，可能也会使主并公司在并购融资过程中更加倾向于选择内部资金和负债资金。

表 5-2　　　　　　　　　　　**并购对价与融资方式的样本分布比例**

对价与融资	样本量	占样本总量百分比（占现金对价样本百分比）
现金对价	1 234	87.9
内部融资	668	47.6（54.1）
负债融资	391	27.8（31.7）
股权融资	175	12.5（14.2）
股票对价	170	12.1
股权融资	170	12.1
样本总计	1 404	100
内部融资	668	47.6
负债融资	391	27.8
股权融资	345	24.6

5.2 ——————————— 模型设计与变量定义 ———————

5.2.1　模型设计

依据理论分析，本书后续实证研究主要分为并购对价影响因素、并购融资影响因素及并购对价与融资嵌套研究三个部分，结合公司特征和宏观环境因素，各部分的模型设计如下：

1）并购对价方式选择影响因素模型设计

由于本书中并购对价方式（被解释变量）的类别分为现金对价和股票

对价两类，所以本书借助二元 Logit 模型估计参数[1]，将微观公司特征变量和宏观环境变量整合于一个研究框架之下，并构建如下并购对价方式解释模型：

$$Ln(\frac{PAY = 1}{PAY = 0}) = \beta_0 + \beta_c Company\ Features + \beta_m Macro\text{-}environment + e \qquad (5.1)$$

其中，β_0 代表截矩项，Company Features 代表公司特征系列变量，Macro-environment 代表宏观环境系列变量，β_c 和 β_m 分别代表公司特征变量和宏观环境变量的系数向量，e 为模型误差项。模型中将公司并购对价方式（PAY）作为被解释变量，采用二值虚拟变量作为其度量手段，当公司并购使用现金对价方式时，该虚拟变量 PAY 赋值为 1；当公司并购使用股票对价方式时，PAY 赋值为 0。

2）并购融资方式选择影响因素模型设计

本书将并购融资方式（被解释变量）的类别分为内部融资、负债融资和股权融资三类。由于被解释变量有多个取值的情形，所以本书借助多元 Logit 模型[2]（multinomial logit model，简称 MNLM）进行研究，将微观公司特征变量和宏观环境变量整合于同一框架之下，构建如下并购融资方式解释模型：

$$Ln(\frac{FIN = 1或2}{FIN = 3}) = \beta_0 + \beta_c Company\ Features + \beta_m Macro\text{-}environment + e \qquad (5.2)$$

其中，β_0 代表截矩项，Company Features 代表公司特征系列变量，Macro-environment 代表宏观环境系列变量，β_c 和 β_m 分别代表公司特征变量和宏观环境变量的系数向量，e 为模型误差项。模型中将公司并购融资方式（FIN）作为被解释变量，采用三值离散变量作为其度量手段，当公司并购融资方式为内部融资时，FIN 赋值为 1；融资方式为负债融资时，

---

[1]　关于 Logit 模型有以下几点是要注意的：第一，当样本数小于 100 时，使用 ML 是比较危险的，样本数大于 500 效果较佳，当然，这些取值还决定于模型和数据的具体特征。第二，参数越多，需要的样本数也越多，通常而言，至少要保证每个参数有 10 个样本。第三，如果数据存在较为严重的共线性或被解释变量的波动很小（如多数被解释变量的取值都为 1），也需要较大的样本数（Long，1997；钟经樊和连玉君 2010 年 STATA 讲义）。而本书中现金对价所占比例远大于股票对价比例，但是本书的样本数为 1 404 例，样本数量可以满足 Logit 模型的估计需要。

[2]　多元 Logit 模型与二元 Logit 模型之间的差异，使得本书还必须进行一些新的检验来评估模型的优劣，主要包括：（1）MNLM 具有联立方程的特征，尚需对变量进行一些以组别为基础的显著性检验。（2）在某些情况下，解释变量对两个甚至多个组别的影响具有相近的效果，我们便可以通过合并这些组别，以便得到更为有效的估计结果。此时，需要进行"无差异检验"（indistinguishable test）。（3）MNLM 还有一个基本假设，称为 IIA（independent irrelevant alternatives）。其含义为在 MNLM 的多个选择中，任意两个选择之间的胜算比不受其他选择的影响。对此假设有两种常用的检验方法：Hausman 检验和 Small-Hsiao 检验（钟经樊和连玉君 2010 年 STATA 讲义）。

FIN 赋值为 2；融资方式为股权融资时，FIN 赋值为 3。在模型中，股权融资方式为比较基准组。值得注意的是，多元 Logit 模型和二元 Logit 模型的估计结果相近，但并不完全相同。多元 Logit 模型可以视为联合估计一系列二元 Logit 模型，并在估计过程中对联立方程施加了一些特定的约束条件。

3）并购对价与融资的嵌套研究

在并购对价二元 Logit 模型和并购融资的多元 Logit 模型中，分别检验和考察并购对价和并购融资的影响因素，如果仅以两个模型各自得出的检验结果来说明并购对价和融资的区别，结论可能有失偏颇。根据第 4 章的理论分析，公司在做出并购融资决策时，可能首先考虑对价方式的偏好，然后再决定融资来源。因此，有必要将二者纳入同一框架进行嵌套研究。

并购对价与融资嵌套研究模型的基本原理是：首先要估计选择特定对价方式（PAY）的非条件概率，接下来再以某一特定的对价方式为条件估计特定并购融资方式（FIN）的条件概率。这一嵌套结构模型最大的优点是：既能考察并购对价的影响因素，又能控制住某一对价偏好来更严谨地检验并购融资决策的影响因素，以利于更好地观察并购对价与并购融资影响因素的区别。为此，结合微观公司特征变量和宏观环境变量，本书构建如下并购对价与融资方式选择的嵌套 Logit 模型（nested logit model）。

$$\mathrm{Ln}(\frac{\mathrm{FIN}=1或2}{\mathrm{FIN}=3}|\mathrm{PAY}=1或0)=\beta_0+\beta_c\mathrm{Company\ Features}+\beta_m\mathrm{Macro\ environment}+e \qquad (5.3)$$

嵌套 Logit 模型有两种估计方法：一是完全信息极大似然估计方法；二是有限信息的两阶段极大似然估计方法。本书借鉴 Martynova、Renneboog（2009）的研究思路，采用两阶段极大似然估计方法完成嵌套 Logit 模型的估计：第一阶段估计并购对价的影响因素，第二阶段在确定某一对价方式下，来分析融资方式的选择的影响因素。由于本书样本的对价方式有现金对价和股票对价两种，并购融资方式有内部资金、负债融资和发行股票三种。股票对价一定对应股票融资，这无法考察对价和融资的区别。只有在确定现金对价方式下，才能更好地考察用以现金对价的三种融资方式之间影响因素的区别。这样嵌套 Logit 模型，可以简化为以下两阶段的估计：

$$\begin{cases} \text{Ln}(\dfrac{\text{PAY}=1}{\text{PAY}=0}) = \beta_0 + \beta_c \text{Company Features} + \beta_m \text{Macro environment} + e \\ \text{Ln}(\dfrac{\text{FIN}=1或2}{\text{FIN}=3}|\text{PAY}=1) = \beta_0 + \beta_c \text{Company Features} + \beta_m \text{Macro environment} + e \end{cases} \quad (5.4)$$

5.2.2　变量定义

本书根据实证研究的需要定义了如下变量，并对关键变量定义进行解释。

1）被解释变量

（1）并购对价方式（PAY）。根据理论分析和样本数据特点，将并购对价方式划分为现金对价和股票对价两类。当公司并购使用现金对价方式时，PAY 赋值为 1；使用股票对价方式时，PAY 赋值为 0。

（2）并购融资方式（FIN）。根据理论分析和样本数据特点，将并购融资方式分为内部融资、负债融资和股权融资三类。当并购融资方式为内部融资时，FIN 赋值为 1；融资方式为负债融资时，FIN 赋值为 2；融资方式为股权融资时，FIN 赋值为 3。

2）公司特征变量——经济动机

（1）现金持有量（Cash）。根据理论分析，主并公司会认为大多数的目标方都愿意接受或要求提供现金对价。所以主并公司在并购前就会有计划、有步骤地去筹集或留存一定数量的现金及现金等价物。因此，Cash 被定义为主并公司并购前一年度末所持有的现金及现金等价物余额与并购交易金额的比值。值得说明的是，主并公司并购前的现金及现金等价物不一定是公司内部资金的留存，还有相当一部分是通过外部融资渠道获得的资金。

（2）资本成本因素。在本书中主要采用以下三个变量来表征资本成本因素：

①内部资金充裕度（Fund_int）。对于上市公司来说，内部资金代表公司内部融资的基本能力，主要是指公司经营活动留存下来的资金。Fund_int 被定义为主并公司并购前一年度末内部资金金额与并购交易金额的比值。可见，Fund_int 和 Cash 是两个内涵完全不同的变量。

内部资金金额＝营业利润＋折旧－财务费用－管理费用－销售费用－支付的现金股利

103

②有形资产比率（Tan_ass）。在上市公司取得借款时，债权人为了降低违约风险，往往要求上市公司提供抵押资产。一般认为，固定资产等有形资产更适合抵押和担保，同时也是公司负债能力的主要衡量标准。因此，Tan_ass被定义为主并公司并购前一年年末固定资产净额与总资产的比值。

③资产负债率（LEV）。一般认为，资产负债率较低，公司面临的破产风险较小，公司还有新增负债的空间。LEV被定义为主并公司并购前一年年末总资产与总负债的比值。

（3）融资约束（FC）。并购资金需求较大，所以很多公司往往在并购之前就要做好充分的资金储备，如果并购之前公司的资金缺口较大，很可能的原因是公司融资面临约束程度较严重，没有能力获取更多的外部资金，因此本书用资金缺口来表征公司的融资约束程度。借鉴Fazzari等（1987）和Hubbard等（1995）的处理方法，依据现金流缺口这一指标在并购前三年样本区间的平均值，分别以第33百分位和第66百分位作为分界点，将样本分成三组，现金流缺口最严重的一组FC赋值为3，中间一组FC赋值为2，现金流缺口最少的一组FC赋值为1。现金流缺口借鉴Shyam-Sunder and Myers（1994）方法计算。

$$
\begin{aligned}
\frac{\text{现金流}}{\text{缺口}} = & \frac{\text{支付的}}{\text{现金股利}} + \frac{\text{资本性}}{\text{支出}} \left(\begin{array}{c}\text{购建固定资产、无形资产}\\ \text{和其他资产支付的现金}\end{array}\right) + \frac{\text{营运资本}}{\text{的净增加额}} \\
& \frac{\text{一年内到期}}{\text{的长期负债}} - \frac{\text{息税后经营}}{\text{现金流净额}}
\end{aligned}
$$

（4）风险分担。

①相对交易规模（Rel_val）。该变量主要是用来表征并购交易中的信息不对称风险。Martin（1996）采用并购交易总价与并购交易总价和并购公司市场价值合计数之比度量相对交易规模，即：

$$相对交易规模 = \frac{\text{并购交易总价}}{\text{并购交易总价} + \text{并购前一年末公司市价}}$$

该指标越大，说明对并购标的认识与了解越困难、越费时，为了分担风险主并公司可能倾向于股票对价，因此该指标可以合理表征并购交易中的信息不对称程度。自Martin（1996）提出这一度量方法以后，国内外大多数学者大多沿袭和借鉴Martin的方法度量相对交易规模（Faccio、Masulis，2005；Martynova、Renneboog，2009；苏文兵、李心合等，2009；刘淑莲等，2012）。

②并购标的（OBJ）。资产收购的交易规模往往比股权收购的交易规模要大，为了降低风险，主并公司在资产收购对价中，可能会倾向于股票对价。OBJ被定义为离散变量，并购标的为股权时，OBJ赋值为1；并购标的为资产时，OBJ赋值为0。

3）公司特征变量——管理动机

（1）控制权威胁（Control）。我国上市公司管理层持股比例偏低，因此他们可能并不关心并购交易中股票对价对控制权稀释的问题。但我国上市公司股东的持股比例相对比较集中且对控制权稀释威胁较为敏感，可能较为抵制股票对价。因此，Control被定义为主并公司并购前一年年末第一大股东持股比例。

（2）股权分散程度（BLOCK）。理论上认为，如果公司股权结构比较分散，为了降低管理层和股东之间的代理成本，公司可采用负债融资以增加对管理层的约束。BLOCK为虚拟变量，当主并公司并购前一年年末第一大股东持股比例小于30%时[①]，BLOCK赋值为1；第一大股东持股比例大于等于30%时，BLOCK赋值为0。

（3）债权代理成本，采用如下两个变量衡量：

①成长性（GRO）。有较高成长潜力的公司往往具有主营业务突出且主营业务收入持续增长、重视无形资产投入和经营等特点。这类公司往往投资数额比较大，为了降低负债融资对公司未来投资的约束，这类公司更愿意选择股权融资。本书借鉴已有相关研究并结合成长性公司的特点，GRO被定义为主并公司并购前三年主营业务收入增长率的中值（吕长江、韩慧博，2001；翟进步、王玉涛等，2012）。

②投资需求（INV）。如果主并公司未来的投资需求较多，为了减少

105

---

① 关于股权集中和分散的认定学界和实务界的理解存在一定的差异，通常认为股权集中情况下控股股东的持股比例应在30%（含30%）以上。例如，《上市公司收购管理办法》第八十四条认定，有下列情形之一的，为拥有上市公司控制权：（1）投资者为上市公司持股50%以上的控股股东。（2）投资者可以实际支配上市公司股份表决权超过30%。（3）投资者通过实际支配上市公司股份表决权能够决定公司董事会半数以上成员选任。（4）投资者依其可实际支配的上市公司股份表决权足以对公司股东大会的决议产生重大影响。（5）中国证监会认定的其他情形。《证券法》第八十八条"通过证券交易所的证券交易，投资者持有或者通过协议、其他安排与他人共同持有一个上市公司已发行的股份达到30%时，继续进行收购的，应当依法向该上市公司所有股东发出收购上市公司全部或者部分股份的要约"。所以本书以第一大股东持股比例30%为股权集中和分散的临界值。

债务契约的限制，应该尽量减少负债融资。本书用主并公司并购下一年"购建固定资产、无形资产和长期资产所支付现金"与并购当年年末总资产的比值来度量投资需求。

（4）关联交易并购（RELPA）。大股东凭借与上市公司之间关联交易并购可以对上市公司进行掏空或支持，这也是大小股东之间利益冲突的重要体现。大股东出于不同的目的，在关联交易并购中可能会选择不同的对价方式和融资方式。因此，定义RELPA变量考察其对并购对价与融资的影响，并购交易双方为关联方时，RELPA赋值为1；为非关联方时，RELPA赋值为0。

4）公司特征变量——自信动机

管理层过度自信（CON）。过度自信心理的存在可能会致使管理层表现出偏好现金对价及偏好内部融资和负债融资的倾向。因为过度自信管理层会认为公司的股票价值被低估了，不愿意采用股票对价和股权融资。由于过度自信的管理层往往会频繁发起并购（Doukas、Petmezas，2007；Malmendier、Tate，2008；李善民、陈文婷，2010；张广宝、施继坤，2012）。我国的并购市场普遍也存在着这样一种"特殊现象"——上市公司倾向于在短期内连续发起多次并购或在一年内进行多次并购（毛雅娟，2011；谢玲红等，2011）。所以本书借鉴Doukas、Petmezas（2007）和李善民、陈文婷（2010）的思路，当主并公司截至并购年连续三年发生五次（含）以上的并购行为时，认为主并公司管理层存在过度自信心理，并将CON赋值为1，否则CON赋值为0。

5）宏观环境变量

（1）经济发展水平（LnGDP）。本书以主并公司并购公告前四个季度国内生产总值（亿元）合计数的自然对数并剔除时间因素来度量经济发展水平，主要理由如下：第一，GDP能反映社会中公司的总体经营状况和盈利水平（苏冬蔚、曾海舰，2009），能够很好地表征宏观经济周期的波动情况；第二，选取年度GDP的自然对数为替代变量，会引起较大的共线性，因为同一年度变量取值没有变化，所以，本书以主并公司并购公告前四个季度GDP合计数的自然对数为基础计算替代变量；第三，GDP值包含明显的时间变动因素，这可能使GDP的增长趋势不能清晰地表现出来，为此，本书根据Stock和Watson（1999）、苏冬蔚和曾海舰（2009）

处理方法，把实际GDP的对数与时间变量做OLS回归以剔除时间趋势因素，所获得的OLS回归残差即为本书采用的度量经济发展水平的指标；第四，之所以选择"公告前四个季度"统计时间范围，主要是考虑到宏观经济变量冲击作用往往具有滞后性，同时公司并购活动这一重大决策的做出也需要管理层有一定时间的计划和实施。

（2）股票市场状况（SM）。本书以主并公司并购公告前四个季度平均股票指数收益率来度量股票市场状况，其中：沪市季度股票收益率以上证综合指数计算，深市季度股票收益率以深证成分指数计算。

（3）信贷市场状况（IR）。本书以主并公司并购公告前四个季度人民币银行贷款一至三年（含）加权平均年基准利率作为信贷市场状况的代理变量，主要原因如下：第一，由于企业债和公司债发展缓慢，银行借款一直是我国上市公司负债融资的主要方式，而贷款利率是公司银行借款的名义单位成本，基本体现了资金供求关系，同时也是中央银行调整货币信贷政策的主要手段（李万福、叶阿忠，2007；于蔚、金祥荣等，2012）。因此，本书以银行的贷款利率表征信贷市场发展状况。第二，中国银监会制定的《商业银行并购贷款风险管理指引》（以下称《贷款指引》）第十九条明确规定"并购贷款期限一般不超过五年"，同时也考虑到上市公司并购贷款金额的限制（《贷款指引》第十八条规定，"并购的资金来源中并购贷款所占比例不应高于50%"），所以，上市公司可能会寻求其他期限较短的长期借款来补充并购资金。综合来看，选择一至三年（含）加权基准利率会更合理一些。第三，考虑到我国利率频繁调整的现实和贷款审批的时间性，本书选择并购公告前四个季度银行贷款加权平均年利率。

（4）股权分置改革（STR）。上市公司股权分置改革以后，流通股占总股本的比重会大大增加，因此本书采用主并公司并购前一年年末流通股本占总股本的比重来度量股权分置改革变量。而在稳健性检验中STR以虚拟变量度量，并购发生在2007年（含）以后时，STR赋值为1，否则STR赋值为0。

（5）法律制度环境（LAW）。我国各地区市场化进程和法律环境客观上存在的显著差异（樊纲等，2007）造成了我国各地区投资者法律保护程度的不同，进而会影响上市公司的投融资行为（徐寿福，2009）。较好的法律环境，不仅会对公司经营管理起到规范作用，更能为投资者权益提供保障，有利于上市公司利用股票对价和融资。本书中法律制度环境变量（LAW），采用主并公司所在地并购前一年的"中介组织发育和法律制度环境指数"来度量，其数值越大，法律制度环境越好。这一指数来源于樊纲、王小鲁和朱恒鹏编著的《中国市场化指数——各地区市场化相对进程2011年报告》。

　　此外，本书还控制了主并上市公司的产权性质、公司规模、行业特征和并购发生的年份。表5-3对以上变量的定义进行了归纳整理。

表5-3　　　　　　　　　　　　相关变量的界定

变量名称	变量含义	变量定义
		被解释变量
PAY	并购对价方式	主并公司采用现金对价方式完成交易PAY=1，采用股票对价方式完成交易PAY=0
FIN	并购融资方式	主并公司并购融资来源于内部融资FIN=1，来源于负债融资FIN=2，来源于股票融资FIN=3
		公司特征解释变量
经济动机		
Cash	现金持有量	主并公司并购前一年度末所持有的现金及现金等价物余额与并购交易金额的比值
Fund_int	内部资金充裕度	主并公司并购前一年内部资金金额与并购交易金额比值
Tan_ass	有形资产比率	主并公司并购前一年度末固定资产净额与总资产比值
LEV	资产负债率	主并公司并购前一年度末总资产与总负债的比值
FC	融资约束	主并公司并购前三年的现金流缺口程度来度量，数值越大，融资约束越严重
Rel_val	相对交易规模	相对交易规模 $= \dfrac{\text{并购交易总价}}{\text{并购交易总价}+\text{并购前一年末公司市价}}$
OBJ	并购标的	并购标的为股权时，OBJ赋值为1；并购标的为资产时，OBJ赋值为0
管理动机		
Control	控制权威胁	主并公司并购前一年度末第一大股东持股比例
BLOCK	股权分散程度	虚拟变量，主并公司并购前一年度末第一大股东持股比例小于30%时，BLOCK赋值为1；第一大股东持股比例大于等于30%时，BLOCK赋值为0
GRO	成长性	主并公司并购前三年主营业务收入增长率的中值
INV	投资需求	主并公司并购下一年"购建固定资产、无形资产和长期资产所支付的现金"与并购当年年末总资产的比值
RELPA	关联交易并购	并购交易双方为关联方时，RELPA赋值为1；为非关联方，RELPA赋值为0
自信动机		
CON	管理层过度自信	主并公司截至并购年连续三年发生五次并购行为，CON赋值为1，否则CON赋值为0
		宏观环境解释变量
LnGDP	经济发展水平	主并公司并购公告前四个季度国内生产总值（亿元）合计数的自然对数并剔除时间因素
SM	股票市场状况	主并公司并购公告前四个季度平均股票指数收益率，其中：沪市季度股票收益率以上证综合指数计算，深市季度股票收益率以深证成分指数计算

变量名称	变量含义	变量定义
IR (%)	信贷市场状况	主并公司并购公告前四个季度人民币银行贷款一至三年（含）加权平均年基准利率
STR	股权分置改革	主并公司并购前一年度末流通股本占总股本的比重
LAW	法律制度环境	主并公司所在地并购前一年的"中介组织发育和法律制度环境指数"，来源于樊纲、王小鲁和朱恒鹏编著的《中国市场化指数——各地区市场化相对进程 2011 年报告》
控制变量		
Lnsize	公司规模	主并公司并购前一年度末总资产的账面价值（亿元）的自然对数
State	产权性质	主并公司的实际控制人为中央或地方国资委、地方政府、国有企业、中央国家机关时，State 赋值为 1；当并购公司的实际控制人为境内外个人、集体或其他组织时，State 赋值为 0
Year	年份虚拟变量	并购发生年 Year=1，否则 Year=0
Ind	行业虚拟变量	上市公司属于本行业 Ind=1，否则 Ind=0；按证监会 CSRC 代码进行分类，金融保险业除外，制造业分至二级小类

5.3　描述性统计

109

5.3.1　样本数据对价与融资时间特征

表 5-4 列示了 2001—2010 年并购交易的对价方式和融资方式的时间特征。从并购对价方式的样本年度分布来看，现金对价方式在 2006 年及 2006 年以前年度，占比都在 90% 以上，股票对价不足 10%，其中在 2003 年和 2005 年现金对价占比达 100%；2007 年以后股票对价的年占比均达 10% 以上，现金对价比例有所下降，但仍是大部分上市公司并购交易偏好的对价方式，如图 5-1 所示。综合并购对价的年度分布趋势来看，其时间特征明显，在 2007 年上市公司股权分置改革基本实施完成以后，股票对价比例显著上升，而在 2007 年至 2008 年第三季度之前这一经济发展形势和股市发展水平相对繁荣阶段，股票对价比例达到最高[①]。

---

① 虽然从 2008 年第四季度以来，受全球金融危机的影响中国经济和股市发展趋势出现大幅下滑，但在本书的样本中 2008 年前三季度采用股票对价完成的并购交易占当年交易总量的 18.6%，占当年股票对价方式的 83.33%。这也意味着，2008 年绝大多数的股票对价交易是在前三季度完成的。

表5-4 **样本总体并购对价与融资方式时间特征分析**

类别	样本量		2001	2002	2003	2004	2005	2006	2007	2008	2009	2010
	数量	(%)										
样本量	1 404		87	75	102	107	94	104	194	215	208	218
占比(%)		100	6.2	5.3	7.3	7.6	6.7	7.4	13.8	15.3	14.8	15.5
			样本并购对价与融资各年数量分布统计(%)									
现金对价	1 234	87.9	98.9	97.3	100.0	99.1	100.0	90.4	80.4	78.1	82.7	83.9
内部融资	668	47.6	20.7	38.7	47.1	47.7	36.2	56.7	46.4	47.9	62.5	48.6
负债融资	391	27.8	51.7	41.3	39.2	39.3	56.4	27.9	20.1	18.6	12.5	21.1
股权融资	175	12.5	26.4	17.3	13.7	12.1	7.4	5.8	13.9	11.6	7.7	14.2
股票对价	170	12.1	1.1	2.7	0.0	0.9	0.0	9.6	19.6	21.9	17.3	16.1
股权融资	170	12.1	1.1	2.7	0.0	0.9	0.0	9.6	19.6	21.9	17.3	16.1
对价总计	1 404	100	100	100	100	100	100	100	100	100	100	100
内部融资	668	47.6	20.7	38.7	47.1	47.7	36.2	56.7	46.4	47.9	62.5	48.6
负债融资	391	27.8	51.7	41.3	39.2	39.3	56.4	27.9	20.1	18.6	12.5	21.1
股权融资	345	24.6	27.6	20.0	13.7	13.1	7.4	15.4	33.5	33.5	25.0	30.3

从并购融资方式的样本年度分布来看,内部融资在2009年占比最高,达到62.5%,其次在2006年也达到56.7%,在2001年最低,占比20.7%;负债融资在2001年和2005年较高,占比都在50%以上,而负债融资在2008年和2009年较低,特别是2009年仅为12.5%;股权融资在2007年(含)以后(2009年占比略低)有大幅上升,且在2007—2010年间均高于负债融资比例,如图5-2所示。综合融资方式的年度分布趋势来看,在股权分置改革以后股权融资比例有所上升,在经济形势和股票市场较低迷的时期(2009年),由于公司的生产经营不景气,公司外部融资困难较大,并购交易更倾向于使用内部融资。

在现金对价方式下,除了2001年、2002年和2005年,其余各年的融资方式中内部资金的融资比例都是最高的,其次是负债融资,股权融资比例最低,由此可见,并购交易融资的优序特征非常明显,如图5-3所示。

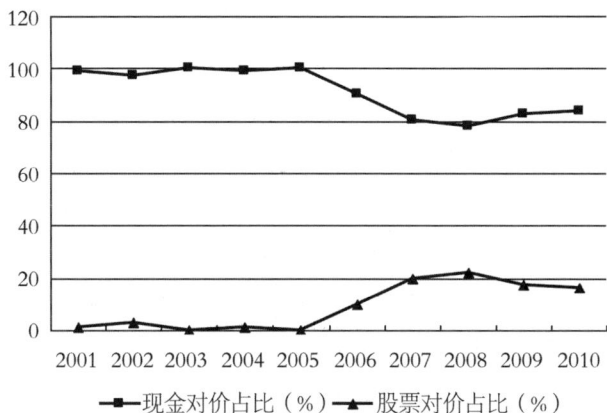

图 5-1　各年样本数据并购对价方式趋势分析

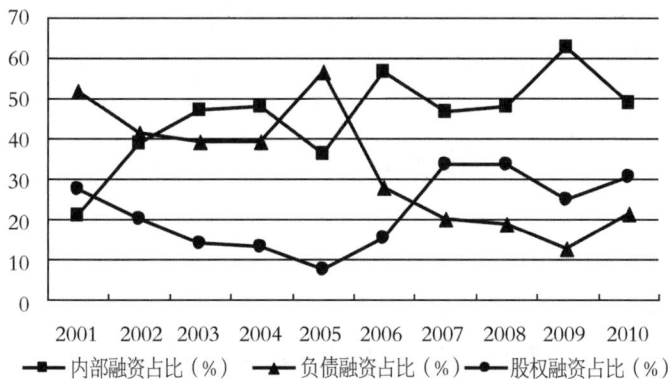

图 5-2　各年样本数据并购融资方式趋势分析

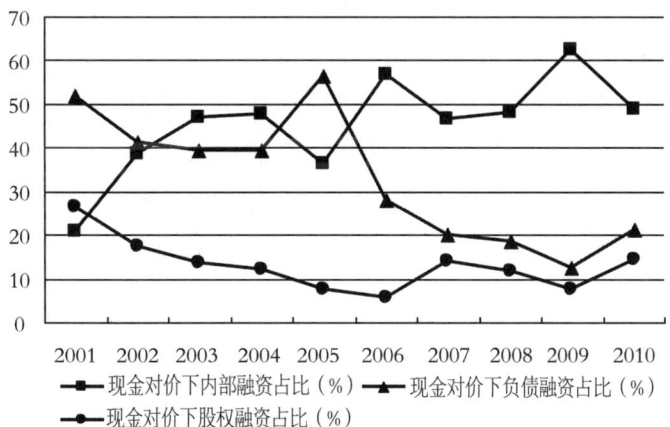

图 5-3　各年样本数据现金对价下并购融资趋势分析

5.3.2　样本数据对价与融资行业特征

表5-5、图5-4列示了2001—2010年样本数据并购交易对价方式的行业特征。各行业内现金对价仍是上市公司并购最主要的支付方式，其中在行业A（农、林、牧、渔业）、C1（纺织、服装、皮毛业）、C2（木材、家具业）等收益不稳定、风险较大的行业，股票很难被目标方接受，所以现金对价比例均在95%，这与本书第3章的分析基本一致；而C9（其他制造业）、E（建筑业）、C6（金属、非金属业）、K（社会服务业）和B（采掘业）等盈利能力较强行业，目标方可能更愿意接受主并公司的股票，致使这些行业股票对价比例均达到16%以上。

表5-5、图5-5列示了并购融资方式的行业特征。可以看到，三种基本的融资方式在行业间所占的比例有较大差距。在G（信息技术业）、L（传播与文化产业）和C1（纺织、服装、皮毛业）等面临整合压力较大的行业内部融资比例比较高；在D（电力、煤气及水的生产供应业）和F（交通运输、仓储）等固定资产较多、负债能力较强的行业并购交易采用负债融资的比例更大。与此同时，C2（木材、家具业）、K（社会服务业）和C5（电子业）等劳动密集型行业，在对外扩张时负债融资也占有较大比例；在C7（机械、设备、仪表业）、C8（医药、生物制品业）、C9（其他制造业）、E（建筑业）、J（房地产业）等财务杠杆较高的制造业和房地产业，股权融资占有相当大的比例。

通过表5-5和图5-6可以看出，在现金对价方式下，各行业间三种融资方式所占比例基本符合优序融资的特征，即多数行业中内部融资占比最高，其次是负债融资，股权融资最低。在D（电力、煤气及水的生产供应业）和K（社会服务业）等国有上市公司较多的行业，负债融资超过了内部融资；L（传播与文化产业）由于可用于抵押的资产较少，所以并购所需的外部融资更多的是依赖股权融资获得；C8（医药、生物制品业）和C9（其他制造业）等制造业负债融资和股权融资基本相当。

表5-5　样本总体并购对价与融资方式行业特征分析

类别	样本量 数量	样本量 占比(%)	A	B	C0	C1	C2	C3	C4	C5	C6	C7	C8	C9	D	E	F	G	H	J	K	L	M
样本量	1 404	100	22	75	51	40	3	14	141	27	125	161	68	6	108	32	68	77	107	129	41	18	91
占比(%)		100	1.6	5.3	3.6	2.8	0.2	1.0	10.0	1.9	8.9	11.5	4.8	0.4	7.7	2.3	4.8	5.5	7.6	9.2	2.9	1.3	6.5

样本并购对价与融资各行业数量分布统计(%)

类别	样本量 数量	样本量 占比(%)	A	B	C0	C1	C2	C3	C4	C5	C6	C7	C8	C9	D	E	F	G	H	J	K	L	M
现金对价	1 234	87.9	95.5	84.0	88.2	95.0	100.0	85.7	94.3	88.9	84.0	84.5	83.8	66.7	88.9	78.1	92.6	88.3	86.9	87.6	80.5	88.9	94.5
内部融资	668	47.6	50.0	45.3	49.0	60.0	33.3	50.0	48.2	40.7	48.0	42.2	48.5	33.3	38.0	46.9	45.6	68.8	48.6	49.6	29.3	61.1	49.5
负债融资	391	27.8	31.8	28.0	27.5	30.0	66.7	28.6	27.7	37.0	26.4	28.0	17.6	16.7	39.8	18.8	36.8	10.4	25.2	26.4	41.5	11.1	31.9
股权融资	175	12.5	13.6	10.7	11.8	5.0	0.0	7.1	18.4	11.1	9.6	14.3	17.6	16.7	11.1	12.5	10.3	9.1	13.1	11.6	9.8	16.7	13.2
股票对价	170	12.1	4.5	16.0	11.8	5.0	0.0	14.3	5.7	11.1	16.0	15.5	16.2	33.3	11.1	21.9	7.4	11.7	13.1	12.4	19.5	11.1	5.5
负债融资	170	12.1	4.5	16.0	11.8	5.0	0.0	14.3	5.7	11.1	16.0	15.5	16.2	33.3	11.1	21.9	7.4	11.7	13.1	12.4	19.5	11.1	5.5
对价总计	1 404	100	100	100	100	100	100	100	100	100	100	100	100	100	100	100	100	100	100	100	100	100	100
内部融资	668	47.6	50.0	45.3	49.0	60.0	33.3	50.0	48.2	40.7	48.0	42.2	48.5	33.3	38.0	46.9	45.6	68.8	48.6	49.6	29.3	61.1	49.5
负债融资	391	27.8	31.8	28.0	27.5	30.0	66.7	28.6	27.7	37.0	26.4	28.0	17.6	16.7	39.8	18.8	36.8	10.4	25.2	26.4	41.5	11.1	31.9
股权融资	345	24.6	18.2	26.7	23.5	10.0	0.0	21.4	24.1	22.2	25.6	29.8	33.8	50.0	22.2	34.4	17.6	20.8	26.2	24.0	29.3	27.8	18.7

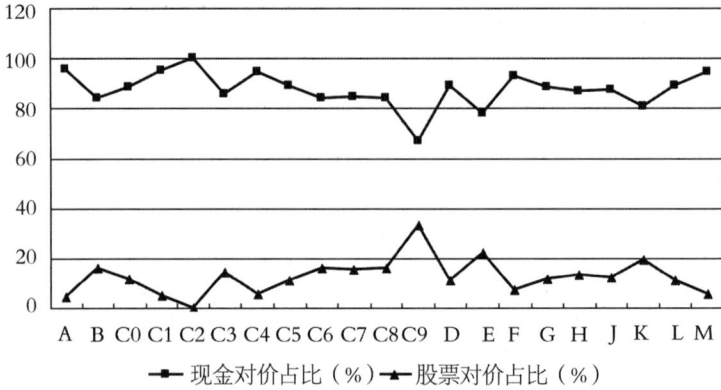

图 5-4　各行业样本数据并购对价方式趋势分析

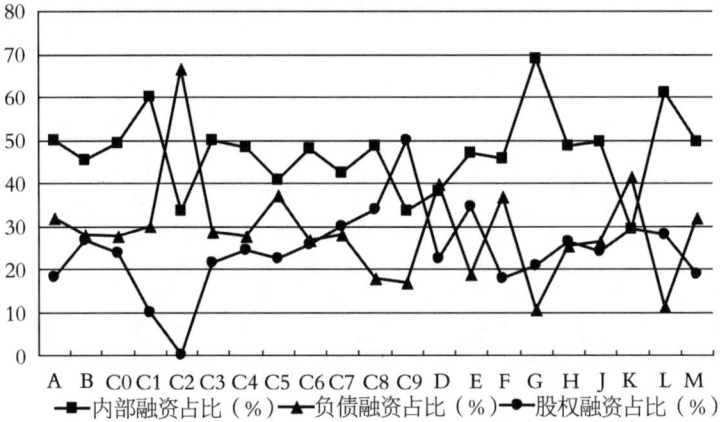

图 5-5　各行业样本数据并购融资方式趋势分析

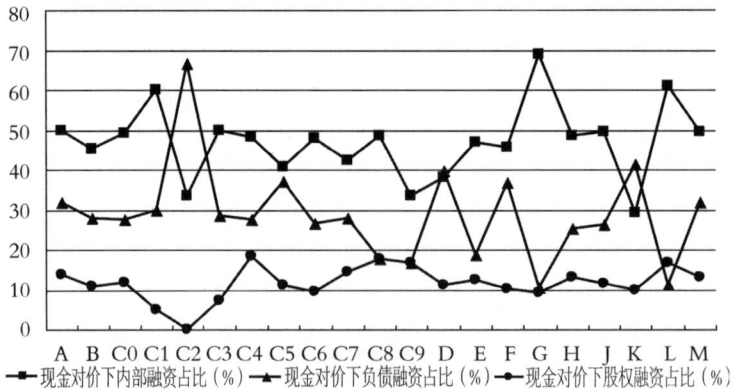

图 5-6　各行业样本数据现金对价下并购融资方式趋势分析

5.3.3　样本观测值的描述性统计结果

表 5-6 列示了样本全部解释变量的描述性统计结果。资产规模
（Lnsize）、法律制度环境（LAW）、现金持有量（Cash）和内部资金充裕
度（Fund_int）四个变量标准差较大。这表明不管是大公司还是小公司都
有强烈的并购扩张动机；主并公司所在地的法律制度环境差别很大，从法
律环境的均值来看，法律制度环境较好的地区并购活动也较频繁；不同公
司在并购时，其现金持有量和内部资金数额更是存在巨大差距，很多主并
公司可能预计到交易双方对现金支付的偏好，因此在并购前提前预留和筹
集足额的现金（Cash 的中值为 2.026），但并购资金中完全源于内部资金的
却不足 50%（Fund_int 的中值为 0.874）[①]。另外，在我们的样本中，国有
上市公司达到 67.4%，股权收购占有较大比重（OBJ 均值为 0.741），关联
交易并购占比也超过了 50%（RELPA 均值为 0.595）。法律制度环境以外的
各宏观环境变量也存在一定程度的差异，这也有利于本书考察宏观环境对
并购对价和融资决策的影响。

关于解释变量在不同并购对价组别和融资组别间的均值差异，本书将
在本章 5.5 节中详细阐述和说明。

表 5-6　　　**样本观测值的描述性统计结果（样本量 1 404）**

变量	最大值	最小值	中值	平均值	标准差
Cash	13.693	0.095	2.026	4.139	4.087
Fund_int	11.741	−0.122	0.874	2.109	3.089
Tan_ass	0.946	0.001	0.270	0.297	0.201
LEV	0.981	0.018	0.501	0.485	0.179
FC	3.000	1.000	2.000	1.991	0.824
Rel_val	0.781	0.003	0.049	0.088	0.122
OBJ	1.000	0.000	1.000	0.741	0.438
Control	0.864	0.000	0.389	0.402	0.169
BLOCK	1.000	0.000	0.000	0.331	0.471
GRO	2.675	−0.313	0.195	0.272	0.403
INV	0.274	0.000	0.052	0.068	0.061
RELPA	1.000	0.000	1.000	0.595	0.491
CON	1.000	0.000	0.000	0.311	0.463

①　Fund_int 被定义为主并公司并购前一年内部资金金额与并购交易金额比值，Fund_int 的
中值为 0.874，这意味着在样本取到中值时，内部资金数额还不能完全满足并购交易规模的资金
需求，所以看出并购资金来源中完全源于内部资金的才不足 50%。

变量	最大值	最小值	中值	平均值	标准差
State	1.000	0.000	1.000	0.674	0.469
Lnsize	7.320	0.588	3.293	3.436	1.213
LnGDP	12.878	11.505	12.375	12.301	0.414
SM	0.448	−0.230	0.027	0.053	0.141
IR(%)	7.578	5.400	5.666	6.041	0.762
STR	1.000	0.016	0.441	0.480	0.232
LAW	19.890	1.15	6.42	8.690	4.490

5.4 相关性分析

本书对所有变量进行了 Kendall T 相关性分析（由于本书变量过多，限于篇幅，并未列示相关性统计结果），结果表明：PAY 和 FIN 之间的相关系数为−0.545 且在 1% 水平上显著；Control 和 BLOCK 之间相关性系数为−0.425 在 1% 水平上显著，Cash 和 Fund_int 之间相关系数为 0.483 并在 1% 水平上显著，其余公司特征变量之间相关系数均在 40% 以下；宏观环境变量 LnGDP 与 IR 显著相关，系数为−0.423，与其余三个宏观环境变量之间显著正相关且相关系数均在 0.45 以上；股权分置改革变量（STR）和控制权威胁变量（Control，第一大股东持股比例）相关系数为−0.389 且在 1% 水平上显著，这也是宏观环境变量和公司特征变量之间最大的相关系数。此外，主要公司特征变量和宏观环境变量均与 PAY 和 FIN 显著相关。由此分析，宏观环境因素之间相关性较大，因此本书采用分别将各宏观变量带入模型的办法，可以避免产生严重的多重共线性问题。

5.5 单变量分析

表 5−7 列示了在各组别下影响主并公司对价方式和融资方式选择的主要解释变量的均值差异。从中可以看出，各解释变量在按照不同对价方式和融资来源划分后是有明显区别的。本节将对影响不同对价方式和融资来源的因素进行单变量对比分析。由于解释变量既有连续变量、又有离散变

表 5-7 　　并购对价与融资影响因素单变量分析表

变量	总样本均值(1)	内部融资 现金对价(2)	负债融资(3) 现金对价	股权融资 股票对价(4)	股权融资 现金对价(5)	股权融资 小计(6)	现金对价小计(7)	对价方式组间差异比较 F-stat(p值) $H0(4)=(7)$	融资方式组间差异比较 F-stat(p值) $H0(2)=(3)=(6)$	股票融资下对价组间差异比较 F-stat(p值) $H0(4)=(5)$	现金对价下融资组间差异比较 F-stat(p值) $H0(2)=(3)=(5)$
Cash	4.139	5.697	3.083	0.613	3.978	2.320	4.625	68.02(0.00)***	45.95(0.00)***	54.49(0.00)***	22.87(0.00)***
Fund_int	2.109	3.178	1.659	0.206	0.879	0.547	2.371	27.54(0.00)***	34.04(0.00)***	6.61(0.01)***	18.22(0.00)***
Tan_ass	0.297	0.291	0.333	0.289	0.284	0.289	0.299	0.33(0.56)	9.85(0.00)***	2.54(0.11)	11.27(0.01)***
LEV	0.485	0.494	0.472	0.512	0.453	0.482	0.481	4.38(0.04)**	3.07(0.08)*	7.87(0.01)***	4.45(0.01)***
FC	1.991	2.034	1.875	2.022	1.891	1.974	1.987	$\chi^2=2.68(0.11)$	$\chi^2=4.09(0.02)$**	$\chi^2=5.12(0.02)$**	$\chi^2=4.63(0.01)$***
Rel_val	0.088	0.046	0.073	0.291	0.086	0.187	0.060	85.64(0.00)***	99.61(0.00)***	38.55(0.00)***	35.99(0.00)***
OBJ	0.741	0.793	0.703	0.606	0.754	0.681	0.759	$\chi^2=21.88(0.00)$***	$\chi^2=11.73(0.00)$***	$\chi^2=14.72(0.00)$***	$\chi^2=5.35(0.07)$*
公司特征：经济动机											
Control	0.402	0.413	0.412	0.390	0.395	0.392	0.409	4.02(0.05)**	2.08(0.19)	0.35(0.55)	0.68(0.24)
BLOCK	0.331	0.362	0.330	0.282	0.263	0.272	0.338	$\chi^2=3.06(0.09)$*	$\chi^2=11.40(0.00)$***	$\chi^2=0.44(0.51)$	$\chi^2=11.25(0.00)$***
GRO	0.272	0.248	0.251	0.238	0.445	0.343	0.277	1.4(0.24)	7.13(0.00)***	9.26(0.00)***	18.02(0.00)***
INV	0.068	0.065	0.058	0.068	0.077	0.072	0.060	1.23(0.28)	6.55(0.00)***	2.78(0.10)*	4.97(0.01)***
RELPA	0.595	0.539	0.578	0.818	0.629	0.722	0.629	$\chi^2=41.60(0.00)$***	$\chi^2=30.97(0.00)$***	$\chi^2=18.80(0.00)$***	$\chi^2=3.45(0.18)$
公司特征：管理动机											
CON	0.311	0.278	0.504	0.112	0.194	0.154	0.338	$\chi^2=30.50(0.00)$***	$\chi^2=89.51(0.00)$***	$\chi^2=7.79(0.01)$***	$\chi^2=60.91(0.00)$***
公司特征：自信动机											
公司特征：产权性质和资产规模（控制变量）											
State	0.674	0.641	0.749	0.659	0.646	0.652	0.676	$\chi^2=0.44(0.51)$	$\chi^2=7.10(0.03)$**	$\chi^2=0.16(0.69)$	$\chi^2=6.47(0.04)$**
Lnsize	3.436	3.524	3.465	3.218	3.242	3.230	3.466	6.24(0.01)***	6.92(0.00)***	0.03(0.86)	3.85(0.02)**
宏观环境变量											
LnGDP	12.301	12.357	12.131	12.543	12.231	12.385	12.268	69.50(0.00)***	49.03(0.00)***	62.14(0.00)***	37.96(0.00)***
SM	0.053	0.058	0.038	0.076	0.054	0.067	0.049	5.30(0.02)**	4.01(0.02)**	2.28(0.13)	3.13(0.06)*
IR(%)	6.041	6.026	5.964	6.029	6.129	6.107	6.006	0.96(0.38)	6.17(0.00)***	4.12(0.06)*	20.76(0.00)***
STR	0.480	0.498	0.441	0.545	0.437	0.490	0.471	15.11(0.00)***	7.79(0.00)***	20.49(0.00)***	9.50(0.00)***
LAW	8.690	9.080	7.710	9.618	8.488	9.045	8.562	7.03(0.01)***	11.08(0.00)***	4.66(0.03)**	9.99(0.00)***

量，为了检验不同类型变量均值间的差异，本书对连续变量采用F检验，对离散变量采用Wald检验①，并报告了相对应的F值和χ²统计值。

5.5.1 公司特征单变量结果分析

1）经济动机因素

（1）现金持有量

并购前现金及现金等价物充足的主并公司会倾向于选择现金对价（Cash均值为4.625），而融资来源也更多地依赖内部融资（Cash均值为5.697）。当使用股票对价时Cash均值为0.613，而使用负债融资和股权融资时Cash均值分别为3.083和2.320。而在现金对价方式下，股权融资一组的Cash均值（3.978）要高于负债融资一组的均值（3.083），这其中可能的原因是，主并公司用于现金对价的资金来源于并购之前股权融资资金。

（2）资本成本

内部资金充足（Fund_int）的主并公司更倾向于以内部资金来满足并购融资和对价的要求。使用负债融资和股权融资的主并公司，内部资金的均值分别为1.659和0.547，明显小于内部融资一组的均值（3.178）。现金对价方式下，各融资组别间内部资金也存在显著差异；对于有形资产比率（Tan_ass）这一指标来说，无论是在总体融资组别还是现金对价下的融资组别间，采用负债融资的主并公司中的Tan_ass显著高于采用内部融资和股权融资的主并公司。在对价组别下，Tan_ass均值的差别不明显。这较好地说明，Tan_ass是公司负债融资要考虑的重要因素；资产负债率（LEV）较低的主并公司，倾向于采用负债融资，同时对价也偏好现金对价。

（3）融资约束

依赖内部资金为并购融资的主并公司其融资约束程度（FC均值为2.034），显著高于采用负债融资（FC均值为1.875）和股权融资（FC的均值为1.974）的主并公司。采用现金对价的主并公司FC均值为

---

① Wald检验基本思想是：以无约束估计量为基础构造一个Wald统计量，这个统计量服从卡方分布。

1.987，采用股票对价的公司 FC 的均值为 2.022，相比融资而言 FC 的均值差异不大。

（4）风险分担

股票对价的主并公司 Rel_val 均值为 0.291，而采用现金对价的主并公司 Rel_val 均值仅为 0.060（股票融资下现金对价组的 Rel_val 均值为 0.086），这表明并购相对交易规模（Rel_val）越大的主并公司，越倾向于选择股票对价方式来分散信息不对称风险。而从融资角度看，在内部融资（0.046）、负债融资（0.073）和股权融资（0.187）组别下 Rel_val 均值依次增加，而在现金对价下的融资组别间，Rel_val 均值增加趋势不变，但股权融资组对应的均值仅为（0.086）。这表明，在信息不对称风险较大时，主并公司可能会向原股东或新股东发行股票来分散风险。但在现金对价下，信息不对称风险程度大大降低，主并公司还倾向于发行股票，这可能是因交易规模过大，内部融资不足而需要利用股票和负债外部融资来完成并购。由于股权收购的金额通常小于资产收购的金额，所以并购标的为股权（OBJ=1）的主并公司采用现金对价的可能性较大。

2）管理动机因素

（1）控制权威胁

现金对价下主并公司第一大股东持股比例的均值为 0.409，股票对价的公司该指标均值为 0.390，这反映了面临较大控制权威胁（Control）的主并公司，往往倾向于采用现金对价。而内部融资和负债融资组别的主并公司中 Control 均值虽然高于股权融资组别公司中 Control 均值，但差异不显著。可见，控制权威胁变量对并购对价的影响更大一些。

（2）股权代理成本

在采用债务融资的主并公司中，公司所有权分散程度（BLOCK，反向指标，股权分散时 BLOCK=1）更大（0.330），而采用股权融资的公司 BLOCK 均值为 0.272（现金对价方式下股权融资组别 BLOCK 均值为 0.263），这初步表明，为了减少股权代理成本，所有权分散的主并公司倾向于采用负债融资以加强对管理层的约束，限制其拥有过多的自由现金裁量权。

119

（3）债权代理成本

采用股权融资的主并公司有着较高的成长性（GRO 均值为 0.343，现金对价下股权融资组别 GRO 均值为 0.445），显著高于内部融资和负债融资公司。这较好地说明，成长潜力高的公司为避免负债融资带来的限制，更倾向于股权融资。未来投资需求（INV）较大的主并公司，同样为了降低债务契约限制，也偏好于股权融资。

（4）关联交易并购

我国上市公司的并购中关联交易特征较明显，这通常也产生了大小股东之间的代理问题。本书单变量分析结果表明，采用股票对价的主并公司关联交易并购（RELPA 均值为 0.818）比例显著高于采用现金对价的主并公司（RELPA 均值为 0.629），对于并购融资来说，这种趋势也存在。RELPA 单变量分析的结果初步体现了在大规模（本书选取的是 5 000 万元以上交易规模的样本数据）的并购交易中关联方对上市公司的支持动机可能更大一些。

3）自信动机因素

本书以并购的频繁程度来度量管理层的过度自信（CON），该变量各组别间的均值差异检验显示：采用现金对价（CON 均值为 0.338）的主并公司管理层过度自信比例要显著高于股票对价组别（CON 均值为 0.112）；而采用负债融资（CON 均值为 0.504）的主并公司管理层过度自信比例显著高于股权融资（CON 均值为 0.154）和内部融资组别（CON 均值为 0.278）。现金对价下的各融资组别间这一趋势仍然明显。这一结果初步表明，过度自信的管理层可能会认为公司的股票价格被低估，同时对并购后协同效应可能有较乐观的估计，进而很少采用股票对价和股票融资，而更倾向于通过负债融资和内部融资来完成现金对价。

此外，在公司特征变量中，上市公司的产权性质（State）与并购融资方式显著相关，选择负债融资的公司中产权性质为国有的占比为 74.9%（State 均值为 0.749）。而在内部资金这一融资方式中民营上市公司占比最大，达到 35.9%（1-0.641）。一般来说，政府控制的国有上市公司相对于私有产权控制的民营上市公司更具有一定的负债融资优势。相比而言，民营上市公司融资约束程度可能更大，对内部融资的依赖程度较高；而从单变量的分析结果看，资产规模越大的公司，可能由于资金实力和抗风险能力较强，选择现金对价和内部融资及负债融资的可能性较大。

5.5.2 宏观环境单变量结果分析

1）经济发展水平

从表5-7可以看出，股票对价和股权融资组别下主并公司面临的经济形势（LnGDP）都较好，特别是股权融资且使用股票对价的情况下LnGDP的均值最高，达到12.543。这表明，经济繁荣时期主并公司使用股票对价和股票融资的可能性更大。分析结果显示，相比内部融资和股权融资，主并公司负债融资往往发生在经济下滑期。

2）资本市场状况

股票市场状况（SM）在并购对价和融资之间存在显著差异，在股票市场繁荣时期，主并公司采用股票对价和股权融资的可能性较大。信贷利率（IR）在并购对价组别间差异较小，在融资方式之间有显著的差别。特别是在负债融资组别下主并公司承担的信贷利率平均水平最低，而在股权融资组别IR显著上升。

3）政策法规制度

股权分置改革（STR）的推进，对上市公司并购对价和融资也产生了重大影响。在股票对价组别中，主并公司的流通股比例均值为0.545，而现金对价组别中仅为0.471。相比于负债融资而言，流通股比例大的公司更倾向于股权融资。我国上市公司所在地法律制度环境（LAW）差异较大。LAW单变量分析结果显示，股票对价和股权融资往往发生在法律制度完善、投资者权益保护较好的地区。

上述分析结论是建立在单变量分析基础上的，当考虑其他变量约束情况时，某一因素对并购对价和融资决策的影响还需通过模型进行综合检验。本书的第6章、第7章和第8章将把公司特征和宏观环境因素纳入同一研究框架来综合检验这些因素对主并公司并购对价和并购融资选择决策的影响。

5.6 ——————————————— **本章小结** ———————————————

本章主要阐述了实证研究设计的主要过程及数据统计的基本分析结果。首先在第一节对样本数据的来源和筛选过程进行了详细的阐述。本书以我国 2001—2010 年发起并购事件的上市公司为基本研究样本，数据主要来源于国泰安数据服务中心（CSMAR）、RESSET 金融研究数据库和巨潮资讯网，经过严格的筛选最终得到有效样本 1 404 例。本章的第二节主要介绍了并购对价影响因素、融资影响因素及二者嵌套分析的三个基本模型，并定义了并购对价方式和并购融资方式两类被解释变量，随之从宏观层面和公司特征层面定义了主要解释变量。第三节和第四节对样本数据进行了描述性统计和相关性分析。本章最后对影响不同对价方式和融资来源的因素进行了单变量均值对比分析。为了检验不同类型变量均值间的差异。本书对连续变量采用 F 检验，对离散变量采用 Wald 检验，并报告了相对应的 F 值和 χ^2 统计值。

第 6 章

并购对价方式选择影响因素实证分析

本章将并购对价方式作为被解释变量，从微观公司特征和宏观环境两个层面来分析影响并购对价方式选择的主要因素。

6.1 ———————— 研究假设 ————————

6.1.1 基于公司特征的相关假设

1）经济动机与并购对价方式选择

（1）现金持有量

如第 4 章理论分析所述，在并购交易中，主并方的最终目的就是要迅速得到目标方的资产或股权，而目标方的目的就是换出资产或股权获得能给自己带来稳妥收益的资源。所以说在并购交易双方利益均衡的条件下，现金无疑是最容易让并购交易双方都接受的支付方式。此外，现金对价的简单快捷、能确保主并方控制权和能保证目标收益稳定的优点也决定了其深受双方偏好。综合比较世界各国并购交易中的对价方式比重，现金对价比率是最高的（Netter，2010）。根据这一分析，主并公司会认为大多数的目标方都会愿意接受或要求提供现金对价。所以主并公司在并购前就会有计划、有步骤地去筹集或留存一定数量的现金及现金等价物。因此，提出假设6-1：

假设6-1：主并上市公司现金持有量越多，越倾向于使用现金对价完成并购交易。

本书中现金持有量的替代变量（Cash），采用主并公司并购前一年度末所持有的现金及现金等价物余额与并购交易金额的比值来度量。

（2）风险分担

在并购交易过程中，主并公司和目标公司的信息不对称会对并购对价产生重要影响。目标方（目标公司或目标公司股东）为了从主并公司获得更多溢价收益往往会向并购公司抬高收购价格，甚至是隐瞒交易标的不利信息。与目标方相比，主并公司无法完全和真实地了解交易标的内在价值，在这样的情况下，倘若并购采用现金对价，则所有风险将由主并公司承担，如果采用股票对价，就能与目标方一同分担"溢价风险"。此时，目标方也要做出权衡，如果能确定交易标的会在并购后为公司创造出更大的价值，并且了解到主并公司的股票价值没有被市场过高估计，就会接受主并公司的股票对价。相比较而言，并购标的信息不对称程度要大于主并公司股票价值信息不对称性，这是因为主并公司的股票价值一定程度上可以借助在公开证券市场交易的股票价格加以反映，所以目标方通过证券市场还是相对容易获悉有关主并公司股票价值的信息；但是，作为目标方的私有信息，并购标的的详细情况只有目标方主动披露才能被外界所了解，故此主并公司很难获取有关并购标的的准确信息，并且这种困难程度随着并购交易相对规模的扩大而增加。这样看来，在规模较大的并购交易中，并购交易双方协商采用股票对价的可能性要大于现金对价。在此，本书提出如下假设：

假设6-2：并购交易的相对规模越大，交易风险越大，主并公司越倾向于使用股票作为并购对价方式。

借鉴国内外学者的研究（Hansen，1987；Faccio、Masulis，2005；Martynova、Renneboog，2009；苏文兵、李心合等，2009；刘淑莲，2012），并购交易的相对规模变量（Rel_val）的计算公式为：

$$并购交易相对规模 = \frac{并购交易总价}{并购交易总价 + 并购前一年末公司市价}$$

　　并购标的类型不同，也会对主并公司的对价方式选择产生影响。根据我国上市公司并购标的实际情况，可以将并购分为股权并购和资产收购两种类型，这两种类型的并购交易规模差异较大。股权收购中股权标的基本价值是目标公司待转让的总资产减去目标公司总负债后的差额，而资产收购中资产标的的基本价值却是目标公司待转让资产的价值总额。相比而言，资产收购的规模要远远大于股权收购的规模。因此，在资产收购中主并公司倾向于采用股票对价来分散风险。此外，股权收购往往伴随着目标公司股东一定比例的控制权股份的转移。在这一过程中，很多目标公司的股东的本意就是想转让其所在公司的股份来套取现金，所以他们偏好主并公司提供现金，而主并公司为了迅速实现对并购目标公司的控制，在股权收购中也会倾向于使用现金对价。因此，本书提出如下假设：

　　假设 6-3：在以资产为标的并购交易中，主并公司使用股票对价的可能性较大；而在以股权为标的并购交易中，主并公司使用现金对价的可能性大。

125

　　并购标的变量（OBJ）为虚拟变量，并购标的为股权时，OBJ 赋值为 1；并购标的为资产时，OBJ 赋值为 0。

2）管理动机与并购对价方式选择

（1）控制权威胁

　　依据代理成本理论分析，在公司控股股东或管理层持股集中的情况下，他们就可以控制公司的大部分股份和投票权，如果公司准备用发行股票来作为并购对价方式时，他们的持股比例就会受到稀释，所以并购公司的管理层和股东为了避免他们的控制权收益被摊薄，他们更倾向于选择现金支付方式。结合我国上市公司治理环境的实际情况，上市公司管理层持股比例普遍较低[①]，所以管理层基本不关心控制权稀释问题（刘淑莲、张广宝、耿琳，2012）。但是中国上市公司股东的持股比例比较集中，绝大多数上市公司都存在持股比例较高的大股东，所以说，我国的上市公司大股东特别是控股股东可能会担心并购后由于控制权稀释而威胁自己在公司

---

　　① 在本书实证研究部分的 1 404 例样本中，管理层持股比例的平均数为 1.5490%，中位数为 0.0035%，最小值为 0，最大值为 75.3781%；如果将这 1 404 个研究样本进行十等分，第九个十分位数（或者 90%的分位数）仅为 0.1446%，这意味着研究样本有 90%的公司管理层持股比例不到 0.2%。

中的控制权地位，进而较为抵制股票对价方式。因此，本书提出待检验假设6-4：

假设6-4：主并公司控股股东为防止自己的控制权被稀释，倾向于采用现金作为并购对价方式。

本书以主并公司并购前一年末第一大股东的持股比例来度量控制权威胁（Control）。

（2）关联交易并购

在我国，上市公司拥有一个占绝对控制地位的大股东（控股股东）是比较普遍的现象，导致控股股东几乎完全支配了公司董事会和监事会（李善民、陈涛，2009）。这也直接导致了我国上市公司并购交易中关联交易是一个鲜明的特征（李增泉、余谦、王晓坤，2005；李善民、陈涛，2009）。Johnson等（2000）认为如果法律制度对中小股东的保护不力，控股股东可能存在侵占中小股东利益的行为，其可以采取多种方式，诸如给自己支付过高薪酬、贷款担保、自我交易等。国内外学者用"掏空"一词来描述公司资源向控股股东转移的现象。当然，这种掏空行为也并非没有代价，因为掏空动机与公司业绩之间存在显著的负相关关系（La Porta等，2000；Claessens等，2000、2002）。换言之，控股股东承担了掏空行为的部分甚至全部成本（李增泉等，2005）。因此，控股股东有时候会限制掏空行为，甚至当其公司陷入困境或受到不利的外部冲击时，这些控股股东也会动用私人财产以"支持"公司，具有金字塔式的控制权结构的公司股东有更强的支持倾向（Friedman等，2003）。

在我国，上市公司并购交易中控股股东究竟出于怎样的动机，是掏空还是支持？这里的关键在于控股股东注入资产的质量，因为这会在很大程度上反映控股股东的动机。由于控股股东拥有上市公司剩余收益的索取权，他们理应最关心上市公司的经营业绩。如果在关联交易并购中控股股东有意向上市公司转移质量较低的资产，这会表明其掏空上市公司的动机明显。从掏空行为角度来分析，关联并购中控股股东会倾向于要求上市公司使用现金对价，这样控股股东能最少地承担掏空上市公司造成的损失成本，并且能迅速地获得控制权的私人收益；反之，如果控股股东向上市公司注入优质资产或帮助上市公司扭转亏损，控股股东可能会倾向于要求上

市公司采用股票对价，这样既能与上市公司一同协作经营、共享未来资产
增值的巨大收益，也能为上市公司节约大量资金、减轻其财务负担。因此
本书提出两个对立假设，通过上市公司关联并购和对价方式之间的关系来
检验控股股东的并购行为动机。

假设6-5A：越是关联交易并购，主并公司越倾向于采用现金对价；

假设6-5B：越是关联交易并购，主并公司越倾向于采用股票对价。

关联交易并购变量（RELPA）为虚拟变量，并购交易双方为关联方
时，RELPA赋值为1；为非关联方时，RELPA赋值为0。

3）自信动机与并购对价方式选择

行为金融学的相关研究文献表明，公司管理层过度自信的程度通常高
于一般大众，过度自信的管理层认为自己具有更全面的知识、更多的管理
技能和更强的掌控大局的能力，他们往往高估公司预期收益和未来回报、
低估出现不利结果的可能性。而管理层的过度自信更是公司并购的主要诱
因（Roll，1986；Doukas、Petmezas，2007；Malmendier、Tate，2008；李
善民、陈文婷，2010；史永东、朱广印，2012）。过度自信的管理层相信
自己对目标公司的估价要优于市场估价，从而会过高估计并购的协同效
应。而在并购交易中，目标公司也会利用主并公司管理层过度自信的乐观
估计，提出更高的现金报价，以获得最大程度的溢价收入。由于主并公司
管理层的过度自信心理，他们对并购后公司价值的增值大有信心，同时也
会认为市场即时的股票价格没有包括公司并购后的长远收益，价格偏低。
在这种情况下，忠于股东的管理层为了给股东创造更多的收益，也为了不
稀释自身和股东的控制权，他们也会使用公司较充沛的现金流来向目标公
司完成现金对价。因此，本书提出假设6-6：

假设6-6：主并公司管理层过度自信倾向越大，越偏好于使用现金对
价完成并购交易。

管理层过度自信变量（CON）是虚拟变量。如前述及，由于过度自
信的管理层往往会频繁发起并购，所以本书借鉴Doukas、Petmezas
（2007）和李善民、陈文婷（2010）的思路，在主并公司截至并购年连续
三年发生五次（含）以上的并购行为时，将CON赋值为1，认为主并公
司管理层存在过度自信心理，否则CON赋值为0。

此外，在微观公司层面，本书还控制了上市公司的产权性质和公司规模。从产权性质来看，新兴加转轨的制度背景使中国并购市场一直存在政府行政力量干预与市场自发力量驱动之间的协调。政府资源介入并购市场，对并购对价方式的选择可能存在影响。国有上市公司，因具有政府背景，资金充沛，并购中可能偏好现金对价。也可能因国有公司的良好社会声誉，目标方更容易接受其股票对价。从资产规模来说，主并公司规模也可能影响对价方式的选择，但是国内外学者并未得出一致结论。有学者认为资产规模较大、经营状况稳定、融资能力强的公司，可能倾向于以现金对价方式完成交易（Faccio，2005；李善民、陈涛，2009）；也有学者认为，大公司的收购规模可能更大，股票对价更容易分散交易风险。

6.1.2　基于宏观环境的相关假设

1）经济发展水平

Andrade、Mitchell 和 Stafford（2001）的研究表明，自 1973 年美国掀起第四次并购浪潮以来，经济发展水平逐渐提高，资本市场日臻完善，股票对价越来越受到并购公司和目标公司的青睐。实际上，上市公司采用股票对价实施并购交易与新股发行原理相似。在经济衰退期，并购交易很少采用股票对价，这是因为在此期间，无论是股市的交易价格、成交量还是报价频次均会减少，股票价格会被严重地低估，这就使得依赖换股交易和发行股份得以完成的并购很难实现。与股票对价相比，现金对价方式更加简便并易于操作，在经济衰退时期若主并公司有充足的现金储备或其他投资基金及使用债务等融资渠道时，它们也更愿意采用现金对价来完成对陷入财务困境的目标企业的收购（Ali-Yrkkö，2002）。而在经济衰退期，目标公司也需要借助现金来摆脱经营和财务困境，在与主并公司的谈判过程中会提出使用现金对价完成交易，以获取公司转让过程中的最大剩余价值。如第 3 章制度背景与现状分析所述，发生在中国 A 股市场上的并购交易绝大多数以现金作为并购对价方式，股票对价方式所占比重非常小。但是，随着中国经济发展水平的不断提高以及证券市场、信贷市场的深化发展，以股票作为对价方式的并购交易比重将不断提高，由此提出假设

6-7：

假设 6-7：经济发展水平程度越高，主并公司采用股票对价完成并购交易的可能性越大。

本书选择主并公司并购公告前四个季度国内生产总值（亿元）合计数的自然对数并剔除时间因素，作为经济发展水平（LnGDP）的替代变量。

2）股票市场状况

股票市场的发展状况对上市公司并购对价选择有着直接影响。当股市处于牛市行情时，上市公司的盈利能力往往会提高，社会资金也会大量涌入股票市场，推动股票价格维持在一个较高的水平，进而降低其股权融资的成本。此时如果发生并购，主并公司可能倾向于选择股票对价来完成较大规模的并购交易，从而减轻自身支付现金的压力。与此同时，当股市处于繁荣时期时，目标公司也可因主并公司股票良好的盈利性和流动性而愿意接受股票对价。当股市处于熊市时，则会出现相反的情形，主并公司的股票可能价格偏低，目标方不愿意接受其作为对价方式，交易双方协商的结果很可能是选择现金对价。由此，提出如下待检验假设：

假设 6-8：越是处于股票市场繁荣时期，并购公司越倾向于采用股票对价完成并购交易。

股票市场发展状况变量（SM），采用主并公司并购公告前四个季度平均股票指数收益率度量，其中，沪市季度股票收益率以上证综合指数计算，深市季度股票收益率以深证成分指数计算。

3）股权分置改革

在股权分置时期，非流通股和流通股同时存在，同股不同价，非流通股的定价也很困难，这使得我国上市公司并购的对价方式绝大多数以现金对价为主，公司并购很难通过股票对价来完成。随着上市公司股权分置改革的完成和全流通时代的到来，同股同价和股权定价的问题得到很好的解决，股票的定价机制更加市场化。由于股票的流动性增强，股票也更容易被目标方接受，股票对价方式也逐渐多起来。据本书第 3 章的数据统计分析，2006 年以前股票对价方式几乎空白；2006 年（含）以后这一比例逐年攀升。基于此，提出待检验假设 6-9：

假设 6-9：随着股权分置改革的不断深化和流通股比例的提高，并购公司采用股票对价方式进行并购的可能性越大。

本书采用主并公司并购前一年度末流通股本占总股本的比重，来度量股权分置改革变量（STR）。

4）法律制度环境

法律制度环境也是影响并购对价方式选择的一个重要因素。我国各地区市场化进程和法律环境客观上存在的显著差异（樊纲等，2007）造成了我国各地区投资者法律保护程度的不同，进而影响了上市公司的投融资行为（徐寿福，2009）。法律制度环境较好的地区，往往政府的干预越少，上市公司并购的市场化动机越大，而在并购过程的定价机制更加规范和透明，交易双方更可能是出于长远发展的战略视角促成交易，这非常有助于并购价值创造效应的实现。此外，在法律环境较好的国家和地区，能够对公司控股股东攫取控制权私有收益起到一定的抑制作用，从而更好地保护中小投资者的利益（La Porta 等，1997）。在并购交易中，目标方更可能接受股东权益能够得到很好保护的国家或地区的公司提出的股票对价方案（Martynova、Renneboog，2009）。因为，目标方确信较好的法律环境，不仅会对公司经营管理起到规范作用，而且更能为投资者的合法权益提供保障。因此，本书提出假设6-10：

假设6-10：法律制度环境较好的地区，主并公司使用股票对价方式完成并购交易的可能性更大。

法律制度环境变量（LAW），采用主并公司所在地并购前一年的"中介组织发育和法律制度环境指数"来度量，数值越大，表明公司所在地法律制度环境越好。这一指数取自樊纲、王小鲁等编著的《中国市场化指数——各地区市场化相对进程2011年报告》。

此外，模型中还控制了行业和年份特征变量。根据已有文献和理论框架的分析，行业特征也会影响上市公司并购对价方式的选择。为此根据证监会 CSRC 代码进行行业分类，金融保险业除外，制造业分至二级小类，上市公司属于本行业 Ind 赋值为1，否则 Ind 赋值为0。同理，年份控制变量也为虚拟变量。

6.2 　　　　　　　　实证结果分析 　　　

本书以二值虚拟变量来度量被解释变量（对价方式），采用Logit模型进行回归分析。回归的统计结果在表6-1中列示。Logit模型中各解释变量系数测量的是，在控制其他解释变量的条件下，某一解释变量一个单位的变化对并购现金对价相对于股票对价对数发生比的影响。

表6-1　　　　　　　　并购对价影响因素Logit模型

被解释变量	PAY（PAY=1：现金对价；PAY=0：股票对价）				
模型	（1）	（2）	（3）	（4）	（5）
	Company Features	LnGDP	SM	STR	LAW
Cash	0.27***	0.28***	0.25***	0.26***	0.26***
	（3.42）	（3.57）	（3.34）	（3.51）	（3.51）
Rel_val	−4.73***	−4.39***	−4.40***	−4.75***	−4.24***
	（−4.51）	（−4.40）	（−4.43）	（−4.21）	（−4.28）
OBJ	0.97***	0.96***	0.81**	0.87***	0.91***
	（3.20）	（3.24）	（2.42）	（2.74）	（2.96）
Control	1.47*	1.80**	1.99**	1.86**	2.02**
	（1.68）	（2.10）	（2.55）	（2.49）	（2.53）
RELPA	−1.08***	−1.11***	−0.94***	−0.86***	−0.94***
	（−3.43）	（−3.60）	（−3.26）	（−2.93）	（−3.25）
CON	1.88***	2.00***	1.99***	2.01***	1.88***
	（4.95）	（5.27）	（5.42）	（5.38）	（5.10）
Lnsize	−0.06	−0.07	−0.36**	−0.27	−0.21
	（−0.38）	（−0.41）	（−2.27）	（−1.64）	（−1.29）
State	0.03	0.07	0.37	0.34	0.30
	（0.11）	（0.25）	（1.34）	（1.25）	（1.08）
Macro-environment		LnGDP	SM	STR	LAW
		−3.44***	−8.15**	−2.49***	−0.08***
		（−6.92）	（−2.44）	（−4.13）	（−2.89）
Year & Ind	Year & Ind	Ind	Ind	Ind	Ind
常数项	8.28***	7.52***	5.98***	7.13***	6.32***
	（5.71）	（5.63）	（5.57）	（6.21）	（5.72）
Pseudo R²	0.55	0.53	0.52	0.52	0.52
样本数量	1 404	1 404	1 404	1 404	1 404

注：***、**、*分别表示1%、5%和10%水平显著，括号内为z值。

131

针对表6-1需要说明的是，由于宏观环境代理变量之间的相关程度较高，若同时将其引入计量模型中会产生较严重的多重共线性问题（于蔚、金祥荣、钱彦敏，2012），此外，宏观环境变量与年份之间也会存在严重的共线性问题[①]，因此本书将宏观环境变量作为外生冲击代理变量逐次引入模型，与此同时模型中不再加入年份控制变量。

6.2.1 公司特征变量结果分析

1）经济动机

主并公司现金持有量（Cash）与现金对价的发生比在1%的显著水平上正相关，这表明主并公司的现金持有量越大，越倾向于采用现金对价，假设6-1得到证实；在各模型中相对交易规模（Rel_val）与现金对价的发生比均在1%的显著水平上负相关，这表明并购交易双方的信息不对称程度越高，主并公司为了更好地分散风险，越倾向于选择股票对价方式，从而验证了假设6-2；并购标的（OBJ）与现金对价发生比之间存在显著的正向关系，在各模型中均达到5%以上水平显著，这在很大程度上表明，在股权标的并购交易中，主并公司采用现金对价的可能性要大于股票对价，假设6-3得以证实。

2）管理动机

在模型（1）~模型（5）中用于度量控制权威胁的变量（Control，第一大股东持股比例）的回归系数显著大于0，这表明随着主并上市公司第一大股东持股比例的增加，为了避免股东控制权稀释的威胁，主并公司更倾向于采用现金对价来完成交易，假设6-4得以证实。那么主并公司第一大股东的持股比例与现金对价的发生比之间是否会呈现线性关系呢？为此，本书借鉴李双燕、汪晓宇（2012）和李井林、刘淑莲、杨超（2013）的研究方法，将Control的平方和Control的立方项分别引入各模型（回归结果略），发现Control的平方项和立方项仍然显著为正，这表明主并公司第一大股东持股比例与现金对价之间的线性关系成立。这一实证检验结果

---

① 本书在加入行业控制变量和年份控制变量的基础上，加入宏观环境变量，经过模型的共线性检验发现，宏观变量和年份控制变量之间有显著的共线性。例如：表征经济发展水平的变量（LnGDP）的VIF值达到14.65，而2009年和2010年的VIF值也分别高达10.73和12.10。此外，将控制行业和LnGDP的模型与控制行业、年份及LnGDP的模型进行拟合优度的检验，结果表明，后者要大大优于前者。

并未支持国内学者认为的"第一大股东持股比例与现金对价之间的非线性关系①"的研究结论（苏文兵、李心合等，2009；李双燕、万迪昉，2010）。本书认为，我国上市公司大股东为了防止控制权被稀释造成利益损失，不倾向于选择股票对价，这或许也是我国上市公司并购交易中现金对价比例过大的重要原因之一。

研究假设6-5A（越是关联交易并购，主并公司越倾向于采用现金对价）和假设6-5B（越是关联交易并购，主并公司越倾向于采用股票对价）是相互对立的两个假设。而实证结果显示，在各模型中关联交易并购（RELPA）的系数均在1%水平上显著为负，这说明主并公司对于关联方之间的并购交易采用股票对价的可能性更大，从而支持了假设6-5B，即意味着在关联并购交易的对价方式决策中，基于本书数据得出的结论表现为控股股东对上市公司的"支持"的可能性要大于"掏空"的可能性。而我们在并购样本筛选分析的过程中也发现，上市公司向控股股东非公开发行股份购买资产的重大关联交易现象也很普遍。这一关联交易并购产生的原因可能是：第一，从上市公司角度来看，通过向控股股东非公开发行股票来完成并购交易，信息不对称性较低，主并公司的股票很容易被控股股东接受，会减少主并公司支付巨额现金的压力；第二，从控股股东角度分析，其可以将优质的资产注入上市公司，并且可以在不需要上市公司支付大量现金的情况下更大程度地支持上市公司发展，以利于从上市公司获取长远的投资收益。

3）自信动机

管理层的过度自信（CON）与现金对价的发生比在1%水平上显著正相关，表明越是过度自信的管理层，越倾向于采用现金对价。假设6-6得以证实。

此外，微观特征的控制变量中主并公司资产规模（Lnsize）与股票对价的发生比呈现正向关系，在个别模型中系数显著，一定程度上表明大公司更容易通过发行股票来完成并购支付；产权性质（State）虚拟变量与现金对价发生比之间存在正向关系，但是没有达到统计意义上的显著性水平。

---

① 对此理论上可以这样分析：当股东的持股比例比较分散时，其可能缺少实际控制权，当他们的持股比例高度集中时，他们的控制权又很难被撼动，这就意味着在股权高度分散或高度集中的主并公司里，大股东无丧失控制权的担忧，很可能比其他公司更有可能采取股票对价方式进行并购。

6.2.2　宏观环境变量结果分析

从宏观环境系列变量看，国内生产总值的自然对数与现金对价的发生比在5%的显著水平上负相关，即与股票对价发生比显著正相关，这说明经济发展水平越高，主并公司采用股票对价的可能性越大，假设6-7得以证实。

股市发展水平（SM）与股票对价发生比在5%水平上显著正相关（表中列示的是：股市发展水平变量与现金对价发生比显著负相关），表明当股市繁荣时，上市公司更愿意通过发行股票完成并购交易。

股权分置改革变量（STR）与股票对价发生比在1%水平上显著正相关。结果表明，在我国实施了股权分置改革以后，上市公司的股份得以充分流动，非流通股的定价问题也得以很好地解决，股票对价方式更容易被并购交易的目标方所接受，从而验证了假设6-9。这一研究结果也很好地弥补了笔者先前研究所留下的遗憾（刘淑莲、张广宝、耿琳，2012）。

法律制度环境变量（LAW）与股票对价发生比之间正向相关，且在1%的水平上显著。这在一定程度上表明，主并公司所在地的法律环境越好，对投资者权益保护水平就会相对较高，主并公司采用的股票对价方式也越容易被目标方接受。

6.3　稳健性检验

6.3.1　配对样本稳健性检验

在上述实证分析的过程中，股票对价样本只有170例，为了保证上述研究结果的稳健性，本书采用更换样本的方法进行检验。为此，本书借助STATA程序，以170例股票对价样本为基础，按照1∶3的比例，以相同年份、相同行业、资产绝对规模在（-30%，+30%）之间的标准配对现金对价样本，且不允许配对样本重复。本书最终得到有效样本501例[①]，并

---

① 理论上分析，配对后的总样本应为680，但由于配对程序是分步骤进行的且不允许配对样本重复，即第一次实施配对时可能就筛选出了仅有的一例符合配对标准的现金对价样本，而在随后的两次配对过程中都缺少相匹配的样本，所以配对后的总样本数量会减少。

重新对并购对价方式选择进行了实证检验。尽管，在样本配对时，已经限定了主并公司的资产规模和行业特征，但是，样本中的资产规模和行业特征仍然明显，为了模型稳健性，继续保留资产规模和行业控制变量。

表6-2的结果表明，使用配对样本得出的研究结论与前文基本一致，因此，可以说本书的实证结果受样本影响较小，能够反映总体特征，具有较高的稳健性。

表6-2　　并购对价影响因素Logit模型配对样本稳健性检验

被解释变量	PAY（PAY=1：现金对价；PAY=0：股票对价）				
模型	（1）	（2）	（3）	（4）	（5）
	Company Features	LnGDP	SM	STR	LAW
Cash	0.36***	0.35***	0.36***	0.34***	0.35***
	（2.90）	（2.89）	（2.95）	（2.85）	（2.88）
Rel_val	−8.93***	−8.07***	−7.99***	−8.22***	−8.13***
	（−5.50）	（−5.70）	（−5.78）	（−5.76）	（−5.77）
OBJ	1.21***	1.24***	1.18***	1.17***	1.17***
	（3.01）	（3.13）	（3.06）	（3.06）	（3.01）
Control	1.44*	1.43**	1.38*	1.34*	1.37*
	（1.84）	（1.82）	（1.75）	（1.66）	（1.72）
RELPA	−1.14***	−1.08***	−1.08***	−1.03***	−1.07***
	（−2.89）	（−2.88）	（−2.89）	（−2.67）	（−2.86）
CON	2.35***	2.28***	2.31***	2.26***	2.26***
	（4.92）	（4.92）	（4.94）	（4.90）	（4.89）
Lnsize	−0.14	−0.14	−0.17*	−0.19*	−0.16*
	（−1.26）	（−1.23）	（−1.66）	（−1.73）	（−1.67）
State	0.53	0.34	0.33	0.36	0.35
	（1.40）	（0.93）	（0.91）	（0.98）	（0.98）
Macro-environment		−2.12**	−5.48*	−1.40**	−2.04*
		（−2.69）	（−1.96）	（−2.48）	（−1.86）
Year & Ind	Year & Ind	Ind	Ind	Ind	Ind
常数项	4.36***	10.17	4.79***	4.72***	4.46***
	（2.60）	（1.33）	（3.15）	（2.98）	（2.95）
Pseudo R^2	0.55	0.54	0.54	0.54	0.54
样本数量	501	501	501	501	501

注：***、**、*分别表示1%、5%和10%水平显著，括号内为z值。

6.3.2　限定年份稳健性检验

由于样本中股票对价方式的年度分布不均衡，出于稳健性考虑，本书选取 2006—2010 年的样本，重新进行回归分析。表 6-3 列示的检验结果与前文的主要结论基本一致。

表6-3　　并购对价影响因素Logit模型限定年份稳健性检验

被解释变量	PAY（PAY=1：现金对价；PAY=0：股票对价）				
模型	（1）	（2）	（3）	（4）	（5）
	Company Features	LnGDP	SM	STR	LAW
Cash	0.25***	0.25***	0.24***	0.24***	0.24***
	(2.88)	(2.88)	(2.81)	(2.85)	(2.84)
Rel_val	−8.84***	−8.91***	−8.67***	−8.89***	−8.66***
	(−4.85)	(−4.92)	(−4.78)	(−4.96)	(−4.74)
OBJ	0.79**	0.72**	0.58*	0.57*	0.61*
	(2.35)	(2.20)	(1.79)	(1.74)	(1.87)
Control	1.45*	1.43*	1.51**	1.41*	1.44*
	(1.93)	(1.90)	(2.09)	(1.86)	(1.93)
RELPA	−1.32***	−1.26***	−1.14***	−1.08***	−1.16***
	(−3.81)	(−3.72)	(−3.44)	(−3.23)	(−3.49)
CON	1.93***	1.98***	1.97***	1.98***	1.96***
	(4.72)	(4.89)	(4.89)	(4.93)	(4.87)
Lnsize	−0.14	−0.17	−0.23	−0.20	−0.18
	(−0.78)	(−0.93)	(−1.27)	(−1.09)	(−1.02)
State	0.21	0.18	0.21	0.20	0.18
	(0.68)	(0.58)	(0.67)	(0.64)	(0.58)
Macro-environment		−2.19***	−0.33*	−1.31*	−0.14*
		(−2.84)	(−1.85)	(−1.94)	(−1.66)
Year & Ind	Year & Ind	Ind	Ind	Ind	Ind
常数项	6.06***	9.21***	4.66***	5.68***	6.19***
	(4.41)	(3.33)	(3.67)	(4.21)	(3.95)
Pseudo R^2	0.54	0.53	0.52	0.53	0.53
样本数量	939	939	939	939	939

注：***、**、*分别表示1%、5%和10%水平显著，括号内为z值。

6.3.3 替换变量稳健性检验

本部分通过替换一些主要变量来重新进行检验。表6-4列示了所用到的替换变量。

表6-4　　　　　　　　　　**稳健性检验相关变量的界定**

变量名称	变量含义	变量定义
		公司特征变量
Fund_int	内部资金充裕度	主并公司并购前一年内部资金金额与并购交易金额比值 内部资金金额=营业利润+折旧-财务费用-管理费用-营业费用-支付的现金股利
Control1	控制权威胁	采用主并公司并购前一年度末终极控股股东控制权比例来度量。控制权比例=$\sum[\min(s_1, s_2, \cdots s_n)]$，$s_i$为终极控股股东与主并上市公司各级控制链的持股比例
Rel_ass	相对交易规模	相对交易规模=$\dfrac{\text{并购交易总价}}{\text{并购前一年末资产总额}}$
		宏观环境变量
LnGDP1	经济发展水平	主并公司并购公告前四个季度经季节调整后的国内生产总值（亿元）合计数的自然对数
SM1	股票市场状况	并购公告前四个季度股票市场融资总额占并购公告前四个季度GDP合计数的比例
STR1	股权分置改革	虚拟变量度量，并购发生在2007年（含）以后时，赋值为1，否则为0
LAW1	法律制度环境	主并公司所在地并购前一年的"生产者权益保护指数"，来源于樊纲、王小鲁、朱恒鹏编著的《中国市场化指数——各地区市场化相对进程2011年报告》

替换变量后的稳健性检验结果如表6-5所示，除了控制权威胁变量在模型（2）中没有通过检验（接近10%的显著性水平），其余变量与前文检验结果一致。本书分析，控制权稀释威胁显著性降低的原因，可能与本书用2004年的控制权比例取值代替2001—2003年该变量的取值有关。之所

以这么做的理由是：由于国泰安数据库中，我国上市公司终极控股股东信息从 2004 年开始披露，2001—2003 年没有披露，同时也考虑到控制权比例指标变化相对稳定，所以 2001—2003 年样本数据中控制权威胁变量都用 2004 年的值代替。

表6-5　　　　　并购对价影响因素 Logit 模型替换变量稳健性检验

被解释变量	PAY（PAY=1：现金对价；PAY=0：股票对价）				
模型	(1)	(2)	(3)	(4)	(5)
	Company Features	LnGDP1	SM1	STR1	LAW1
Fund_int	0.41**	0.41***	0.44***	0.40**	0.48***
	(2.56)	(2.64)	(2.80)	(2.49)	(3.00)
Rel_ass	−3.81***	−3.78***	−3.77***	−3.81***	−3.74***
	(−4.71)	(−4.89)	(−4.60)	(−4.02)	(−4.54)
OBJ	0.77**	0.81**	0.64*	0.73**	0.68*
	(2.28)	(2.49)	(1.83)	(2.24)	(1.88)
Control1	0.96**	0.84	1.02**	0.89*	0.92*
	(2.03)	(1.61)	(2.24)	(1.65)	(1.98)
RELPA	−0.93***	−0.93***	−0.72**	−0.89***	−0.76**
	(−2.82)	(−2.83)	(−2.38)	(−2.74)	(−2.49)
CON	1.91***	1.96***	1.84***	1.88***	1.81***
	(4.96)	(5.21)	(5.06)	(4.95)	(4.99)
Lnsize	−0.38*	−0.40*	−0.34	−0.35*	−0.32
	(−1.77)	(−1.82)	(−1.60)	(1.70)	(−1.53)
State	0.02	0.11	0.44	0.15	0.41
	(0.07)	(0.36)	(1.47)	(0.45)	(1.37)
Macro-environment		−2.27***	−7.31***	−2.80***	−0.10***
		(−3.55)	(−2.83)	(−6.63)	(−2.98)
Year & Ind	Year & Ind	Ind	Ind	Ind	Ind
常数项	5.18***	7.81***	2.83***	3.92***	3.29***
	(3.84)	(6.78)	(2.78)	(3.45)	(3.08)
Pseudo R²	0.54	0.52	0.51	0.52	0.52
样本数量	1 404	1 404	1 404	1 404	1 404

注：***、**、*分别表示1%、5%和10%水平显著，括号内为 z 值。

6.4 —————————— 本章小结 ——————————

本章以2001—2010年沪深A股主并上市公司的1 404例并购交易为研究样本，采用二元Logit模型，将微观公司特征变量与宏观环境外生变量纳入同一个研究框架，考察我国特有的宏观环境下并购对价方式选择决策的主要驱动因素。首先，从微观公司特征和宏观环境两个层面入手，运用委托代理、信息不对称和控制权等经典理论分析影响并购对价方式选择的主要因素，并提出相应的研究假设；而后，通过采用二元Logit模型对上市公司并购对价选择决策的影响因素进行实证检验。研究发现：

（1）从公司特征层面看，上市公司并购对价方式的选择会充分考虑经济动机、管理动机和自信动机等因素。具体来说，主并公司为了迅速完成并购交易及满足目标公司对现金对价的偏好，在现金及现金等价物充足时，倾向于选择现金对价。而为了更大程度地分散交易过程中的信息不对称风险，主并上市公司倾向于选择股票对价。上市公司股东出于维护控制权的考虑，倾向于使用现金对价完成并购交易。在关联并购交易中控股股东可能出于支持上市公司的动机，倾向于采用股票对价。当公司的管理层存在过度自信的心理状态时，会高估并购的协同效应并认为本公司的股票被低估，而倾向于采用现金对价完成并购交易。

（2）从宏观环境层面看，在经济发展水平和股票市场状况繁荣时期，与现金对价相比，上市公司并购交易中股票对价的发生概率更大。随着股权分置改革的完成，主并公司选择股票对价方式的发生比也在提高。而在法律制度环境较好的地区，可能由于对投资者合法权益的保护程度较高，股票对价方式更容易被目标方所接受。

最后，通过配对样本、限定年份和替换变量等方法进行了敏感性测试，进一步验证了研究结论的稳健。

139

第 7 章

并购融资方式选择影响因素实证分析

　　并购融资是公司财务理论与实践研究的一个重要领域。关于公司并购融资行为的理论研究是为了更好地探索公司并购融资的决定因素及诠释公司并购交易中某种融资行为或某种融资工具选择的动因。本章在没有控制并购对价偏好的条件下，借助大样本的文档研究方法来检验我国上市公司并购融资选择决策的主要影响因素。

7.1 　　　　　　　研究假设

7.1.1　基于公司特征的相关假设

1）经济动机与并购融资选择

（1）资本成本

　　如第4章理论分析述及，由于各种融资方式的成本不同，所以上市公司在并购融资时首先考虑的是成本因素。根据优序融资理论，在信息不对称情况下，公司外部投资者很有可能低估股票的价值，使得股票融资成本相对较高，而内部融资和负债融资受信息不对称问题的影响相对较小，因而其融资成本相对较低。所以，公司融资存在一种优先顺序，即公司在拥有较充足的内部资金情况下，往往首先会利用内部资金为并购融资，然后考虑成本较低的负债融资，最后才会选择股权融资。因此，本书提出假设 7-1A 和 7-1B。

假设 7-1A：相对于股权融资方式，内部资金较充裕的公司更倾向于选择自有资金为并购融资。

内部资金充裕度变量（Fund_int）采用公司内部资金金额与并购交易价格之比来衡量。该值越大，说明公司可用于并购的内部现金越充足。内部资金金额=营业利润+折旧−财务费用−管理费用−销售费用−支付的现金股利。

假设 7-1B：相对于股权融资方式，负债能力强的公司更倾向于通过负债方式为并购融资。

本书分别用有形资产比率（Tan_ass，并购前一年主并公司固定资产净额与总资产比值）和资产负债率（LEV，并购前一年主并公司资产负债率）来衡量其负债能力。一般认为，有形资产可以提供实物担保，会降低负债的融资成本，资产负债率较低，意味着公司还有新增负债的空间。所以这两个指标越小，表示公司负债融资能力越强。

（2）融资约束

Fazzari 等（1988）和 Kaplan、Zingales（1997）认为，融资约束是由于资本市场的不完美、公司内外部融资之间不能完全替代而产生的公司内外部融资成本之间存在较大差异的一种状况。融资约束使得公司的投资更多地依赖内部资金。按照这一理论，对于我国上市公司并购融资呈现的偏好内部融资的特点是否与公司面临的融资约束程度有关呢？国内学者相关研究表明，我国上市公司普遍存在融资约束的现象已是一个不争的事实（郑江淮，2001；魏锋、刘星，2004；连玉君、程建，2007）。这样看来，并购融资也会受到上市公司融资约束程度的影响，各公司面临的约束程度不同也会导致其融资方式有所差别。本书认为，与融资约束较小的公司相比，融资约束程度较高的公司会面临较大的外部融资障碍，它们在并购融资时只能更多地依赖其内部资金。由此，本书提出假设 7-2。

假设 7-2：相对于权益和负债等外部融资来说，融资约束程度越大的公司，越倾向于通过内部资金进行并购融资。

融资约束变量（FC）采用主并公司并购前三年的现金流缺口程度来

度量，数值越大，融资约束越严重。具体定义过程：依据现金流缺口在并购前三年样本区间的平均值，以第33百分位和第66百分位作为分界点，将样本分成三组，现金流缺口最严重的一组FC赋值为3，中间一组FC赋值为2，现金流缺口最少的一组FC赋值为1。现金流缺口=支付的现金股利+资本性支出（购建固定资产、无形资产和其他资产支付的现金）+营运资本的净增加额+一年内到期的长期负债−息税后经营现金流净额。

（3）风险分担

对于并购这项重大的投资决策来说，主并公司要事先做好对目标方的详尽调查与估值，报价、议价一定要在充分的尽职调查之后，以防止目标方虚增资产和股东权益，进而抬高收购价格使主并公司面临支付高溢价的风险。尤其当并购的交易规模较大时，主并方面临的溢价风险更大（Hansen，1987；Martin，1996；Martynova、Renneboog，2009；苏文兵、李心合等，2009）。对此，主并方倾向于采用股票对价来与目标方共担风险，这样目标方既是对价的对象又是融资的对象。倘若目标方不接受股票对价，却要求主并方支付现金时，主并方必须采取其他渠道去筹集资金。此时，为了分担风险，主并公司股东还是希望能向除目标方股东之外的其他权益投资者发行股票来为并购交易融资，具体可采取定向增发、配股等方式在所有股东之间分散风险，也可以引入新的风险投资者或战略投资者与其一同分担风险。因此，本书提出假设7-3：

假设7-3：随着并购交易规模的增加，主并公司面临的溢价风险会增大，为了分担风险，主并公司更倾向于使用发行股票的方式来融资。

并购交易的相对规模变量（Rel_val）的计算公式为：

$$并购交易相对规模 = \frac{并购交易总价}{并购交易总价 + 并购前一年末公司市价}$$

2）管理动机与并购融资选择

（1）股权代理成本

Jensen和Meckling（1976）认为，管理者在缺乏有效的监督约束时会存在有损股东利益的行为，特别是在股权集中度较低的公司这种现象更加明显。股东与管理者之间的代理关系也会影响并购融资的选择。因此，股东为缓解与管理者之间的代理冲突，便会强化对管理者的约束和监督，在进行并购融资决策时，股东会通过选择负债融资方式来降低代理成本（翟进步等，2012）。由于债务融资方式具有强制性定期还本付息的约束，其可以在一定程度上抑制和防止管理者低效率行为。因此，若主并公司的大股东拥有的股份比例较低时会倾向于负债融资。

但是，Martynova 和 Renneboog（2009）却提出了相反的观点，他们认为股权集中度较低的公司，公司的控制权很可能掌握在管理者手中。如果主并公司采用负债融资，还本付息的压力对管理者会造成很大的束缚和制约，所以管理者会抵制负债融资。但是股权融资方式却不同，因为股利支付对管理者刚性约束程度较低，并且发行股票也会增加管理者自由裁量权下的资金，更适于其构建"现金帝国"，增大其谋取个人私利的可能。因此，本书提出两个对立假设，即假设 7-4A 和假设 7-4B。

假设 7-4A：如果主并公司股权结构较分散，其可能倾向于采用负债融资。

假设 7-4B：如果主并公司股权结构较分散，其可能倾向于采用股权融资。

本书主并公司股权结构分散程度变量（BLOCK），以是否存在持股比例比较集中的大股东来度量。当主并公司并购前一年度末第一大股东持股比例小于 30% 时，本书认为公司股权结构比较分散，BLOCK 赋值为 1；第一大股东持股比例大于等于 30% 时，认为股权结构集中，BLOCK 赋值为 0。

（2）债权代理成本

如第 4 章的理论分析，在公司内部人（股东和管理者）与债权人的借贷关系中，债权人为了降低和防止内部资产替代现象的发生，往往会提高贷款的成本或者签订债务资金的限制性条款，这些代理成本最终都需要股东来承担。如果主并公司是一个具有较高成长潜力的公司，为了防止因债务合同的束缚使公司失去良好的投资机会，在并购中应该尽量避免采用负债融资。股东与债权人之间的代理冲突还会产生投资不足，这是因为股东财富最大化偏好要求仅当预期收益大于支付给债权人收益时公司才能执行项目。当管理者和股东预期项目收益在偿付债权人收益后基本没有剩余时，他们可能会放弃净现值（NPV）大于零的获利投资项目。对于那些投资活动比较频繁且未来并购后投资需求比较大的公司，为了减少其投资不足，它们应该采用股权融资方式筹集并购资金。因此提出假设7-5A和7-5B。

假设7-5A：与负债融资相比，具有高成长性的公司更倾向于发行股票为并购融资。

关于企业成长性的变量（GRO），本书借鉴相关学者研究并结合成长性公司的特点，采用主并公司并购前三年主营业务收入增长率的中值来替代（吕长江、韩慧博，2001；翟进步、王玉涛等，2012）。

假设7-5B：与负债融资相比，未来投资需求较大的公司更倾向于发行股票为并购融资。

未来投资需求变量（INV），采用主并公司并购下一年"购建固定资产、无形资产和长期资产所支付的现金"与并购当年年末总资产的比值来度量。

（3）关联交易并购

关联并购主要发生在上市公司和控股股东之间。如果在关联交易并购中，控股股东出于掏空动机向上市公司虚增注入资产或注入劣质资产，就会给中小股东带来不利的影响，进而实施利益侵占性的关联并购。为了最小化掏空上市公司所带来的成本，上市公司就要以内部融资或负债融资来支付控股股东的现金对价款。相反，如果在关联交易并购中，控股股东出于支持动机向上市公司注入优质资产或帮助上市公司扭亏，交易双方协商的结果很可能是采用股票融资完成并购，控股股东此时就会暂时牺牲个人利益，接受上市公司提供的诸如非公开发行购买资产等并购议案，从而为上市公司节约更多的资金用于未来投资，达到最大程度支持上市公司和从长远获利的目标。本书第6章的实证检验得出，主并上市公司并购交易更倾向于采用股票对价来完成，这意味着控股股东支持的动机较明显。因此，本书在检验关联交易并购对主并公司并购融资方式选择决策的影响时提出假设7-6。

假设7-6：在关联交易并购中，主并公司使用股权融资的可能性会更大。

关联交易并购变量（RELPA）为虚拟变量。并购交易双方为关联方时，RELPA赋值为1；并购交易双方为非关联方时，RELPA赋值为0。

3）管理层过度自信与并购融资

如第6章所分析的，过度自信是公司并购对价的重要解释原因之一。管理层的过度自信是否也会对并购融资决策产生影响呢？Heaton（2002）从行为金融学的管理层过度自信视角重新解释了优序融资理论，他也最早从理论上分析了管理者过度自信对公司融资决策的影响。过度自信的管理层会系统地高估好绩效发生的可能性，从而高估公司未来现金流入，进而高估公司价值。这也导致过度自信的管理层会认为资本市场低估了公司的市场价值，所以他们不愿意进行外部融资。当公司面临资金缺口必须寻求外部融资时，出于股票价格对市场更加敏感的考虑，过度自信的管理层也会偏好负债融资。这样看来，管理层过度自信的心理偏差促使其产生融资偏好：内部融资，负债融资，最后是股权融资。Malmendier、Tate和Yan（2011）的研究也支持了Heaton（2002）的主要观点。因此本书提出假设7-7。

假设7-7：与股权融资相比，拥有过度自信管理层的主并公司更倾向于使用内部资金和负债进行并购融资。

与第6章相同，管理层过度自信变量（CON）是虚拟变量。当主并公司截至并购年连续三年发生五次（含）以上的并购行为时，将CON赋值为1，认为主并公司管理层存在过度自信心理，否则CON赋值为0。

此外，Tirole（2001）研究表明，在存在道德风险情况下，借款人的负债能力主要取决于其自有资产规模，若其自有资产规模较高，则公司可获得的信贷限额也较高。而国有性质的上市公司在并购融资方面，因其有产权性质提供的隐性担保，更容易获得银行借贷支持。为此，实证模型中也控制了公司规模（Lnsize，并购前一年以亿元为单位的总资产的自然对数）和产权性质（State，虚拟变量，1表示国有、0表示民营，具体定义见第5章）等公司特征变量。

7.1.2　基于宏观环境的相关假设

1）经济发展水平与并购融资

经济发展水平是影响公司并购融资决策的重要宏观环境因素之一。在

145

经济不景气时，由于公司缺少足够的内部资金进行并购，其往往会积极寻求可行的外部融资渠道。而此时受经济下滑趋势的影响，主并公司通过股票市场进行融资将变得较为困难。但在经济不景气时，我国往往会通过调整货币供应量、降低金融机构贷款利率等货币信贷政策来刺激经济发展，进而使得主并公司的借款成本相对较低，这样公司很可能会倾向于采用负债融资来完成并购交易。在经济发展繁荣的阶段，股票市场交易活跃，主并上市公司可能会出于择时动机而采取股权融资这一外部融资方式来满足并购资金的需求（Martynova、Renneboog，2009）。因此本书提出假设7-8：

假设7-8：与负债融资比较，在经济繁荣时期主并公司采取股权融资的可能性更大。

对于经济发展水平变量（LnGDP），本书选择主并公司并购公告前四个季度国内生产总值（亿元）合计数的自然对数并剔除时间因素来度量。

2）股市发展状况与并购融资

尽管Myers和Majluf（1984）的优序融资理论认为，信息不对称是暂时性权益高估的主要原因，但是行为金融文献表明股票市场繁荣是股票价格高估的另一个重要的驱动因素（Baker、Ruback和Wurgler，2004）。股票市场的繁荣不仅会在短期内高估股价，而且它也会分散投资者和目标方对主并公司基本价值负面信号的关注，因为在股市繁荣时期，主并公司股价下跌幅度可能在一定程度上被股价随股市整体上涨趋势的幅度所抵消，即发行股票的负面效应可能在股票市场繁荣时期有所降低，此时负债融资与股权融资相比不再具有优势，主并公司的股票也往往易于被目标方所接受，所以主并上市公司更可能采用发行股票来筹集并购交易所用的资金。因此，本书提出假设7-9。

假设7-9：相对于负债融资方式，股票市场繁荣时期主并公司更倾向于发行股票为并购融资。

对于股票市场发展状况变量（SM），采用主并公司并购公告前四个季度平均股票指数收益率来度量，其中，沪市季度股票收益率以上证综合指数计算，深市季度股票收益率以深证成分指数计算。

3）信贷市场状况与并购融资

信贷市场通过利率的高低调整来实现货币政策的主要功能，从而直接对公司的外部融资能力产生影响。如果央行采取紧缩的货币政策，利率上调，流动性减弱，公司在信贷市场融通资金的能力下降；相反，如果央行实施宽松的货币政策，贷款利率下调，货币供应量上升，公司获得贷款的能力上升。通常并购交易额巨大，公司很难以内部资金支付全部对价。如果上市公司在并购扩张时，恰逢宽松的货币政策则较容易获得银行贷款，进而会选择负债融资为并购融资。因此本书提出待检验假设7-10。

假设7-10：随着信贷市场利率水平的不断提高，与负债融资比较，并购公司更倾向于选择股票对价方式。

本书选择信贷市场利率水平变量（IR）作为"信贷市场状况"的代理变量。具体来说，本书以主并公司并购公告前四个季度人民币银行贷款一至三年（含）的加权平均年基准利率来度量IR。

4）股权分置改革与并购融资

以往在我国股权分置的制度背景下，由于非流通股和流通股同时存在且非流通股难以合理定价，而上市公司发行新股也要受到盈利水平等多方面的制约。随着股权分置改革的基本完成和全流通时代的到来，上市公司融资行为发生较大变化，股票的定价机制更加市场化。由于股票的流动性增强，股票也更容易被目标方和投资者接受，这也极大地拓宽了上市公司并购资金的融资渠道，使股票融资渐渐成为了一种被广泛采用的并购融资方式。因此提出假设7-11。

假设7-11：随着股权分置改革的完成，相对于债务融资，主并公司倾向于选择股权融资。

股权分置改革变量（STR），本书采用主并公司并购前一年度末流通股本占总股本的比重来度量。

5）法律制度环境与并购融资

根据法与金融学的基本观点，一个国家或地区的法律制度越完善，表明对投资者合法权益保护程度越高，投资者就越愿意为公司所发行的有价证券支付更高的价格，公司自身也愿意且能够发行更多的股票（沈艺峰、肖珉、林涛，2009）。国内外很多学者对法律制度环境与公司融资决策之间的关系都给予了极大关注。La Porta 等（1997）使用49个国家的样本研究发现，法律制度显著影响公司的融资决策，那些资本市场不发达或不尽完善的国家，基本都是对中小投资者权益保护不力的国家；Demirgüç-Kunt 和 Maksimovic（1998）通过对30个发展中国家和发达国家的研究发现，法律制度体系效率指数得分越高的国家，公司使用长期外部融资的比例越高，不同国家公司外部融资中，权益所占比例与法律制度之间存在显著的正相关关系，这表明法律制度对公司发展所需的股权资金至关重要；Fan 等（2010）对39个国家样本的分析同样显示，法律制度等宏观因素显著影响到公司的债务比例；沈艺峰、肖珉、林涛（2009）借助构建的投资者保护执行指数来作为法律制度环境的替代变量，研究该指数与上市公司资本结构之间的关系，研究结论显示投资者保护执行指数与公司负债比率和负债-权益比之间均呈显著负相关关系，意味着投资者保护程度较好的地区，公司股权融资比例更大；肖作平、廖理（2012）研究了我国不同地区的法律制度环境指数与上市公司资本结构之间的关系发现：法律环境越好的地区，更多的权益资金进入资本市场，权益投资者将更愿意提供长期资金。同理分析，并购外部融资方式的选择也需要在负债和股权融资之间做出权衡，上市公司发行的股票是否能被投资者所接受，这可能与上市公司所在地的法律制度环境密切相关。因此，本书提出假设7-12：

假设7-12：相比于负债融资来说，当上市公司所在地的法律制度环境较好时，其更容易采取发行股票的方式为并购融资。

如第6章所述，法律制度环境变量（LAW），采用主并公司所在地并购前一年的"中介组织发育和法律指数"来度量，LAW 的数值越大，表明主并上市公司所在地法律制度环境越好。这一指数来源于樊纲、王小鲁和朱恒鹏编著的《中国市场化指数——各地区市场化相对进程2011年报告》。

7.2 —————————— 实证结果分析 ——————————

本书将并购融资方式（被解释变量）的类别分为内部融资（FIN=
1）、负债融资（FIN=2）和股权融资（FIN=3）三类。由于被解释变量有
多个取值的情形，所以本书借助多元 Logit 模型进行研究，且以股权融资
组为参照类（或基准组），回归的统计结果在表 7-1 中列示。当然，多元
Logit 模型中各解释变量系数测量的是在控制其他解释变量的条件下，某
一解释变量一个单位的变化对内部融资或负债融资相对于股权融资的对数
发生比的影响。

7.2.1　公司特征变量结果分析

1）经济动机与并购融资

（1）资本成本

相对于股权融资，在各模型中主并公司内部资金的充裕度
（Fund_int）是统计显著的。这表明内部资金融资的可能性（FIN=1 vs
FIN=3）随主并方内部资金的增加而增大。假设 7-1A 得到证实。值得注
意的是，负债融资相对于股权融资的发生比（FIN=2 vs FIN=3）与内部
资金充裕度也呈现显著的正相关关系，在一定程度上表明，内部资金作为
公司偿债能力的重要保证，也会对主并公司负债融资的取得产生重要
影响。

与股权融资相比，在各模型中（FIN=2 vs FIN=3）有形资产比率
（Tan_ass）的系数在 1% 的水平上显著为正，这表示当主并公司有足够多的
有形资产可用于抵押担保时，主并公司更容易获得负债融资；与股权融资
相比，资产负债率（LEV）较低的公司可能债务能力尚未饱和，也倾向于
选择负债融资且统计意义上显著。分析结果表明，负债能力高的主并公司
更喜欢借款而不是发行股票来进行并购融资，假设 7-1B 得以验证。综合
假设 7-1A 和 7-1B 的分析来看，本书的检验结果基本证实了并购融资的
优序特征。

表7-1

并购融资影响因素多元 Logit 模型

FIN（FIN=1：内部融资；FIN=2：负债融资；FIN=3：股权融资）分析过程中以股权融资融资方式为比较基准组

模型\解释变量	(1) Company Features		(2) LnGDP		(3) SM		(4) IR		(5) STR		(6) LAW	
	FIN=1 vs FIN=3	FIN=2 vs FIN=3	FIN=1 vs FIN=3	FIN=2 vs FIN=3	FIN=1 vs FIN=3	FIN=2 vs FIN=3	FIN=1 vs FIN=3	FIN=2 vs FIN=3	FIN=1 vs FIN=3	FIN=2 vs FIN=3	FIN=1 vs FIN=3	FIN=2 vs FIN=3
Fund_int	0.14***	0.08**	0.14***	0.08**	0.14***	0.08**	0.14***	0.08**	0.14***	0.07**	0.14***	0.08**
	(3.94)	(2.00)	(4.12)	(2.06)	(4.07)	(2.25)	(4.04)	(2.12)	(4.04)	(2.06)	(4.19)	(2.30)
Tan_ass	0.91	2.58***	1.02*	2.71***	1.06*	2.95***	1.08*	3.02***	1.09*	2.97***	0.97	2.64***
	(1.49)	(3.98)	(1.74)	(4.34)	(1.81)	(4.84)	(1.85)	(4.95)	(1.85)	(4.83)	(1.64)	(4.27)
LEV	-0.85	-1.07	-0.83	-1.02*	-0.99	-1.46**	-0.86	-1.39**	-0.86	-1.30**	-1.02	-1.62**
	(-1.58)	(-1.78)	(-1.54)	(-1.72)	(-1.63)	(-2.55)	(-1.59)	(-2.40)	(-1.58)	(-2.24)	(-1.64)	(-2.81)
FC	0.18*	0.08	0.21*	0.13	0.23**	0.11	0.23**	0.10	0.22**	0.11	0.23**	0.13
	(1.67)	(0.61)	(1.92)	(1.02)	(2.03)	(0.91)	(2.03)	(0.86)	(2.01)	(0.92)	(2.09)	(1.07)
Rel_val	-7.84***	-3.55***	-6.26***	-3.52***	-7.29***	-3.86***	-6.62***	-3.82***	-6.95***	-3.88***	-6.59***	-3.79***
	(-6.01)	(-3.88)	(-6.85)	(-3.93)	(-6.25)	(-4.00)	(-6.08)	(-3.93)	(-6.11)	(-4.07)	(-6.04)	(-3.92)
BLOCK	0.31	0.43**	0.30	0.43**	0.29	0.42**	0.30	0.41**	0.34*	0.48***	0.29	0.36*
	(1.61)	(2.05)	(1.61)	(2.07)	(1.54)	(2.06)	(1.62)	(2.03)	(1.67)	(2.94)	(1.56)	(1.79)
GRO	-0.49**	-0.51**	-0.51**	-0.44*	-0.58***	-0.66***	-0.55***	-0.62***	-0.60***	-0.67***	-0.56***	-0.63***
	(-2.36)	(-2.12)	(-2.49)	(-1.87)	(-2.85)	(-2.90)	(-2.71)	(-2.76)	(-2.92)	(-2.96)	(-2.74)	(-2.82)
INV	-0.25***	-0.13*	-0.25***	-0.16**	-0.27***	-0.17**	-0.26***	-0.17**	-0.26***	-0.17**	-0.27***	-0.18**
	(-3.67)	(-1.83)	(-3.83)	(-2.19)	(-4.08)	(-2.48)	(-3.93)	(-2.45)	(-3.97)	(-2.39)	(-3.99)	(-2.52)

FIN（FIN=1：内源融资；FIN=2：负债融资；FIN=3：股权融资）分析过程中以股权融资方式为比较基准组

被解释变量 模型	(1) Company Features		(2) LnGDP		(3) SM		(4) IR		(5) STR		(6) LAW	
	FIN=1 vs FIN=3	FIN=2 vs FIN=3	FIN=1 vs FIN=3	FIN=2 vs FIN=3	FIN=1 vs FIN=3	FIN=2 vs FIN=3	FIN=1 vs FIN=3	FIN=2 vs FIN=3	FIN=1 vs FIN=3	FIN=2 vs FIN=3	FIN=1 vs FIN=3	FIN=2 vs FIN=3
RELPA	-0.71*** (-3.75)	-0.84*** (-4.11)	-0.67*** (-3.63)	-0.80*** (-3.99)	-0.60*** (-3.34)	-0.57*** (-2.97)	-0.60*** (-3.35)	-0.57** (-2.97)	-0.62*** (-3.44)	-0.60** (-3.08)	-0.62*** (-3.45)	-0.59*** (-3.04)
CON	0.59*** (2.66)	1.86*** (8.08)	0.70*** (3.20)	1.92*** (8.48)	0.66*** (3.00)	1.95*** (8.83)	0.69*** (3.15)	1.87*** (8.54)	0.73*** (3.31)	1.92*** (8.65)	0.69*** (3.17)	1.86*** (8.47)
State	-0.21 (-1.03)	0.34* (1.79)	-0.20 (-1.03)	0.36* (1.88)	-0.06 (-0.33)	0.45** (2.17)	-0.06 (-0.34)	0.47** (2.25)	-0.10 (-0.53)	0.43** (2.06)	-0.11 (-0.59)	0.36* (1.73)
Lnsize	-0.15 (-1.24)	-0.05 (-0.36)	-0.16 (-1.35)	-0.06 (-0.46)	-0.18 (-1.56)	-0.25** (-2.03)	-0.20* (-1.74)	-0.22* (-1.80)	-0.21* (-1.78)	-0.23* (-1.90)	-0.16 (-1.34)	-0.13 (-1.06)
Macro-environment			-0.27* (-1.71)	-1.63*** (-6.70)	-1.22* (1.68)	-8.07*** (-2.80)	-0.14 (-1.30)	-0.28** (-2.37)	-0.77** (-1.97)	-1.72*** (-4.00)	-0.03 (-1.27)	-0.08*** (-3.32)
Year & Ind	Year & Ind		Ind		Ind		Ind		Ind		Ind	
常数项	3.07*** (4.32)	0.45 (0.59)	8.05*** (4.23)	9.10*** (5.72)	3.65*** (5.14)	2.81*** (3.80)	4.66*** (5.20)	3.80*** (4.01)	3.86*** (5.56)	2.48*** (3.44)	3.90*** (5.56)	2.64*** (3.63)
Pseudo R²	0.26		0.24		0.23		0.22		0.22		0.22	
样本数量	1 404		1 404		1 404		1 404		1 404		1 404	

注：***、**、*分别表示1%、5%和10%水平显著，括号内为 z 值。

（2）融资约束

与股权融资相比，各模型中（FIN=1 vs FIN=3）融资约束（FC）的系数显著为正，表明主并公司的融资约束程度越大越依赖内部资金为并购融资；在各模型（FIN=2 vs FIN=3）中，融资约束程度较高的公司倾向于成本较低的负债融资，但统计上却不显著。为了更好地验证假设7-2，本书将融资方式分为内部融资和外部融资（负债融资和股权融资）两类，并采用二元Logit模型，重新对影响并购融资的因素进行了回归分析（篇幅有限，回归结果未列示），结果表明，融资约束变量与选择内部融资发生比显著正相关。以上分析结果表明，假设7-2得到了很好的验证。

（3）风险分担

在表7-1的各个模型中，相对交易规模（Rel_val）系数与股权融资的发生比均在1%水平上显著负相关。这表明并购交易的相对规模越大，主并公司为了更好地分散信息不对称的风险，越倾向于选择发行股票来融资，假设7-3得以证实。另一方面，也可能是因为交易规模太大，内部融资和负债融资不能满足融资需要，因而主并公司要通过股权融资来补足并购资金。

2）管理动机与并购融资

（1）股权代理成本

研究假设7-4A（如果主并公司股权结构较分散，其可能倾向于采用负债融资）和假设7-4B（如果主并公司股权结构较分散，其可能倾向于采用股权融资）是相互对立的两个假设。而实证结果显示：相对于股权融资，当公司所有权结构（BLOCK）较分散时，公司更倾向于使用负债融资（统计上显著）和内部融资（统计上不显著），从而支持了假设7-4A；另一方面也说明，在公司并购等涉及重大产权交易的投资活动中，公司的股东会更关注管理层的私利动机，通过采取负债融资等措施来降低股权代理成本。

（2）债权代理成本

如表7-1的回归结果显示的，与负债融资相比，成长性（GRO）较高的公司和未来投资需求（INV）较大的公司，在并购中都倾向于选择股权融资，从而支持了假设7-5A和假设7-5B。而在各模型FIN=1 vs

FIN=3的这一组别中，两类公司在内部融资和股权融资之间比较时也都
倾向于选择股权融资。这一方面说明，成长性高和未来投资需求大的公
司为了减少债务契约的限制而偏好股权融资；另一方面也可能是因为两
类公司为了将来进行更好的投资扩张，在当前并购交易中选择股权融资
进行对价，以利于节省更多的现金用于并购以后公司持续发展的资金
需求。

（3）关联交易并购

在各模型中，关联交易并购变量（RELPA）与主并公司选择股权融
资的发生比均显著正相关。这说明，上市公司与关联方交易时，更倾向于
采用股权融资，假设7-6得以证实。由此可见，关联交易并购不仅影响并
购对价，同样也是影响并购融资的主要因素之一。

3）自信动机与并购融资

与股权融资相比，管理层的过度自信变量（CON）与主并公司选择
内部融资和负债融资的发生比均在1%水平上显著正相关。这表明越是过
度自信的管理层，越倾向于采用内部融资和负债融资。假设7-7得以
证实。

此外，微观特征的控制变量中主并公司资产规模（Lnsize）与股票融
资的发生比呈现正向关系，与预期不符；而相对于股权融资来说，产权性
质（State）为国有的上市公司凭借产权的隐性担保，更容易获得负债
融资。

7.2.2　宏观环境变量结果分析

表7-1的模型（2）～模型（6）是将宏观环境系列变量引入模型后的
回归结果。与第6章方法一样，考虑到宏观环境变量之间的相关程度较
高，若同时引入计量模型中会产生较严重的多重共线性问题。此外，宏观
环境变量与年份之间也会存在严重的共线性问题，因此本书将宏观环境变
量作为外生冲击代理变量逐次引入模型，与此同时模型中不加入年份控制
变量。

在模型（2）中，与负债融资比较，经济发展水平变量（LnGDP）
与股权融资的发生比在1%的显著水平上正相关，说明经济发展状况越

好，主并公司采用发行股票择时融资的可能性越大，假设7-8得以证实。与内部融资比较，经济发展状况较好时，主并公司也倾向于选择股权融资。

在模型（3）中，与负债融资比较，股市发展水平（SM）与股权融资发生比达到1%水平的显著正相关，假设7-9得到了经验支持。而与内部融资比较，股市发展水平较好时，主并公司也是倾向于股权融资。

结合模型（2）和模型（3），本书发现这样一个现象，在与内部融资比较时，主并公司在经济发展和股市状况较好时，都偏好选择股权融资。按照第4章的理论分析，在经济发展较繁荣时期或股市发展较好时，公司可能有充足的内部资金，出于资本成本的考虑，应该会优先采用内部融资方式为并购融资，而不是选择成本较高的股权融资。本书分析其中的原因：第一，股市繁荣时期，股票价格较高，相对于股市低迷期成本要低一些、发行难度也较低，所以上市公司可能会借此时机多发股票为资金需求量巨大的并购活动融资；第二，股市繁荣时期，并购交易双方的股票对价偏好，使得主并公司必须通过发行股票这一融资方式来实现。本书在第7章的开篇就已经交代，本部分的实证检验并没有控制并购对价的偏好。如果并购交易双方确定以现金对价完成交易，相比于内部融资来说，主并公司会不会还偏好股权融资呢？这一问题，本书将在第8章中进行讨论。

模型（4）中，与负债融资比较，当信贷市场上银行贷款利率水平（IR）不断升高时，主并公司更倾向于采用股权融资，假设7-10得以证实。

模型（5）中，无论是与内部融资还是负债融资比较，股权分置改革变量（STR）与股权融资的发生比均显著正相关。这表明，如果上市公司的股票得以充分流通，那么股票融资发生的可能性更大了，假设7-11得到验证。

模型（6）中，与负债融资比较，法律制度环境变量（LAW）与股权融资发生比正向相关且在1%水平上显著，假设7-12得以证实。这在一定程度上表明，主并公司所在地的法律环境越好，对投资者权益保护水平就会相对越高，主并公司发行股票进行融资越容易被投资者接受。

7.3 ─────────── 稳健性检验 ───────────

7.3.1　多元 Logit 模型优越度检验

多元 Logit 模型与二元 Logit 模型之间的差异，使得对模型必须进行下列三方面的检验来评估本书构建的并购融资方式选择模型的优劣。

1）各变量的联合显著性检验

对于表 7-1 的回归结果，本书采用 Wald 检验方法来检验各变量在并购融资组别之间的显著性[①]，具体检验结果如表 7-2 所示。其中，各微观公司特征变量是在控制年份和行业情况下同时引入模型后得到的并购融资组别间的系数联合显著性检验结果。由于控制宏观环境变量后，公司特征变量融资组别间的联合显著性与表 7-1 结果基本一致，所以本书在表 7-2 中仅报告了基本模型（只控制年份和行业）中公司特征变量的检验结果，而宏观变量是分别加入模型后得到的检验值。

本书以个别变量举例说明，在表 7-2 中资产规模变量（Lnsize）在基本模型中没有通过显著性检验（资产规模在内部融资与股权融资组别比较中 P 值为 0.153，而在负债融资和股权融资组别比较中为 0.155），这与表 7-1 的模型（1）中资产规模变量的显著性检验结果一致。而对比表 7-1 和表 7-2 可以看出，其余微观公司特征变量和宏观环境变量系数组别间的联合显著性检验基本一致。

2）并购融资组别间无差异检验

并购融资组别间无差异检验，主要是检验各解释变量对并购融资三个组别的影响是否具有相近的效果，倘若影响效果相近，我们便可以通过合并这些并购融资组别，以便得到更为有效的估计结果。在本书中，如果出现这一结果，则在很大程度上说明本书搜集、整理的并购融资方式的数据

155

---

① 检验各变量在并购融资组别之间的显著性，可采用 LR 检验（似然比检验）和 Wald 检验两种方法。LR 检验则是分别计算在约束和无约束条件下的参数估计值，然后计算二者的对数似然函数是否足够接近；Wald 检验是先对无约束模型得到参数的估计值，再代入约束条件检查约束条件是否成立。对于 LR 检验，既需要估计有约束的模型，也需要估计无约束的模型；对于 Wald 检验，只需要估计无约束模型。一般情况下，由于估计有约束模型相对更复杂，所以 Wald 检验最为常用。

表7-2 各变量组别间联合显著性检验结果

变量	FIN=1 vs FIN=3			FIN=2 vs FIN=3		
	卡方值	自由度	P值	卡方值	自由度	P值
Fund_int	34.04	2	0.000	24.54	2	0.000
Tan_ass	4.51	2	0.105	25.32	2	0.000
LEV	4.54	2	0.101	4.96	2	0.074
FC	4.59	2	0.094	4.48	2	0.115
Rel_val	65.99	2	0.000	81.13	2	0.000
BLOCK	4.52	2	0.102	7.29	2	0.058
GRO	10.25	2	0.006	10.38	2	0.006
INV	16.89	2	0.000	7.13	2	0.063
RELPA	12.40	2	0.002	12.07	2	0.002
CON	43.63	2	0.000	56.36	2	0.000
State	4.54	2	0.103	6.44	2	0.064
Lnsize	3.75	2	0.153	3.73	2	0.155
LnGDP	5.63	2	0.062	13.62	2	0.000
SM	6.62	2	0.059	14.59	2	0.000
IR	4.56	2	0.102	8.17	2	0.028
STR	21.55	2	0.000	21.06	2	0.000
LAW	4.88	2	0.109	7.76	2	0.011

注：FIN=1，内部融资；FIN=2，负债融资；FIN=3，股权融资。

以及并购融资组别之间的划分依据是不准确的。所以，本书有必要对并购融资组别之间进行"无差异检验"（indistinguishable test）。相对应的原假设是：对于模型中的变量在并购融资组别之间是无差异的。为此，可采用Wald检验来完成，结果如表7-3所示。

表7-3 并购融资组别间无差异检验结果

检验模型	检验组别	卡方值	P值
基本模型 （控制年份和行业）	FIN=1 vs FIN=2	210.29	0.00
	FIN=1 vs FIN=3	245.8	0.00
	FIN=2 vs FIN=3	228.04	0.00
包含LnGDP （控制行业）	FIN=1 vs FIN=2	179.69	0.00
	FIN=1 vs FIN=3	226.72	0.00
	FIN=2 vs FIN=3	220.65	0.00
包含SM （控制行业）	FIN=1 vs FIN=2	165.67	0.00
	FIN=1 vs FIN=3	227.13	0.00
	FIN=2 vs FIN=3	186.65	0.00
包含IR （控制行业）	FIN=1 vs FIN=2	150.04	0.00
	FIN=1 vs FIN=3	226.57	0.00
	FIN=2 vs FIN=3	185.13	0.00
包含STR （控制行业）	FIN=1 vs FIN=2	151.51	0.00
	FIN=1 vs FIN=3	226.99	0.00
	FIN=2 vs FIN=3	192.22	0.00
包含LAW （控制行业）	FIN=1 vs FIN=2	151.4	0.00
	FIN=1 vs FIN=3	225.11	0.00
	FIN=2 vs FIN=3	185.91	0.00

注：FIN=1，内部融资；FIN=2，负债融资；FIN=3，股权融资。

从表7-3中可以明显看出，并购融资各组别的比较都通过了检验（三个组别之间差异的检验概率P值均在1%水平上显著，可以拒绝原假设），进而证实并购融资组别的划分差异明显，这也很好地印证了本书并购融资数据的可靠性。

3) 无关组独立性（IIA）检验

多元Logit模型的一个关键假设是模型中的随机扰动项是独立且同分布的。这一假设表明任意两种并购融资方案间的选择是独立于其他方案的，也就是说，如果从模型中移除一种融资方案，其他融资方案被选择的概率将按一定比例增加。为了检验并购融资决策过程中IIA假设的有效性，本书运用Hausman设定检验（Hausman、McFadden，1984）来完成，对应的原假设是：并购融资组别间的选择是相互独立的。具体检验结果如表7-4所示。

表7-4　　　　　　　　　　**无关组独立性（IIA）检验结果**

检验模型	检验组别	卡方值	P值	是否支持IIA假设
基本模型	FIN=1	19.528	0.67	支持
（控制年份和行业）	FIN=2	21.493	0.55	支持
	FIN=3	14.908	0.89	支持
包含LnGDP	FIN=1	48.891	0.003	不支持
（控制行业）	FIN=2	21.142	0.685	支持
	FIN=3	53.947	0.501	支持
包含SM	FIN=1	17.229	0.873	支持
（控制行业）	FIN=2	37.968	0.047	不支持
	FIN=3	26.388	0.387	支持
包含IR	FIN=1	17.891	0.847	支持
（控制行业）	FIN=2	20.531	0.718	支持
	FIN=3	15.819	0.92	支持
包含STR	FIN=1	−10.468	0.722	支持
（控制行业）	FIN=2	23.158	0.568	支持
	FIN=3	29.928	0.227	支持
包含LAW	FIN=1	−62.494	—	—
（控制行业）	FIN=2	−17.627	—	—
	FIN=3	10.894	0.993	支持

注：FIN=1，内部融资；FIN=2，负债融资；FIN=3，股权融资。

在表7-4中，并购融资组别在各模型中，IIA假设大多都成立。在控制行业包含LnGDP的模型中，内部融资不服从IIA假设，可能是因为当宏观经济发展形势较好时，企业可利用的外部融资渠道会增多，即使企业不使用内部资金，其他两种融资方式被选择的概率也不一定会同时增加；股市发展状况较好时，负债融资与其他组别之间的独立性较差也是一样的道理。此外，有个别组间卡方值出现了负值，但Hausman、McFadden（1984）指出，这不能拒绝IIA假设。综上来看，并购融资组别之间基本是满足无关组独立性假设的。

7.3.2 替换变量稳健性检验

在本部分，本书通过替换一些主要变量来重新进行检验。表7-5列示了检验中所用到的替换变量。

表7-5   稳健性检验相关变量的界定

变量名称	变量含义	变量定义
		公司特征变量
Cash	现金持有量	主并公司并购前一年度末所持有的现金及现金等价物余额与并购交易金额的比值
BLOCK1	所有权结构分散程度	当主并公司并购前一年度末终极控股股东持股比例小于30%时，本书认为公司股权结构比较分散，BLOCK1赋值为1；终极控股股东持股比例大于或等于30%时，认为股权结构集中，BLOCK1赋值为0
Rel_ass	相对交易规模	相对交易规模 = $\dfrac{并购交易总价}{并购前一年末资产总额}$
		宏观环境变量
LnGDP1	经济发展水平	主并公司并购公告前四个季度经季节调整后的国内生产总值（亿元）合计数的自然对数
SM1	股票市场状况	并购公告前四个季度股票市场融资总额占并购公告前四个季度GDP合计数的比例
IR1	信贷市场状况	主并公司并购公告前四个季度人民币银行贷款一年期加权平均年基准利率
STR1	股权分置改革	虚拟变量度量，并购发生在2007年（含）以后时，赋值为1，否则为0
LAW1	法律制度环境	主并公司所在地并购前一年的"生产者权益保护指数"，来源于樊纲、王小鲁、朱恒鹏编著的《中国市场化指数——各地区市场化相对进程2011年报告》

替换变量后，具体的稳健性检验结果如表7-6所示：与股权融资比较，现金持有量（Cash）越大，主并公司越倾向于选择内部资金融资，与前文结论一致。但在各模型的FIN=2 vs FIN=3组别内，Cash系数不显著，与前文略有差别，但这并不影响假设7-1A结论的稳健性。而所有权结构分散程度（BLOCK1）和相对交易规模（Rel_ass）与表7-5的检验结果没有太大差别。

此外，本书对5个宏观环境变量都进行了替换。与负债融资比较，国内生产总值增长率（LnGDP1）较高时，主并公司进行股权融资的发生比更大；相比于内部融资，在经济发展水平较高时，主并公司也倾向于进行

表 7-6　　　　　　　　**并购融资影响因素多元 Logit 模型稳健性检验**

被解释变量	FIN（FIN=1：内部融资；FIN=2：负债融资；FIN=3：股权融资）分析过程中以股权融资方式为比较基准组											
模型	(1) Company Features		(2) LnGDP1		(3) SM1		(4) IR1		(5) STR1		(6) LAW1	
	FIN=1 vs FIN=3	FIN=2 vs FIN=3	FIN=1 vs FIN=3	FIN=2 vs FIN=3	FIN=1 vs FIN=3	FIN=2 vs FIN=3	FIN=1 vs FIN=3	FIN=2 vs FIN=3	FIN=1 vs FIN=3	FIN=2 vs FIN=3	FIN=1 vs FIN=3	FIN=2 vs FIN=3
Cash	0.10***	0.02	0.10***	0.02	0.10***	0.03	0.10***	0.03	0.10***	0.02	0.10***	0.03
	(4.51)	(0.73)	(4.62)	(0.98)	(4.59)	(1.10)	(4.64)	(1.14)	(4.58)	(0.86)	(4.76)	(1.32)
Tan_ass	1.14	2.73***	1.21	2.76***	1.13	2.97***	1.08	3.07***	1.07	2.65***	1.18	2.71***
	(1.59)	(4.22)	(1.70)	(4.43)	(1.57)	(4.86)	(1.45)	(5.04)	(1.45)	(4.20)	(1.66)	(4.38)
LEV	−0.88	−0.95*	−0.94	−0.96*	−0.99*	−1.44**	−1.01*	−1.36**	−0.93	−0.92*	−1.10**	−1.57***
	(−1.50)	(−1.76)	(−1.61)	(−1.80)	(−1.86)	(−2.54)	(−1.89)	(−2.40)	(−1.59)	(−1.71)	(−2.06)	(−2.78)
FC	0.23**	0.08	0.28**	0.11	0.29***	0.11	0.29***	0.12	0.28**	0.12	0.30***	0.15
	(2.07)	(0.67)	(2.50)	(0.91)	(2.58)	(0.89)	(2.61)	(1.00)	(2.52)	(0.94)	(2.66)	(1.22)
Rel_ass	−7.62***	−2.36***	−7.48***	−2.50***	−7.42***	−2.81***	−7.41***	−2.78***	−7.34***	−2.41***	−7.37***	−2.80***
	(−8.51)	(−5.27)	(−8.50)	(−5.44)	(−8.54)	(−6.09)	(−8.52)	(−6.02)	(−8.42)	(−5.36)	(−8.51)	(−6.05)
BLOCK1	0.36	0.54*	0.39	0.53*	0.41	0.61**	0.39	0.61**	0.40	0.65**	0.38	0.55*
	(1.21)	(1.67)	(1.36)	(1.67)	(1.44)	(1.97)	(1.36)	(1.96)	(1.40)	(1.79)	(1.32)	(1.79)
GRO	−0.57***	−0.47**	−0.57***	−0.38*	−0.59***	−0.51**	−0.61***	−0.55**	−0.58***	−0.46**	−0.62***	−0.57**
	(−2.69)	(−1.98)	(−2.76)	(−1.66)	(−2.86)	(−2.29)	(−2.94)	(−2.49)	(−2.77)	(−2.01)	(−2.98)	(−2.58)
INV	−0.23***	−0.13*	−0.23***	−0.14**	−0.23***	−0.14**	−0.24***	−0.15**	−0.23***	−0.12*	−0.24***	−0.16**
	(−3.44)	(−1.66)	(−3.56)	(−2.01)	(−3.54)	(−2.00)	(−3.63)	(−2.21)	(−3.44)	(−1.70)	(−3.68)	(−2.26)
RELPA	−0.75***	−0.91***	−0.71***	−0.87***	−0.68***	−0.71***	−0.65***	−0.65***	−0.75***	−0.90***	−0.67***	−0.67***
	(−4.08)	(−4.53)	(−3.92)	(−4.41)	(−3.83)	(−3.72)	(−3.69)	(−3.41)	(−4.08)	(−4.54)	(−3.79)	(−3.50)
CON	0.36	1.90***	0.39	1.93***	0.36	1.88***	0.38	1.90***	0.35	1.86***	0.34	1.87***
	(1.64)	(8.26)	(1.67)	(8.52)	(1.63)	(8.50)	(1.67)	(8.61)	(1.63)	(8.16)	(1.61)	(8.49)
State	−0.08	0.28	−0.07	0.29*	−0.19	0.29*	−0.17	0.33*	−0.02	0.31*	−0.20	0.27*
	(−0.38)	(1.74)	(−0.31)	(1.76)	(−1.02)	(1.79)	(−0.96)	(1.85)	(−0.10)	(1.82)	(−1.09)	(1.70)
Lnsize	−0.25**	−0.10	−0.26**	−0.11	−0.28**	−0.25**	−0.29**	−0.27**	−0.24**	−0.13	−0.27**	−0.18
	(−2.11)	(−0.79)	(−2.18)	(−0.84)	(−2.45)	(−2.07)	(−2.52)	(−2.27)	(−2.05)	(−1.04)	(−2.23)	(−1.47)
Macro-enviro-nment			−0.23	−1.78***	−2.55	−6.39***	−0.15	−0.32***	−0.55***	−1.72***	−0.02	−0.06***
			(−1.64)	(−7.16)	(−1.66)	(−4.34)	(−1.39)	(−2.71)	(−2.87)	(−8.24)	(−0.83)	(−2.84)
Year & Ind	Year & Ind		Ind		Ind		Ind		Ind		Ind	
常数项	2.22***	0.21	8.87***	24.29***	2.77***	1.90***	3.40***	3.39***	2.35***	0.61	2.86***	2.16***
	(3.29)	(0.29)	(3.46)	(8.60)	(4.19)	(2.80)	(3.96)	(3.74)	(3.53)	(0.86)	(4.30)	(3.16)
Pseudo R²	0.26		0.24		0.22		0.22		0.25		0.22	
样本数量	1 404		1 404		1 404		1 404		1 404		1 404	

注：***、**、*分别表示 1%、5% 和 10% 水平显著，括号内为 z 值。

股权融资，但 LnGDP1 的系数却没有通过显著性检验。其余 4 个宏观环境变量的检验结果均与前文检验结论一致。

综合来看，替换主要变量后得出的检验结果仍然支持本书的假设，主要研究结论也没有发生变化，说明模型的稳健性较好。

159

7.4 ———————— 本章小结 ————————

本章以2001—2010年间我国沪深A股主并上市公司的1 404例并购交易数据为样本,借助多元Logit模型,从宏观环境外生变量与微观公司特征变量两个层面综合考察了我国特有制度环境下影响上市公司并购融资方式选择的主要因素。本章首先在借鉴现有文献的基础上,依据相关理论提出本章的主要研究假设,由于并购融资方式具有多值性,所以实证检验部分借助多元Logit模型来实现。研究发现:在微观公司特征方面,并购融资方式的选择会受表征经济动机、管理动机和自信动机因素的影响,且在并购融资决策中主并公司会更多考虑资本成本和代理成本等相关因素。作为宏观环境因素代理变量的经济繁荣水平、股票市场发展、信贷市场状况和法律制度环境等同样会影响并购融资方式的选择决策。最后,通过多元Logit模型优越度检验和替换变量等方法进一步验证了模型和研究结论的稳健性。

第 8 章

并购对价与融资方式嵌套实证分析

从本质上说，并购对价和融资方式是有区别的，同一对价方式可能来源于某一特定的融资方式（比如股票对价源于股票融资），也可能来源于不同的融资方式（现金对价可以由多种融资方式来实现）。并购对价方式是由并购双方基于各自的利益和风险均衡而达成的一致妥协，而当控制住某一种对价方式时，主并方对某一特定融资来源会有系统性偏好，这可能依赖于公司特征及受其开展并购活动所处宏观环境的影响。本章主要采用嵌套结构方法将并购的对价方式和融资方式嵌入同一研究框架，以利于检验并购对价和融资方式影响因素的异同。

8.1 　　　　　　　　先验假设对比分析

根据第4章的理论分析，本书的第6章和第7章分别利用二元 Logit 模型和多元 Logit 模型，从宏观环境层面和微观公司层面考察和检验并购对价和并购融资的影响因素。如前所述，并购对价与融资方式既有区别又有联系，如果仅以第6、7两章各自得出的检验结果来说明并购对价和并购融资影响因素的区别，结论可能有失偏颇。因此，有必要将二者纳入同一框架进行嵌套研究。在进行嵌套分析之前，本书出于以下两点目的，先将第6章和第7章的假设检验情况做一总结分析。

（1）嵌套研究之前的并购对价和并购融资的影响因素比较分析。第4章的理论分析，以及第6章和第7章的实证检验结果显示，影响并购对价和并购融资的宏观因素和公司特征因素并不完全相同，通过表8-1可以看出这一差异。

表8-1　　　　嵌套分析前并购对价与并购融资影响因素对比

影响因素	影响对价是否显著	对价偏好	影响融资是否显著	融资选择	
				内部融资 VS 股权融资	负债融资 VS 股权融资
宏观环境因素					
经济发展水平(LnGDP)	是	股票对价	是	股权融资	股权融资
资本市场状况					
股票市场状况(SM)	是	股票对价	是	股权融资	股权融资
信贷市场状况(IR)	未检验	未检验	是	不显著	股权融资
政策法规制度					
股权分置改革(STR)	是	股票对价	是	股权融资	股权融资
法律制度环境(LAW)	是	股票对价	是	不显著	股权融资
公司特征因素					
经济动机					
现金持有量(Cash)	是	现金对价	是	内部融资	不显著
风险分担					
交易相对规模(Rel_val)	是	股票对价	是	股权融资	股权融资
并购标的(OBJ)	是	现金对价	未检验	未检验	未检验
资本成本					
内部资金充裕度(Fund_int)	是	现金对价	是	内部融资	负债融资
有形资产比率(Tan_ass)	未检验	未检验	是	不显著	负债融资
资产负债率(LEV)	未检验	未检验	是	不显著	股权融资
融资约束(FC)	未检验	未检验	是	内部融资	不显著
管理动机					
控制权威胁(Control)	是	现金对价	未检验	未检验	未检验
股权代理成本(BLOCK)	未检验	未检验	是	不显著	负债融资

续表

影响因素	影响对价是否显著	对价偏好	影响融资是否显著	融资选择	
				内部融资 VS 股权融资	负债融资 VS 股权融资
债权代理成本					
成长性(GRO)	未检验	未检验	是	股权融资	股权融资
投资需求(INV)	未检验	未检验	是	股权融资	股权融资
关联交易并购(RELPA)	是	股票对价	是	股权融资	股权融资
自信动机					
管理层过度自信(CON)	是	现金对价	是	内部融资	负债融资

注：对价选择和融资选择一列的理解：其他因素不变，该指标值的增加对并购对价与融资选择对数发生比的影响。

从宏观环境来看，影响对价与融资的因素大致相同，只不过在并购对价决策中，没有考虑信贷市场利率的影响。本书理论分析认为，信贷市场利率对并购融资影响的作用会更大。本书针对其余宏观环境因素在对价和融资决策中都分别进行了检验。结果表明，宏观环境因素在单独解释并购对价和并购融资影响因素时没有太大差别，主要原因在于并购融资决策影响因素中没有控制对价方式偏好。在此，以经济发展水平（LnGDP）为例加以说明，当经济较繁荣时，公司的盈利能力较好，股票价值可能也较高，目标方更容易接受主并公司的股票对价方式，那么主并公司必须采用向目标方股东发行股票这一融资方式来完成交易。

从公司特征层面来看，在经济动机因素中，影响并购对价的主要因素有：现金持有量、风险分担和内部资金充裕度。影响并购融资的主要因素有：现金持有量、相对交易规模、资本成本和融资约束。在管理动机因素中，影响并购对价的主要因素是：控制权威胁和关联交易并购。影响并购融资的主要因素是：股权代理成本、债权代理成本和关联交易并购。而管理层过度自信因素对并购对价和并购融资都产生了显著影响。

（2）本书对先验假设进行总结的另一个目的是，将本章并购对价–融资嵌套研究的检验结果与单独研究并购对价和并购融资的检验结果进行对比分析，以利于更好地揭示并购对价和并购融资影响因素之间的异同。

8.2 ———————— 嵌套分析理论架构 ————————

如前述及，本书依据理论分析选取了不同的指标对并购对价和并购融资影响因素进行了检验，虽然提出的假设基本都得以证实，但研究结论仍然可能会让人产生疑问，即并购对价方式对并购融资决策的影响如何体现？如何在控制对价方式对并购融资的影响下，更为严谨地考察并购对价和并购融资之间的区别？嵌套结构的Logit模型允许主并方有条件地基于对价方式偏好进行融资决策分析，对于解决以上问题是一种可行的方法，因为主并方的对价和融资决策可以建模为一个二维选择集合，并且融资选择是以对价方式为条件的。为了设定嵌套结构的Logit模型，本书将主并方选择集合分为两部分：对价方式和融资来源，如图8-1所示。

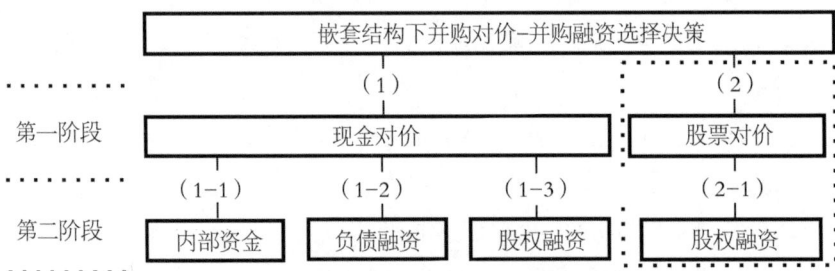

图8-1 并购对价-并购融资嵌套模型架构

嵌套结构的Logit模型[①]假定：在主并公司进行并购对价和并购融资决策时，首先应该考虑在并购交易中采取哪一种对价方式，紧接着再决定融资来源。因此，模型第一步骤应估计选择特定对价方式PAY的非条件概率Pr_{PAY}，第二步骤在已选定的对价方式PAY条件下，估计选择特定并购融资方式FIN的条件概率$Pr_{FIN|PAY}$。在本书中，并购对价方式只有现金对价和股票对价两种选择，且股票对价只对应股权融资一种融资方式，因此在嵌套结构的第二步骤分析中，只涉及现金对价方式下相应并购融资方式的选择问题。这种情况下就大大地简化了嵌套Logit模型的估计过程，可以直接利用两阶段的极大似然估计方法予以实现：第一阶段估计并购对价

———————————————————

① 关于嵌套模型的具体表达形式见5.2.1。

的影响因素；第二阶段在确定现金对价方式下来分析融资方式选择的影响因素。嵌套 Logit 模型中仍以股权融资为基准组，模型中各影响因素的估计系数代表了相对于股权融资，内部融资或负债融资对数发生比的增加或减少。

8.3   实证检验结果分析

本部分将并购对价方式选择和现金对价下的并购融资方式选择嵌套在同一框架下，分别从宏观环境层面和微观公司特征层面来检验并购对价和并购融资影响因素的异同。

8.3.1   公司特征系列变量分析

1）经济动机因素

（1）内部资金充裕度（Fund_int）

根据表 8-2 在嵌套分析的第一阶段，内部资金充足的主并公司更倾向于选择现金对价方式完成交易，与第 6 章检验结论一致；在第二阶段，与股权融资相比，主并公司可能出于降低资本成本的考虑，内部资金较多的主并公司会选择内部资金为并购融资。相比于股权融资，内部资金较充足的主并公司也有负债融资的倾向，但统计上不显著。

（2）资本成本

有形资产比率（Tan_ass）。有形资产更容易进行担保，会降低公司的融资成本，Rajan 和 Zingales（1995）通过对美国、日本等 G7[①]成员国资本结构的经验研究显示，各国之间有形资产与财务杠杆均显著正相关，有形资产是衡量公司借款能力的重要指标。从表 8-2 可以看到，有形资产比率并没有对并购对价方式选择产生影响。但在并购融资选择阶段，Tan_ass 较高的主并公司更倾向于负债融资和内部资金融资。这表明可用于抵押的

---

① 七国集团(G7)是八国集团(G8)的前身，是主要工业国家会晤和讨论政策的论坛，成员国包括加拿大、法国、德国、意大利、日本、英国和美国。20 世纪 70 年代初，在第一次石油危机重创西方国家经济后，在法国倡议下，1975 年，美、日、英、法、德、意六大工业国成立了六国集团，此后，加拿大在次年加入，七国集团(简称 G7)就此诞生。1997 年俄罗斯的加入使得 G7 转变为 G8。

资产越多，负债能力越强，主并公司选择负债融资的可能性就越大。而有形资产比例较大的公司，可能因生产能力强、资产规模大和折旧基金多，进而积累了更多的内部资金。所以与股权融资相比，这样的公司也倾向于选择内部资金融资。

资产负债率（LEV）。在并购对价一组中，资产负债率高的公司倾向于以股票对价方式完成交易。从理论上分析，LEV大的公司面临的破产风险会增加，但是目标方为何还要接受主并公司的股票呢？如果从我国上市公司并购交易具有较强的关联性特征角度分析，这一现象就很合理了。上市公司在与控股股东等关联方进行并购交易时，尽管上市公司资产负债率较高，但是关联方很可能出于支持上市公司的目的，会接受其股票对价，以减少上市公司支付现金的压力；当控制住对价方式后，资产负债率指标在并购融资选择决策中却没有通过检验。

以上分析表明，在公司并购对价决策中，当主并公司的内部资金较多时，目标方还是倾向于要求主并公司向其提供现金对价以获取稳定的收入；而当资产负债率较高时，从关联并购角度分析，控股股东等关联方也会接受上市公司的股票对价；在公司的并购融资决策中，内部资金较多的主并公司，会首先考虑利用这一成本较低的资金，而当主并公司具有较多的有形资产时，选择负债融资或内部资金融资的可能性都比较大。

（3）融资约束（FC）

当把融资约束因素纳入到第一阶段并购对价决策中时，发现其对并购对价决策没有显著影响。但是在并购融资方式选择决策中，与股权融资相比，融资约束程度较大的公司会选择内部资金融资，同时也有选择负债融资的倾向但没有通过显著性检验，这与第7章研究结果一致。以上分析表明，融资约束对并购融资决策产生了显著影响，对并购对价决策影响不大。

（4）风险分担

资产相对交易规模（Rel_val）。嵌套结构分析表明，Rel_val对并购对价和并购融资决策都有显著影响。Rel_val越大的主并公司，越倾向于选择股票对价方式来分散交易风险。而在控制现金对价后的融资决策阶段，主并公司还倾向于股权融资，这可能是因交易规模过大，内部资金不足而需要利用股票这一外部融资来完成并购，也可能出于在股东间分担风险的目的，主并公司倾向于采用股权融资。

并购标的（OBJ）。在并购对价决策中，并购标的因素影响显著，股权并购中采用现金对价可能性大，而在交易金额比较大的资产收购中，股票对价发生比显著提高。当考虑现金对价下的并购融资决策时，并购标的类型对并购融资决策没有产生显著影响。

综上分析，相比于并购融资决策来说，风险分担因素对并购对价影响更大。

2）管理动机因素

（1）控制权威胁（Control）

在并购对价决策阶段，持股比例高的主并公司大股东为防止股票对价对控制权的稀释，往往倾向于采用现金对价。在并购融资决策时，相对于股权融资，主并公司有较大的倾向选择负债融资，但仅在模型（1）和模型（5）中显著，在其余模型中没有通过显著性检验。这一结果表明，当主并公司在已确定采用现金对价的情况下进行并购融资时，其对控制权威胁的关注程度有所降低。可见，控制权威胁对并购对价的影响更大一些。

（2）股权代理成本（BLOCK）

在股权较分散的主并公司中，管理者和股东之间的代理冲突更明显，出于对管理层的约束，防止其手中有更多的现金用以构建"现金帝国"，主并公司会倾向于采用现金对价和负债融资。嵌套检验结果表明，股权分散时，公司有选择现金对价的倾向，但多数模型没有通过显著性检验；但与股权融资相比，股权分散时主并公司会倾向于采用负债融资。

（3）债权代理成本

在表8-2中，成长性（GRO）和未来投资需求（INV）两个债权代理成本的变量并没有显著影响主并上市公司并购对价决策的选择。但在并购融资方式选择中，成长潜力高的公司和未来投资需求较大的主并公司为避免债务契约带来的限制及投资不足影响，都倾向于以股权融资作为并购资金的来源。这说明，债权代理成本是并购融资决策的主要影响因素。

167

表 8-2　　　　　　　　　　　并购对价与并购融资的嵌套结构分析

被解释变量	PAY(PAY=1：现金对价；PAY=0：股票对价) FIN(FIN=1：内部融资；FIN=2：负债融资；FIN=3：股权融资)								
	(1) Company Features			(2) LnGDP			(3) SM		
模型	第一阶段：对价方式选择	第二阶段：现金对价方式下融资方式选择		第一阶段：对价方式选择	第二阶段：现金对价方式下融资方式选择		第一阶段：对价方式选择	第二阶段：现金对价方式下融资方式选择	
	PAY=1 vs PAY=0	FIN=1 vs FIN=3	FIN=2 vs FIN=3	PAY=1 vs PAY=0	FIN=1 vs FIN=3	FIN=2 vs FIN=3	PAY=1 vs PAY=0	FIN=1 vs FIN=3	FIN=2 vs FIN=3
Fund_int	0.25*** (3.10)	0.11*** (3.06)	0.05 (1.21)	0.25*** (3.25)	0.11*** (3.21)	0.05 (1.25)	0.22*** (3.07)	0.11*** (3.12)	0.06 (1.48)
Tan_ass	1.22 (1.34)	2.47*** (3.57)	3.12*** (4.27)	1.18 (1.33)	2.60*** (3.86)	3.20*** (4.50)	1.28 (1.41)	2.55*** (3.79)	3.31*** (4.67)
LEV	−2.20*** (−2.70)	0.19 (0.30)	0.11 (0.17)	−2.45*** (−3.06)	0.28 (0.46)	0.10 (0.15)	−2.85*** (−3.74)	0.29 (0.47)	−0.16 (−0.24)
FC	0.12 (0.69)	0.23* (1.80)	0.12 (0.88)	0.11 (0.61)	0.25* (1.96)	0.14 (1.07)	0.12 (0.72)	0.26** (2.08)	0.13 (0.94)
Rel_val	−7.54*** (−5.25)	−5.71*** (−3.26)	−3.08** (−2.36)	−7.33*** (−5.82)	−5.07*** (−3.10)	−3.03** (−2.39)	−7.18*** (−5.80)	−5.58*** (−3.26)	−2.79** (−2.18)
OBJ	0.85*** (2.83)	−0.15 (−0.65)	−0.34 (−1.38)	0.84*** (2.87)	−0.19 (−0.81)	−0.35 (−1.39)	0.84*** (2.88)	−0.11 (−0.45)	−0.32 (−1.33)
Control	3.35** (2.34)	0.28 (1.24)	0.43* (1.70)	3.68*** (2.64)	0.28 (1.22)	0.41 (1.64)	4.05*** (3.25)	0.27 (1.23)	0.39 (1.58)
BLOCK	0.73 (1.62)	0.27 (1.06)	0.79*** (2.90)	0.77* (1.68)	0.23 (0.92)	0.72*** (2.66)	0.75 (1.64)	0.32 (1.33)	0.53** (1.99)
GRO	−0.18 (−0.58)	−0.95*** (−4.64)	−1.00*** (−4.28)	−0.19 (−0.63)	−0.99*** (−4.95)	−0.96*** (−4.20)	0.06 (0.19)	−1.02*** (−5.06)	−0.96*** (−4.25)
INV	−0.15 (−1.47)	−0.23*** (−3.11)	−0.13* (−1.68)	−0.15 (−1.48)	−0.23*** (−3.12)	−0.14* (−1.74)	−0.17 (−1.56)	−0.24*** (−3.23)	−0.15* (−1.88)
RELPA	−1.05*** (−3.40)	−0.52** (−2.55)	−0.61*** (−2.77)	−1.09*** (−3.58)	−0.49** (−2.39)	−0.58*** (−2.68)	−0.82*** (−2.92)	−0.53** (−2.62)	−0.46** (−2.14)
CON	1.84*** (4.75)	0.47 (1.93)	1.70*** (6.75)	1.96*** (5.09)	0.55 (2.29)	1.73*** (6.94)	1.91*** (5.23)	0.49 (2.04)	1.73*** (6.96)
State	0.01 (0.03)	−0.04 (−0.17)	0.22 (0.92)	0.03 (0.10)	−0.02 (−0.09)	0.24 (1.01)	0.43 (1.56)	−0.09 (−0.43)	0.38 (1.64)
Lnsize	−0.06 (−0.38)	0.01 (0.06)	0.06 (0.43)	−0.07 (−0.44)	−0.03 (−0.33)	0.03 (0.43)	−0.25 (−1.61)	0.04 (0.31)	−0.10 (−0.76)
Macro-environment				−3.75*** (−7.53)	0.46 (1.84)	−0.92** (−3.40)	−8.50* (−1.68)	5.51** (2.01)	−5.42** (−1.96)
Year & Ind	Year & Ind	Year & Ind		Ind	Ind		Ind	Ind	
常数项	8.57*** (6.46)	3.50*** (4.52)	1.24 (1.52)	6.21*** (8.23)	−1.41 (−0.52)	11.78*** (4.07)	6.50*** (6.79)	3.14** (4.02)	1.97** (2.39)
Pseudo R²	0.58	0.17		0.57	0.15		0.55	0.14	
样本数量	1 404	1 404		1 404	1 404		1 404	1 404	

被解释变量	PAY(PAY=1：现金对价；PAY=0：股票对价)								
	FIN(FIN=1：内部融资；FIN=2：负债融资；FIN=3：股权融资)								
	（4）			（5）			（6）		
	IR			STR			LAW		
模型	第一阶段：对价方式选择	第二阶段：现金对价方式下融资方式选择		第一阶段：对价方式选择	第二阶段：现金对价方式下融资方式选择		第一阶段：对价方式选择	第二阶段：现金对价方式下融资方式选择	
		FIN=1	FIN=2		FIN=1	FIN=2		FIN=1	FIN=2
	PAY=1 vs PAY=0	vs FIN=3	vs FIN=3	PAY=1 vs PAY=0	vs FIN=3	vs FIN=3	PAY=1 vs PAY=0	vs FIN=3	vs FIN=3
Fund_int	0.22***	0.11***	0.05	0.24***	0.11***	0.05	0.24***	0.11***	0.05
	(3.00)	(3.12)	(1.31)	(3.38)	(3.22)	(1.28)	(3.31)	(3.19)	(1.43)
Tan_ass	1.26	2.57***	3.38***	1.25	2.57***	3.26***	0.94	2.59***	3.15***
	(1.56)	(3.82)	(4.77)	(1.54)	(3.81)	(4.60)	(1.12)	(3.81)	(4.40)
LEV	−2.65***	0.36	−0.15	−2.80***	0.29	−0.03	−3.14***	0.35	−0.29
	(−3.43)	(0.59)	(−0.23)	(−3.57)	(0.47)	(−0.04)	(−4.02)	(0.57)	(−0.45)
FC	0.10	0.26**	0.13	0.12	0.25**	0.13	0.19	0.26**	0.13
	(0.64)	(2.09)	(0.96)	(0.72)	(2.01)	(0.97)	(1.14)	(2.02)	(0.99)
Rel_val	−7.19***	−5.18***	−3.18**	−7.52***	−4.96***	−3.28***	−7.16***	−5.11***	−3.21**
	(−5.74)	(−3.11)	(−2.52)	(−5.69)	(−3.02)	(−2.62)	(−5.71)	(−3.07)	(−2.55)
OBJ	0.76**	−0.11	−0.38	0.73**	−0.13	−0.37	0.74**	−0.12	−0.36
	(2.40)	(−0.46)	(−1.41)	(2.36)	(−0.58)	(−1.40)	(2.36)	(−0.52)	(−1.40)
Control	3.88***	0.31	0.41	3.91***	0.27	0.45*	3.74***	0.28	0.42
	(3.12)	(1.30)	(1.62)	(3.14)	(1.17)	(1.75)	(2.98)	(1.28)	(1.63)
BLOCK	0.74	0.34	0.58**	0.75	0.32	0.55**	0.81*	0.32	0.56**
	(1.61)	(1.39)	(2.19)	(1.64)	(1.30)	(2.08)	(1.77)	(1.32)	(2.14)
GRO	0.06	−1.01***	−0.92***	−0.20	−0.99***	−0.94***	−0.04	−1.00***	−0.94***
	(0.19)	(−5.01)	(−4.15)	(−0.63)	(−4.91)	(−4.21)	(−0.13)	(−4.99)	(−4.16)
INV	−0.17	−0.23***	−0.15*	−0.19	−0.23***	−0.15*	−0.20	−0.23***	−0.15*
	(−1.55)	(−3.09)	(−1.83)	(−1.61)	(−3.09)	(−1.88)	(−1.64)	(−3.13)	(−1.90)
RELPA	−0.76***	−0.54***	−0.48**	−0.83***	−0.53***	−0.51**	−0.87***	−0.55***	−0.48**
	(−2.69)	(−2.72)	(−2.24)	(−2.87)	(−2.62)	(−2.37)	(−3.05)	(−2.73)	(−2.24)
CON	1.82***	0.55**	1.66***	1.99***	0.54**	1.69***	1.82***	0.56**	1.65***
	(5.00)	(2.30)	(6.74)	(5.30)	(2.24)	(6.85)	(4.95)	(2.35)	(6.72)
State	0.46*	−0.10	0.37	0.35	−0.09	0.36	0.33	−0.09	0.33
	(1.69)	(−0.45)	(1.58)	(1.26)	(−0.41)	(1.56)	(1.19)	(−0.40)	(1.40)
Lnsize	−0.22	0.02	−0.07	−0.18	0.02	−0.06	−0.07	0.01	−0.03
	(−1.44)	(0.16)	(−0.51)	(−1.14)	(0.12)	(−0.42)	(−0.44)	(0.08)	(−0.20)
Macro-environment	−0.30	0.07	−0.28*	−3.08***	0.31	−0.96**	−0.10***	0.00	−0.04*
	(−1.64)	(0.55)	(−1.96)	(−5.32)	(0.76)	(−2.15)	(−3.72)	(0.18)	(−1.68)
Year & Ind	Year & Ind	Year & Ind		Ind	Ind		Ind	Ind	
常数项	7.85***	3.77***	3.11***	7.51***	3.26**	1.92**	6.85***	3.38***	1.80**
	(6.25)	(3.70)	(2.84)	(7.47)	(4.16)	(2.35)	(6.99)	(4.37)	(2.21)
Pseudo R²	0.54	0.13		0.55	0.14		0.53	0.13	
样本数量	1 404	1 404		1 404	1 404		1 404	1 404	

注：***、**、*分别表示1%、5%和10%水平显著，括号内为z值。

169

（4）关联交易并购（RELPA）

我国上市公司并购中关联交易特征较明显，这通常也产生了大小股东之间的代理问题。嵌套研究第一阶段的分析结果表明，关联交易并购中主并公司更倾向于采用股票对价。在现金对价方式下的并购融资决策阶段，关联交易并购变量与主并公司选择股权融资的发生比仍然显著正相关。可见，在我国，关联交易并购会显著影响到主并公司的并购对价与并购融资决策。

3）自信动机因素

并购对价选择阶段，管理层的过度自信（CON）与现金对价的发生比在1%水平上显著正相关，表明越是过度自信的管理层，越倾向于采用现金对价。控制现金对价后，与股权融资相比，有着过度自信管理层的主并公司选择内部融资和负债融资的可能性更大。嵌套研究结果仍然支持第6章和第7章的结论，这也表明管理层过度自信心理对并购对价和并购融资决策都会产生重要影响。

8.3.2 宏观环境系列变量分析

1）经济发展水平（LnGDP）

表8-2结果显示，经济发展水平越好，主并公司采用股票对价的可能性越大，这与第6章结论一致。而在并购融资决策时，经济发展形势越好，主并公司越倾向于选择内部资金融资和股权融资，这与第7章的结论有所分歧。如表8-1所示，没有控制对价方式时，随着LnGDP这一指标的增加，无论是与内部融资还是负债融资相比，主并公司都倾向于股权融资，其中可能的原因是目标方对股票对价的偏好，致使主并公司必须采用股权融资。当现金对价这一方式确定后，随着经济的繁荣发展，公司内部资金积累也可能更多，所以与股权融资相比，首先应该以内部资金这一成本较低的资金来满足并购融资的需要。当需要外部融资时，在经济繁荣时期股票融资较容易，主并公司会倾向于选择股权融资。这样来看，在控制住对价方式后，并购融资的优序融资特征更加明显。

2）资本市场状况

股票市场状况（SM）。如果股票市场处于繁荣时期，主并公司会倾向于采用股票对价。当控制住对价偏好后，与负债这一外部融资相比，主并公司在股市繁荣时更愿意发行股票。与内部融资相比，股市发展较好时，主并公司倾向于选择成本较低的内部资金来完成现金对价，这与第7章结论也存在一定差异。

信贷市场状况（IR）。本书认为与并购对价决策相比，信贷市场利率对并购融资产生的影响更大，本书的嵌套研究也证实了这一点。IR对并购对价方式选择没有显著影响，但随着IR的提高，主并公司更倾向于选择股票融资，这与第7章的结论一致。

3）政策法规制度

股权分置改革（STR）。随着股权分置改革的推进和完成，主并公司使用股票对价的发生比显著增加。STR对并购融资也产生重大影响，相比于负债融资而言，流通股比例大的公司倾向于股权融资。但与内部融资相比，STR对主并公司选择股权融资却没有显著影响，这与第7章结论也不一致。

法律制度环境（LAW）。在并购对价和并购融资的嵌套分析中，法律环境较好的地区，主并公司使用股票对价的可能性更大。与负债融资相比，由于法律环境完善的地区能为投资者权益提供更好的保障，所以资本市场上主并公司可以更容易发行股票来为并购融资。

综上来看，在嵌套结构下各宏观因素对并购对价的影响结论与第6章基本一致。但在控制住对价方式后，宏观因素对并购融资的影响得出的结论与第7章却存在较大分歧。这也很好地说明了并购交易双方的并购对价偏好会对主并公司的并购融资决策产生重大影响。对于嵌套分析的检验结果，本书在表8-3中做了进一步总结。

表8-3中列示了嵌套结构下并购对价和并购融资影响因素的检验对比结果，与第6章和第7章独立检验不同，嵌套结构针对并购对价和并购融资考虑了相同影响因素，并且在并购融资选择决策检验时还控制了对价方式对其的影响，以利于更好地检验对价与融资影响因素的异同。

表8-3 嵌套结构下并购对价与并购融资影响因素对比

影响因素	影响对价是否显著	对价偏好	影响融资是否显著	融资偏好	
				内部融资 VS 股权融资	负债融资 VS 股权融资
宏观环境因素					
经济发展水平(LnGDP)	是	股票对价	是	内部融资	股权融资
资本市场状况					
股票市场状况(SM)	是	股票对价	是	内部融资	股权融资
信贷市场状况(IR)	否		是	不显著	股权融资
政策法规制度					
股权分置改革(STR)	是	股票对价	是	不显著	股权融资
法律制度环境(LAW)	是	股票对价	是	不显著	股权融资
公司特征因素					
经济动机					
现金持有量(Cash)	是	现金对价	是	内部融资	不显著
风险分担					
交易相对规模(Rel_val)	是	股票对价	是	股权融资	股权融资
并购标的(OBJ)	是	现金对价	否		
资本成本					
内部资金充裕度(Fund_int)	是	现金对价	是	内部融资	不显著
有形资产比率(Tan_ass)	否		是	内部融资	负债融资
资产负债率(LEV)	是	股票对价	否		
融资约束(FC)	否		是	内部融资	不显著
管理动机					
控制权威胁(Control)	是	现金对价	否		
股权代理成本(BLOCK)	否		是	不显著	负债融资
债权代理成本					
成长性(GRO)	否		是	股权融资	股权融资
投资需求(INV)	否		是	股权融资	股权融资
关联交易并购(RELPA)	是	股票对价	是	股权融资	股权融资
自信动机					
管理层过度自信(CON)	是	现金对价	是	内部融资	负债融资

注：对价选择和融资选择一列的理解：其他因素不变，该指标值的增加对并购对价与融资选择对数发生比的影响。

从宏观环境看，各宏观环境因素对并购对价和并购融资决策基本都会产生影响，但影响程度和影响内容却有差别。经济发展水平、股票市场状况、股权分置改革和政策法规环境对并购对价决策产生了显著影响，而信贷市场状况对并购对价的影响却不显著。以上五方面的宏观环境因素，对并购融资决策都产生了影响。经济发展水平和股票市场状况显著改善了主并公司的内外部的融资环境，而信贷市场利率、股权分置改革和法律制度环境对公司并购的外部融资环境影响更大。

从公司特征层面看，在经济动机因素中，影响并购对价的主要因素有：现金持有量、交易相对规模、并购标的、内部资金充裕度和资产负债率，这些因素大多是涉及并购交易双方风险与收益均衡的因素。影响并购融资的主要因素有：现金持有量、交易相对规模、内部资金充裕度、有形资产比率和融资约束，这些因素大多是涉及并购融资成本和融资约束的因素。在管理动机因素中，影响并购对价的主要因素是：控制权威胁和关联交易并购。影响并购融资的主要因素是：股权代理成本、债权代理成本和关联交易并购。而管理层过度自信因素对并购对价和并购融资都产生了显著影响。

综合来看，宏观环境因素对并购对价和并购融资决策基本都会产生影响。微观公司层面的因素中，并购对价选择决策主要受风险分担、控制权威胁、关联交易并购、管理层过度自信等因素影响；并购融资选择决策主要受资本成本、融资约束、代理成本、管理层过度自信及对价方式的影响。

8.4　　　稳健性检验

在本部分中，本书通过替换一些主要变量对嵌套结构 Logit 模型重新进行检验。所用到的替换变量及定义与第 7 章表 7-5 一致。替换变量后稳健性检验结果如表 8-4 所示。

由于现金持有量（Cash）既是内部资金的稳健性检验的替代变量，同时也是经济动因中的重要因素，所以在此，本书简要分析 Cash 变量对并

表8-4　　　　　　　并购对价与并购融资的嵌套结构分析的稳健性检验

被解释变量	PAY(PAY=1：现金对价；PAY=0：股票对价) FIN(FIN=1：内部融资；FIN=2：负债融资；FIN=3：股权融资)								
	(1)			(2)			(3)		
	Company Features			LnGDP1			SM1		
模型	第一阶段：对价方式选择	第二阶段：现金对价方式下融资方式选择		第一阶段：对价方式选择	第二阶段：现金对价方式下融资方式选择		第一阶段：对价方式选择	第二阶段：现金对价方式下融资方式选择	
	PAY=1 vs PAY=0	FIN=1 vs FIN=3	FIN=2 vs FIN=3	PAY=1 vs PAY=0	FIN=1 vs FIN=3	FIN=2 vs FIN=3	PAY=1 vs PAY=0	FIN=1 vs FIN=3	FIN=2 vs FIN=3
Cash	0.73***	0.04**	-0.04*	0.75***	0.04**	-0.04	0.81***	0.04**	-0.04
	(4.76)	(2.00)	(-1.84)	(4.92)	(2.22)	(-1.61)	(5.19)	(2.06)	(-1.57)
Tan_ass	1.40	2.99***	2.91***	1.42	3.18***	3.05***	1.23	3.13***	3.08***
	(1.13)	(4.27)	(3.94)	(1.21)	(4.65)	(4.23)	(1.11)	(4.57)	(4.25)
LEV	-2.45***	0.08	0.02	-2.61***	0.17	-0.00	-2.95***	0.12	0.06
	(-2.87)	(0.13)	(0.03)	(-3.11)	(0.28)	(-0.00)	(-3.78)	(0.20)	(0.09)
FC	0.05	0.29**	0.12	0.02	0.31**	0.15	0.06	0.31**	0.15
	(0.26)	(2.30)	(0.90)	(0.09)	(2.45)	(1.10)	(0.35)	(2.47)	(1.11)
Rel_ass	-5.68***	-541***	-1.97***	-5.56***	-4.80***	-1.90***	-5.26***	-5.17***	-1.79***
	(-3.93)	(-6.27)	(-3.01)	(-4.04)	(-5.84)	(-2.96)	(-4.17)	(-6.11)	(-2.75)
OBJ	0.80**	-0.11	-0.29	0.83***	-0.16	-0.31	0.82***	-0.14	-0.33
	(2.46)	(-0.48)	(-1.19)	(2.66)	(-0.68)	(-1.26)	(2.58)	(-0.60)	(-1.32)
Control1	3.21**	0.24	0.83	3.21***	0.25	0.90	3.18**	0.35	0.71
	(2.51)	(0.30)	(0.97)	(2.63)	(0.32)	(1.07)	(2.49)	(0.44)	(0.84)
BLOCK1	0.48	0.53	0.58*	0.48	0.54	0.64*	0.45	0.51	0.68*
	(1.03)	(1.59)	(1.66)	(1.07)	(1.64)	(1.80)	(1.09)	(1.56)	(1.91)
GRO	-0.22	-1.03***	-0.96***	-0.28	-1.07***	-0.93***	-0.21	-1.08***	-0.96***
	(-0.67)	(-5.00)	(-4.13)	(-0.86)	(-5.28)	(-4.06)	(-0.75)	(-5.29)	(-4.19)
INV	-1.55	-0.21***	-0.10	-1.58	-0.21***	-0.12	-1.55	-0.21***	-0.12
	(-0.57)	(-2.79)	(-1.24)	(-0.60)	(-2.77)	(-1.49)	(-0.54)	(-2.86)	(-1.46)
RELPA	-0.95***	-0.52***	-0.60***	-0.97***	-0.49**	-0.57***	-0.71**	-0.48**	-0.57***
	(-3.00)	(-2.58)	(-2.75)	(-3.08)	(-2.41)	(-2.64)	(-2.48)	(-2.35)	(-2.63)
CON	1.98***	0.48	1.69***	2.09***	0.57**	1.73***	1.94***	0.51**	1.78***
	(5.11)	(1.96)	(6.71)	(5.44)	(2.38)	(6.93)	(5.34)	(2.10)	(7.03)
State	0.18	-0.06	0.21	0.09	-0.05	0.23	0.27	-0.05	0.23
	(0.59)	(-0.28)	(0.89)	(0.30)	(-0.23)	(0.98)	(0.95)	(-0.22)	(0.98)
Lnsize	-0.12	0.02	0.10	-0.11	-0.04	0.07	-0.17	-0.00	0.05
	(-1.18)	(0.11)	(0.71)	(-1.11)	(-0.29)	(0.46)	(-1.23)	(-0.02)	(0.33)
Macro-environment				-3.76***	0.48*	-0.91***	-7.10***	5.51**	-5.24*
				(-7.17)	(1.90)	(-3.33)	(-2.99)	(2.10)	(-1.80)
Year & Ind	Year & Ind	Year & Ind		Ind	Ind		Ind	Ind	
常数项	6.87***	2.40**	0.69	4.80***	-2.82	8.79***	4.37***	2.04*	1.25
	(5.52)	(2.93)	(0.80)	(7.56)	(-1.04)	(3.70)	(5.06)	(2.47)	(1.43)
Pseudo R²	0.58	0.17		0.57	0.15		0.56	0.15	
样本数量	1 404	1 404		1 404	1 404		1 404	1 404	

被解释变量	PAY(PAY=1：现金对价；PAY=0：股票对价)　FIN(FIN=1：内部融资；FIN=2：负债融资；FIN=3：股权融资)								
	(4)			(5)			(6)		
	IR1			STR1			LAW1		
模型	第一阶段：对价方式选择	第二阶段：现金对价方式下融资方式选择		第一阶段：对价方式选择	第二阶段：现金对价方式下融资方式选择		第一阶段：对价方式选择	第二阶段：现金对价方式下融资方式选择	
	PAY=1 vs PAY=0	FIN=1 vs FIN=3	FIN=2 vs FIN=3	PAY=1 vs PAY=0	FIN=1 vs FIN=3	FIN=2 vs FIN=3	PAY=1 vs PAY=0	FIN=1 vs FIN=3	FIN=2 vs FIN=3
Cash	0.74***	0.04**	-0.04	0.73***	0.04**	-0.05*	0.75***	0.04**	-0.04
	(4.84)	(2.07)	(-1.60)	(4.78)	(2.00)	(-1.84)	(4.90)	(2.21)	(-1.64)
Tan_ass	1.02	3.13***	3.23***	1.23	3.10***	2.92***	1.03	3.15***	3.08***
	(0.94)	(4.59)	(4.49)	(1.03)	(4.49)	(4.00)	(0.93)	(4.61)	(4.25)
LEV	-2.56***	0.26	-0.31	-2.47***	0.21	0.04	-2.64***	0.15	0.03
	(-3.03)	(0.43)	(-0.48)	(-2.90)	(0.34)	(0.06)	(-3.13)	(0.24)	(0.04)
FC	0.03	0.32**	0.13	0.07	0.29**	0.12	0.05	0.31**	0.14
	(0.19)	(2.55)	(1.01)	(0.38)	(2.29)	(0.91)	(0.29)	(2.47)	(1.04)
Rel_ass	-5.76***	-4.92***	-1.95***	-5.63***	-4.92***	-2.07***	-5.58***	-4.83***	-1.88***
	(-4.05)	(-5.94)	(-3.07)	(-4.08)	(-5.92)	(-3.16)	(-4.03)	(-5.85)	(-2.91)
OBJ	0.81***	-0.07	-0.34	0.83***	-0.16	-0.32	0.83***	-0.16	-0.32
	(2.58)	(-0.28)	(-1.33)	(2.61)	(-0.69)	(-1.31)	(2.64)	(-0.66)	(-1.29)
Control	2.92**	0.27	0.77	2.86*	0.29	0.83	2.84*	0.27	0.79
	(2.33)	(0.34)	(0.92)	(2.27)	(0.37)	(0.98)	(2.19)	(0.34)	(0.93)
BLOCK1	0.41	0.49	0.69*	0.44	0.51	0.61*	0.33	0.49	0.70**
	(0.99)	(1.51)	(1.95)	(1.03)	(1.54)	(1.73)	(0.77)	(1.50)	(1.99)
GRO	-0.27	-1.09***	-0.89***	-0.26	-1.10***	-0.97***	-0.32	-1.07***	-0.93***
	(-0.84)	(-5.35)	(-3.98)	(-0.78)	(-5.42)	(-4.20)	(-0.97)	(-5.27)	(-4.06)
INV	-1.83	-0.20***	-0.12	-1.65	-0.19**	-0.10	-1.60	-0.21***	-0.12
	(-0.69)	(-2.72)	(-1.56)	(-0.63)	(-2.49)	(-1.19)	(-0.61)	(-2.76)	(-1.47)
RELPA	-0.94***	-0.55***	-0.47**	-0.97***	-0.50**	-0.59***	-0.95***	-0.49**	-0.57***
	(-3.00)	(-2.79)	(-2.18)	(-3.08)	(-2.45)	(-2.70)	(-3.04)	(-2.40)	(-2.64)
CON	2.06***	0.56**	1.67***	2.04***	0.52**	1.67***	2.09***	0.57**	1.74***
	(5.37)	(2.35)	(6.74)	(5.26)	(2.13)	(6.61)	(5.43)	(2.36)	(6.95)
State	0.10	-0.13	0.38	0.13	-0.05	0.24	0.10	-0.05	0.25
	(0.34)	(-0.63)	(1.63)	(0.41)	(-0.22)	(1.00)	(0.32)	(-0.25)	(1.05)
Lnsize	-0.11	0.03	-0.03	-0.14	-0.04	0.07	-0.10	-0.03	0.05
	(-1.14)	(0.22)	(-0.19)	(-1.31)	(-0.26)	(0.48)	(-1.06)	(-0.24)	(0.35)
Macro-environment	-0.15	-0.09	-0.22*	-1.98***	0.02	-1.08***	-0.07*	0.01	-0.03*
	(-0.93)	(-0.74)	(-1.65)	(-3.00)	(0.11)	(-4.68)	(-1.71)	(0.44)	(-1.65)
Year & Ind	Year & Ind	Year & Ind		Ind	Ind		Ind	Ind	
常数项	5.12***	2.80***	2.13*	4.39***	2.25***	0.76	4.81***	2.27***	1.07
	(7.45)	(2.71)	(1.92)	(2.85)	(2.81)	(0.88)	(7.20)	(2.77)	(1.25)
Pseudo R²	0.53	0.13		0.55	0.15		0.54	0.13	
样本数量	1 404	1 404		1 404	1 404		1 404	1 404	

注：***、**、*分别表示1%、5%和10%水平显著，括号内为z值。

175

购对价和并购融资影响的检验结果。

如表8-4所示，根据各模型中第一阶段检验结果来看，主并公司现金持有量（Cash）与现金对价发生比在1%的显著水平上正相关，表明主并公司并购前留存和筹集的现金量越大，越倾向于采用现金对价，这与第6章检验结果一致。在第二阶段的并购融资方式检验中，与股权融资相比，现金持有量越大，主并公司越倾向于采用内部资金融资，这与前述检验结论基本一致。

综合来看，替换主要变量后得出的各影响因素的检验结果与本章前文基本一致，主要研究结论也没有发生变化，说明嵌套结构Logit模型具有较好的稳健性。

8.5 ———————— 本章小结 ————————

本章主要采用嵌套结构的Logit模型将并购对价方式和并购融资方式嵌入同一研究框架，以利于检验并购对价和融资方式影响因素的异同。

本章首先对第6章和第7章的检验结论进行了归纳总结，目的是与本章后续嵌套研究得出的检验结论进行清晰的对比；接下来构建了嵌套结构方法的一个理论模型架构，将主并方的对价和融资决策建模为一个二维选择集合（对价方式和融资来源），并且融资选择是以对价方式为条件。

通过嵌套结构的研究分析，本书认为宏观环境因素对并购对价和并购融资决策基本都会产生影响。微观公司层面的因素中，并购对价选择决策主要受风险分担、控制权威胁、关联交易并购和管理层过度自信等因素影响；并购融资选择决策主要受资本成本、融资约束、代理成本、管理层过度自信及对价方式的影响。本章最后通过替换相关变量的方法对并购对价与并购融资的嵌套Logit模型进行了稳健性检验，主要研究结论不变。

第 9 章

并购对价与融资方式绩效实证分析

9.1 ———— 并购整合绩效指标选取依据 ————

　　并购绩效是指并购行为完成后，被并购企业被纳入到并购企业中经过整合后实现的产出效率。我国并购对价和并购融资的绩效研究中，大多数学者采用股价超额收益率（CAR）和财务业绩指标（李善民等，2007；翟进步等，2012；李井林等，2013）来度量绩效。实际上，并购作为所有权或产权的转让方式，其绩效的衡量方法与市场效率或经营绩效显然不同。Lichtenberg、Siegel（1989）指出，因为许多所有权的变化只涉及公司的一部分合并或一部分分拆，所以很难用公司水平或商业链上的会计数据评价部分合并和分拆的影响，因此，衡量一个公司并购整合绩效的最好办法就是测量其全要素生产率（total factor productivity，简称 TFP）水平。此外，并购作为微观经济行为，其成功的关键是并购整合过程中预期协同效应的实现。本质上说，这种效应是并购双方合并后各种生产要素（资本、人力、管理等）重新配置的结果，采用全要素生产率方法，可以充分考虑规模经济、技术因素、管理水平等多方面可能引起生产效率变动的因素，可以较全面地度量并购前后公司的产出效率和协同效应情况，提供股价超额收益率与财务业绩等指标无法提供的信息，也更加符合并购绩效的含义。本章以并购事件中主并上市公司为研究对象，借助于 TFP 指标来研究上市公司并购的整合绩效，实证检验并购前后 TFP 的变化，并进一步分析并购对价方式和融资方式与主并公司并购前后 TFP 变化之间的关系。

9.2 研究设计

9.2.1 样本选择与变量界定

1）样本选择

为了与本书的第5章~第8章保持一致性和连续性，本章的样本选择与数据来源的方法和标准参见第5章。与前述4章相比，本章的样本为 1 386，减少的样本数为计算全要素生产率的各项指标不满足条件所致。

2）变量界定

（1）被解释变量：全要素生产率

本书采用全要素生产率作为并购整合绩效的度量指标。在生产函数选择上，借鉴袁宏泉等（2005）的思想，选用 Cobb-Douglas 生产函数，其基本形式为：

$$Y = A_T L^{\alpha} K^{\beta} \tag{9.1}$$

式中，A_T 代表全要素生产率 TFP；L 代表劳动投入，K 代表资本投入；α、β 分别是劳动力、资本的产出弹性系数，可视为劳动和资本对产出的贡献程度。对于不同的公司 i（i = 1，2，…，N），在时间 t（t=1，2，…，T）内，在等式（9.1）两边取自然对数可得到：

$$LnY_{it} = LnA_{Tit} + \alpha LnL_{it} + \beta LnK_{it} \tag{9.2}$$

在一定时间内，假定技术参数 α 和 β 不随公司的不同而不同，而 TFP 则会随公司的不同而出现差异，但 TFP 不可观察，令 $\mu_{it}=LnA_{Tit}$，那么等式（9.2）就可以改写成：

$$LnY_{it} = \alpha LnL_{it} + \beta LnK_{it} + \mu_{it} \tag{9.3}$$

其中，$TFP_{it}=\exp（LnA_{Tit}）=\exp（\mu_{it}）$。

在式（9.3）中，每家公司的全要素生产率就是式中的回归估计残值，通常称作"索洛余值"[1]，也就是说，全要素生产率是生产率增长值中无法被劳动和资本生产率所解释的部分。

本节在基本模型的基础上，借鉴鲁晓东和连玉君（2012）的研究，控制一些变量后，（9.3）式改为（9.4）式，即在实际估计TFP的过程中控制了上市公司成立年份、所在地区、所属行业等因素。

$$LnY_{it} = \alpha_0 + \alpha LnL_{it} + \beta LnK_{it} + \sum_m \delta_m Year_m \sum_n \lambda_n Reg_n + \sum_k \zeta_k Ind_k + \mu_{it} \qquad (9.4)$$

按照TFP的定义可知：$LnTFP_{it} = \alpha_0 + \mu_{it}$，由此可得到TFP的绝对水平值：$TFP_{it} = LnY_{it} - \alpha LnL_{it} - \beta LnK_{it}$。

在式（9.4）中，用上市公司年末营业收入来度量产出 Y_{it}，用年末员工总人数来表示劳动 L_{it}，用年末固定资产净额来测度资本 K_{it}。Year、Reg、Ind分别是代表上市公司成立年份、地区和行业的虚拟变量。

为了更好地比较并购前后整合绩效的变化，我们在后文中计算了并购前一年至并购后二年连续4年的TFP。

（2）解释变量：并购对价方式和并购融资方式

根据前文的理论与经验分析，主要的解释变量为并购对价方式和融资方式。

并购对价方式（PAY）。根据理论分析和样本数据特点，将并购对价方式划分为现金对价和股票对价两类，当公司并购使用现金对价方式时，PAY赋值为1；使用股票对价方式时，PAY赋值为0。

并购融资方式（FIN）。根据理论分析和样本数据特点，将并购融资方式分为内部融资、负债融资和股权融资三类。在回归模型中，我们需要引入三个虚拟变量。当并购融资方式为内部融资时，FIN1赋值为1，其余融资方式赋值为0；当并购融资方式为负债融资时，FIN2赋值为1，其余融资方式赋值为0；当并购融资为股权融资时，FIN3赋值为1，其余融资

---

[1]　索洛(Solow，1957)提出的"索洛余值"，最早用于评价技术进步率，但实际上"索洛余值"不仅包括了技术因素，还包括了价格、供求等经济因素、政策、社会等人为与非人为因素。正如Maddison（1987）所指出，经济增长率减去劳动投入增长率乘以劳动收入份额，剔除资本投入增长率乘以资本收入份额，再去掉经济结构变化、外贸影响、规模经济、能源影响、自然资源影响、政府管制和犯罪成本以及劳动力储备等9个因素影响后的余额才反映技术进步率。对并购而言，并购产出效率受并购整合过程中管理、经营、财务、组织结构、公司文化、技术等多方面协同作用的影响，"索洛余值"能更全面地反映这些因素共同作用的结果，是一个综合性的指标。

方式赋值为0。

（3）控制变量

影响并购整合绩效的因素是多方面的，借鉴已有文献，在模型中还考虑了公司规模、资产负债率、产权性质、相对交易规模、并购标的、关联交易并购、股权分置改革等控制变量。相关变量的界定如表9-1所示。

表9-1 变量定义表

变量名称	变量含义	变量定义
被解释变量		
TFP_t	并购整合绩效	OLS方法计算出的并购前一年至并购后二年连续4年的TFP
解释变量		
PAY	并购对价方式	主并公司采用现金对价方式完成交易PAY=1，采用股票对价方式完成交易PAY=0
FIN	并购融资方式	主并公司并购融资方式为内部融资时，FIN1赋值为1，其余融资方式赋值为0；当并购融资方式为负债融资时，FIN2赋值为1，其余融资方式赋值为0；当并购融资方式为股权融资时，FIN3赋值为1，其余融资方式赋值为0
控制变量		
Lnsize	公司规模	主并公司并购前一年度末总资产的账面价值的自然对数
LEV	资产负债率	主并公司并购前一年度末总资产与总负债的比值
State	产权性质	主并公司的实际控制人为中央或地方国资委、地方政府、国有企业、中央国家机关时，State赋值为1；当并购公司的实际控制人为境内外个人、集体或其他组织时，State赋值为0
Rel_val	相对交易规模	相对交易规模 = $\dfrac{并购交易总价}{并购交易总价 + 并购前一年末公司市价}$
OBJ	并购标的	并购标的为股权时，OBJ赋值为1；并购标的为资产时，OBJ赋值为0
RELPA	关联交易并购	并购交易双方为关联方时，RELPA赋值为1；为非关联方，RELPA赋值为0
STR	股权分置改革	主并公司并购前一年度末流通股本占总股本的比重
Year	年份虚拟变量	并购发生年Year=1，否则Year=0
Ind	行业虚拟变量	上市公司属于本行业Ind=1，否则Ind=0；按证监会CSRC代码进行分类，金融保险业除外，制造业分至二级小类

9.2.2　模型设置

$$TFP_i = \beta_0 + \beta_1 PAY + \beta_j Control_j + \varepsilon \tag{9.5}$$

$$TFP_i = \beta_0 + \beta_1 FIN + \beta_j Control_j + \varepsilon \tag{9.6}$$

在（9.5）和（9.6）式表示的模型中，被解释变量TFP_i为样本公司并购前一年至并购后二年的全要素生产率。PAY和FIN分别为并购对价方式和融资方式。$Control_j$为一系列控制变量。

9.3　实证结果分析

9.3.1　并购前一年至并购后二年TFP均值趋势图

通过图9-1可以看出，并购样本公司全要素生产率在并购当年、并购后一年持续降低，在并购后第二年才提升。这表明并购后各种生产要素重新优化配置（资本、人力、管理等）需要较长的时间，这也说明上市公司并购后面临较大的整合压力。

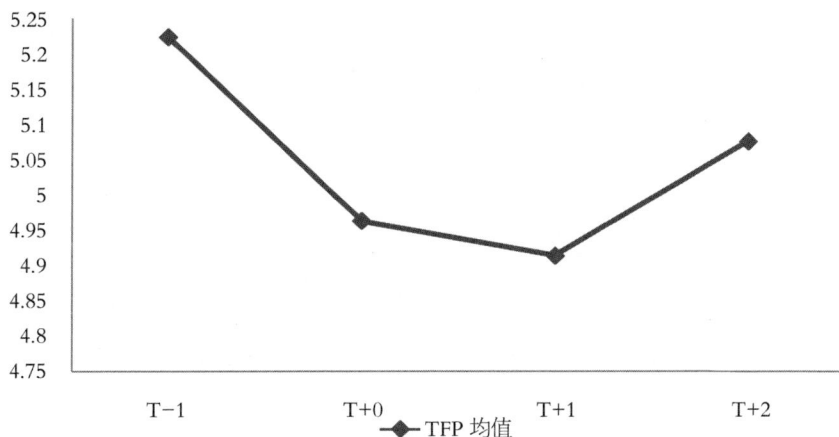

图9-1　并购前一年至并购后二年TFP均值趋势图

9.3.2 不同对价方式分组后的TFP均值变化

图9-2显示，在并购前一年采用股票对价的上市公司，TFP均值较之采用现金对价的上市公司要高，且在并购当年下降明显但TFP均值水平还是要比采用现金对价方式的上市公司要高一些。TFP均值在并购后第一年和第二年平稳提升，可能的原因是，发行股票完成对价的上市公司，要在并购前一年达到一定的盈利要求才能发行股票，又由于不涉及巨额的资金用于支付并购价款，保留了较多的资金，用于并购后整合活动。而采用现金对价的上市公司TFP从并购当年开始，持续下降，直至并购第二年才有大幅提升。表9-2的结果也表明，并购后第一年和第二年采用股票对价方式的公司较之现金对价的公司TFP通过了均值检验，差异明显。

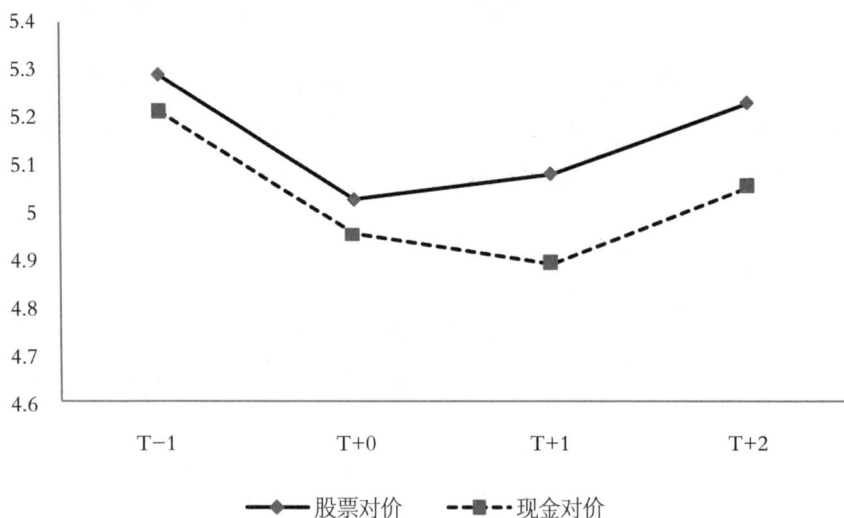

图9-2　并购对价分组TFP均值趋势图

表9-2　　　　　不同对价方式分组下TFP均值检验结果

对价方式	T−1年	T+0年	T+1年	T+2年
股票对价	5.290209	5.028383	5.082596	5.230443
现金对价	5.213667	4.954226	4.891115	5.054017
均值检验（T值）	1.1177	1.1064	（2.7936）	（2.5538）

9.3.3 不同融资方式分组后的TFP均值变化

图9-3显示，从TFP均值趋势图来看，公司不管是采用哪种融资方式，其TFP均值在并购前一年至并购后一年都呈现下降趋势，并购后第二年都提升。采用股票融资的公司TFP均值要明显高于内部融资和负债融资的TFP均值，最低的为负债融资。这也是符合理论预期的，因为并购资金如果靠负债来筹集，势必会给公司造成较大财务压力，给公司并购后的发展带来较大的资金短缺障碍。

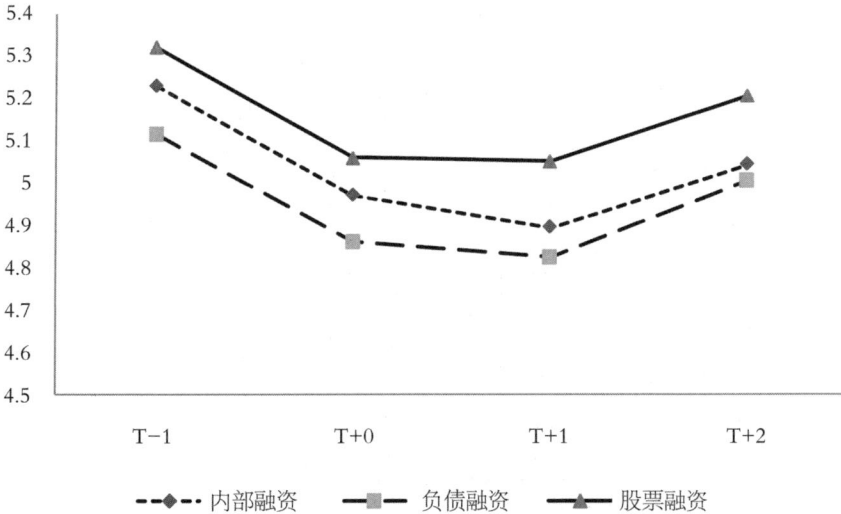

图9-3 并购融资分组TFP均值趋势图

9.3.4 回归分析

1）并购对价与TFP的回归分析

表9-3表明，在并购前一年到并购后两年，当控制其他因素以后，股票对价方式与TFP显著正相关。这表明，与现金对价相比较，股票对价更能提升企业的TFP。与前面的均值检验结果相一致。

2）并购融资与TFP的回归分析

表9-4的结果表明，在并购前一年到并购后两年，当控制其他因素以后，采用股票融资方式更利于提升公司的TFP，这与之前的单变量分析结

表9-3 并购对价与TFP的回归分析

模型和变量	模型(1) 并购前一年	模型(2) 并购当年	模型(3) 并购后一年	模型(4) 并购后两年
PAY	−0.150**	−0.129*	−0.254***	−0.201***
	(−2.078)	(−1.794)	(−3.394)	(−2.643)
Lnsize	0.274***	0.235***	0.195***	0.184***
	(12.938)	(11.184)	(8.932)	(8.242)
LEV	0.390***	0.519***	0.550***	0.484***
	(2.835)	(3.804)	(3.867)	(3.344)
State	0.044	0.030	0.066	0.094*
	(0.865)	(0.600)	(1.259)	(1.763)
Rel_val	0.008	0.017	−0.005	0.030
	(0.304)	(0.623)	(−0.166)	(1.080)
OBJ	0.043	0.072	0.062	0.059
	(0.855)	(1.443)	(1.190)	(1.106)
RELPA	0.013	−0.009	−0.023	−0.020
	(0.299)	(−0.194)	(−0.507)	(−0.433)
STR	−0.208**	−0.264***	−0.196*	−0.226**
	(−2.143)	(−2.745)	(−1.957)	(−2.213)
Year & Ind	控制	控制	控制	控制
Constant	1.827***	2.001***	2.516***	2.765***
	(4.441)	(4.905)	(5.918)	(6.389)
样本数	1 386	1 386	1 386	1 386
Adj R-squared	0.166	0.144	0.115	0.097

注：括号内为T值，***p<0.01，**p<0.05，*p<0.1。

果一致。当控制对价方式后，只选择现金对价方式下的并购融资进行分析，回归结果与表9-4基本一致（回归结果略）。

表9-4 **并购融资与TFP的回归分析**

模型和变量	模型(1)	模型(2)	模型(3)	模型(4)
	并购前一年	并购当年	并购后一年	并购后两年
FIN3	0.275***	0.256***	0.281***	0.236***
	(4.566)	(4.295)	(4.515)	(3.727)
FIN1	0.076	0.076	0.040	0.013
	(1.507)	(1.513)	(0.754)	(0.243)
Lnsize	0.276***	0.237***	0.199***	0.187***
	(13.099)	(11.319)	(9.096)	(8.403)
LEV	0.399***	0.526***	0.574***	0.504***
	(2.925)	(3.882)	(4.061)	(3.502)
State	0.053	0.039	0.073	0.099*
	(1.041)	(0.769)	(1.387)	(1.856)
Rel_val	0.001	0.008	−0.001	0.030
	(0.031)	(0.334)	(−0.052)	(1.101)
OBJ	0.037	0.067	0.054	0.054
	(0.740)	(1.343)	(1.031)	(1.017)
RELPA	0.023	0.001	−0.018	−0.013
	(0.528)	(0.030)	(−0.401)	(−0.287)
STR	−0.207**	−0.265***	−0.178*	−0.210**
	(−2.149)	(−2.775)	(−1.785)	(−2.067)
Year & Ind	控 制	控 制	控 制	控 制
Constant	1.536***	1.740***	2.128***	2.448***
	(3.788)	(4.324)	(5.068)	(5.725)
样本数	1 386	1 386	1 386	1 386
Adj R−squared	0.176	0.154	0.123	0.104

注：括号内为T值，***$p<0.01$，**$p<0.05$，*$p<0.1$。

9.4 ——————— 本章小结 ———————

本章用索洛残差法计算出的TFP来度量并购整合绩效，检验了并购对价和并购融资的长期绩效。研究发现：在我国当前的制度环境下，采用

股票对价更利于公司的 TFP 的提升。从并购融资来看，股票融资比内部
融资和负债融资对 TFP 的正向影响更大。三种融资方式中，负债融资更
不利于提升公司的 TFP。换言之，当公司面临较大的财务压力时，负债融
资会阻碍公司全要素生产率的持续提升。

▶第 10 章◀
研究结论与政策建议

本章根据理论分析和实证检验的结果总结归纳本书的主要研究结论。同时，依据研究结论提出完善和丰富并购对价方式和融资方式的政策建议，最后在分析本书研究不足的基础之上指出未来研究的方向。

10.1 —————————— 研究结论 ——————————

本书在现有研究的基础上，通过规范研究与实证研究相结合的方法，重点解决了开篇提出的四个主要问题：我国上市公司并购对价和并购融资的现状怎样？并购对价和并购融资之间有什么关系？影响并购对价和融资方式选择的主要因素有哪些？影响因素有何异同？

（1）我国上市公司并购对价形式单一，仍以现金对价为主，且具有明显的时间、行业与交易特征；相比之下，并购融资来源除主要依赖于内部资金外，负债融资和股权融资也占有一定比例，在时间、行业、产权与交易特征方面也有明显区别。

立足于我国 2001—2010 年间上市公司并购对价及并购融资数据，通过大样本的描述统计分析发现：

①现金对价一直是我国上市公司并购交易的主要对价方式。从时间特征来看，并购对价方式在年度间呈现"阶梯分布"，而在年度内"现金对

价仍占主体";从行业特征来看,农业和木材家具行业,现金对价比例几乎达到100%,而金属非金属业、房地产业、金融保险业、社会服务业等行业股票对价占有一定比例;从产权特征来看,并购对价方式在国有和民营上市公司之间特征不明显;从交易特征来看,在小规模并购、非关联交易并购、跨国并购和股权收购中现金对价比例更大。

②并购融资中内部融资是主要融资方式,股权融资和负债融资等外部融资也占一定比例,而在大规模的并购交易中外部融资已成为并购融资的主要来源。从时间特征来看,各年中内部融资方式仍占主体。2001—2006年间负债融资占比明显高于股权融资,2007—2010年间股权融资占比却高于负债融资。从行业特征来看,负债融资在采掘、电力煤气等固定资产较多、负债能力较强的行业中所占比例更大,在房地产业、采掘业等财务杠杆较高的行业内股权融资也占有一定比例,而对于社会服务、传播与文化产业等债务融资能力不强的行业,外部融资更倾向于股权融资。从产权特征来看,民营上市公司更依赖内部融资,国有上市公司可能凭借着产权的"隐性担保",负债融资比例更高,而两类公司在股权融资的比重上差别不大。从交易特征来看,在大规模交易中,公司的内部融资将很难满足需要,负债融资和股权融资等外部融资比例均大幅上升,且成为并购资金的主要融资来源。关联交易并购中股权融资所占比例要大于负债融资。在跨国并购中,融资方式以内部融资为主。相比于股权收购,资产收购中负债融资和股权融资比例更大。

(2)公司并购对价决策影响并购融资决策,并购融资决策要满足交易双方的并购对价需求与偏好。

①从并购对价与并购融资的内涵角度分析,并购对价是主并公司通过一定支付方式获得对目标公司的控制权的行为。并购对价决策影响并购交易双方的利益,因此并购对价决策必须经过交易双方协商并最终确定。并购融资是主并公司为顺利完成并购对价融通资金的行为。并购对价是并购融资的目的,不同的对价方式要求不同的融资方式来实现,但是具体融资方式和融资数量要满足交易双方并购对价的需要与偏好。

②从并购对价和并购融资决策的实务角度分析，主并方提出的对价要求，要考虑到目标方是否接受；并购融资方案要依据并购对价初步方案来确定和调整，按并购对价要求完成融资以后，交易双方以确定的某一对价方式完成并购交易。

综上，本书认为并购对价决策影响并购融资决策。

③理论分析和经验证据表明，影响并购对价与并购融资决策宏观环境因素大致相同，但是影响对价与融资决策的公司特征因素差异较大。

从宏观环境层面看，各宏观环境因素对并购对价和并购融资决策基本都会产生影响，但影响程度和影响内容却有区别。经济发展水平、股票市场状况、股权分置改革和政策法规环境对并购对价决策产生了显著影响，而信贷市场状况对并购对价的影响却不显著。以上五方面的宏观环境因素对并购融资决策都产生了影响。经济发展水平和股票市场状况显著改善了主并公司的内外部的融资环境，而信贷市场状况、股权分置改革和法律制度环境对公司并购的外部融资环境影响更大。

从公司特征层面看，在经济动机因素中，影响并购对价的主要因素有：现金持有量、交易相对规模、并购标的、内部资金充裕度和资产负债率，这些因素大多是涉及并购交易双方风险与收益均衡的因素。影响并购融资的主要因素有：现金持有量、交易相对规模、内部资金充裕度、有形资产比率和融资约束，这些因素大多是涉及并购融资成本和融资约束的因素。在管理动机因素中，影响并购对价的主要因素是：控制权威胁和关联交易并购。影响并购融资的主要因素是：股权代理成本、债权代理成本和关联交易并购。而管理层过度自信因素对并购对价和并购融资都产生了显著影响。

综合来看，宏观环境因素对并购对价和并购融资决策基本都会产生影响。微观公司层面的因素中，并购对价选择决策主要受风险分担、控制权威胁、关联交易并购、管理层过度自信等因素影响；并购融资选择决策主要受资本成本、融资约束、代理成本、管理层过度自信及对价方式的影响。

10.2 —————————————— **政策建议** ——————————————

1）大力发展稳定高效的多层次资本市场体系，营造良好的并购投融资环境

如前文所述，并购对价和融资方式关系到并购活动的成败。大力发展正规的融资渠道仍是当务之急，这就需要有多样化的对价手段和混合型的融资安排。因此，我国政府应积极开拓并购融资的新渠道，加大对上市公司并购融资的金融政策支持力度，大力发展稳定高效的多层次资本市场体系，营造良好的并购投融资环境。

（1）鼓励商业银行加大对上市公司提供并购融资专项贷款的力度，对贷款实施封闭管理、专户专用。2008年末，国务院出台的一系列以金融促进经济发展的措施中提出允许商业银行发放并购贷款，银监会也随即出台了《商业银行并购贷款风险管理指引》，其第十六条规定："商业银行全部并购贷款余额占同期本行核心资本净额的比例不应超过50%。"第十七条规定："商业银行对同一借款人的并购贷款余额占同期本行核心资本净额的比例不应超过5%。"第十八条规定："并购的资金来源中并购贷款所占比例不应高于50%。"第十九条规定："并购贷款期限一般不超过五年。"尽管上述安排有利于拓宽上市公司的融资渠道，却也严格限制了上市公司的银行贷款融资规模和融资期限，难以满足其所需的巨额并购资金需求。

（2）建立有效的债券市场，允许上市公司发行更多的公司债券，为并购提供一个稳定、长期的资金来源。公司债券是上市公司优化债务结构、降低财务费用、取得长期发展资金的新型融资工具，有利于上市公司拓展融资渠道，降低单纯依赖银行贷款带来的财务风险，对发挥市场在社会资源分配中的基础性作用做出了积极的贡献。但我国公司债券市场发展起步较晚，且发行和交易市场仅限于沪、深交易所，这就导致我国公司债券市场整体规模较小，难以满足公司并购高额融资的需要。从发展模式来看，要积极建立面向机构投资者的场外市场。相对于散户和个人投资者，机构投资者具有较强的分析能力、定价能力和风险承担能力。这些机构投资者多从事大额交易，这种大额交易指令更适合在实行询价交易机制的场外市场达成，且交易成本也相对较低。目前，我国银行间市场的投资主体定位于机构投资者，把引入和培育机构投资者作为首要任务。银行间市场已经成为机构投资者的场外市场。因此，允许公司债券进入银行间市场公开发行和交易是一个可行的思路，这必然会推动我国公司债券市场的快速发展。

（3）改善民营上市公司的融资环境，促进民营公司与国有公司在融资平台上的公平竞争。从我国上市公司的成长历程来看，很多上市公司是由原来的国有大中型企业改制而来，这样在资本市场上国有上市公司和民营上市公司可能就会由于"出身"不同，而产生融资约束的差异。一般来说，政府控制的国有上市公司相对于私有产权控制的民营上市公司具有一定的融资优势。国有上市公司并购往往涉及国家重大产业布局的调整和优化，甚至是政府出于维护经济发展和稳定的需要而主导的并购，所以国有上市公司的并购融资更容易得到政府的"优惠"补贴和援助，即使是其财务困境时的并购融资，也更容易得到银行授信，因为国有产权为其融资提供了隐性担保。所以说，相对于民营上市公司的并购融资来说，国有上市公司融资约束程度较轻，其对内部资金这一内部融资的依赖程度较低。因此，主管公司债券发行的审批机构应该摘掉"有色眼镜"，减少对符合股票和公司债券发行条件的民营公司的融资歧视。这将有利于满足民营公司高速成长而不断扩大的资金需求，促进民营公司与国有公司在融资平台上的公平竞争，从而提高经济资源配置效率。

（4）发展私募股权市场，充分利用社会闲散资金。目前来看，我国私募股权市场（也称私人权益市场，private equity market）有巨大的发展空间，这对那些长期融资需求得不到满足、迫切要求拓宽资本市场渠道的公司来说极其重要。对并购公司来说，这也是解决资金问题的一条捷径。因此，目前应当加快私募股权资本市场建设，积极引导培养和监督，让私募股权市场发展壮大。

（5）大力发展金融创新，促进金融工具的多样化，进一步推进金融改革深化。公司成功并购需要有力的金融支持、多样化的融资渠道及高效的资本运作环境。只有这样，才能使公司的并购融资决策根据自身情况进行灵活的选择，从而获得最合适的资金来源和较低的资金成本。目前来看，我国资本市场与并购有关的配套政策还不完善。我们应借鉴国外经验，在发展资本市场的同时审时度势地推出一系列行之有效的金融工具，如可转换债券，积极培育投资银行业务等。与此同时，政府应减少对金融市场和金融体系的过度干预，放松对利率和汇率的严格管制，使利率和汇率成为反映资金供求和外汇供求关系变化的信号，为我国上市公司开展国内外并购活动提供更好的融资支持。

2）政府立法机关与监管部门要通力协作，积极完善投资者保护的法律环境

政府在并购市场中必须按照市场化运作模式发挥主导作用，市场经济有其内在的运行机制，"看不见的手"在持续发挥作用，而政府的职责在于制定游戏规则，也就是要提供完善的法律法规体系和监管规则并保障其有效实施，建立一套完善的公共服务体系。良好的法律环境会促进股票和债券市场等公开市场和银行信贷私有市场的发展，真正使优质主并公司更易于拓展融资渠道，获得充足的外部资金支持，增加公司价值，以及抑制控制权私有利益等。这些证据表明对投资者良好的法律保护可获得可观的效率。投资者保护的实施与投资者保护的立法同样重要，不仅要加强对中小投资者在股东权利立法方面的保护，同时还要保证投资者保护的各项措施的顺利实施，只有这样才能有助于主并公司更好地利用股权资金进行并购融资，进而有效保证非现金对价方式（股票对价和混合对价）的顺利实施。法律环境的营造需要加强两方面的建设：一是法律法规体系的进一步完善；二是真正将已有的法律法规落到实处。前者需要立法机关主动借鉴西方发达国家先进经验，广泛征询社会参与主体的意见和建议，集思广益，为进一步完善投资者保护的法律法规献策献计。后者，需要落实执法必严的规定，加大对"走后门"关系户的惩罚力度。

3）充分发挥中介机构的市场化服务职能，真正为公司的并购决策保驾护航

公司并购活动与中介机构服务环境密不可分，中介机构在并购决策中不仅会发挥价值发现功能，而且会影响到公司并购对价与融资决策选择。

参与公司并购实务的中介组织主要包括会计师事务所、律师事务所和投资银行。三者的具体职能体现在以下方面①：（1）会计师事务所主要提供评估与审计服务。在并购交易过程中，会计师按照会计准则审计目标公司财务年报，并出具审计报告，或应股东要求，进行阶段性和特殊目的的财务审计；参与并购可行性方案的讨论和确定，并就财务问题向委托方及各中介机构提供咨询意见；协助并购交易双方、投资银行专家和律师计算相应的并购成本，对财务和税收方面提出意见和建议。（2）参与并购交易的中介机构中，律师事务所起到统领和核心作用（张远堂，2011）。在并购交易中，律师需要对并购交易的合法性进行审查，是否允许并购，是否要履行报批手续，是否存在对价与融资的禁止性条款。同时还要对目标公司进行尽职调查，了解目标公司的主体资格、产权结构和内部组织结构、重要法律文件、重大合同、资产状况、人力资源状况、法律纠纷或债务、外部法律环境及相关税务政策等；起草完备的并购方案和法律意见书，对并购的方式进行可行性论证，并能够提出最优化的方案供并购方选择；起草相关的合同、协议及法律文件，参与并购谈判，及时提出法律意见，协助处理一些谈判纠纷、调解、仲裁、诉讼等法律事务，为并购整合提供后续法律服务。（3）投资银行在并购交易中能协助交易双方进行收益与风险分析，能协助主并公司发行和承销证券为并购项目融资。在西方国家的公司并购交易中，投资银行作为财务顾问起到了很好的媒介作用。如果没有这些中介机构协助向公众发起股权融资和债券融资，仅靠公司本身资本很难进行大规模的并购。

除此之外，其他与并购活动有关的中介机构还包括公关顾问、咨询机构、信托机构和研究机构等。公关顾问的职责在于消除并购障碍，说服股东和潜在投资者相信收购或反收购的价值，引导舆论，对目标公司员工、政客以及管理者产生影响；咨询机构的主要职责包括设计并购方案，规划业务流程，设置组织机构，确定人力资源、资产、管理文化整合方案，建立核心竞争力；信托机构能够按照委托人意愿，以信托公司自己的名义作为收购主体收购目标公司以及为并购公司提供投资银行服务等；研究机构

① 资料来源：上海并购博物馆《并购的中介机构的职能》。

为并购活动提供国内外宏观环境和经济金融运行数据、行业发展趋势及政策走向等研究成果，为公司并购战略、并购目标以及并购操作、并购后整合等提供理论、实践及微观操作参考。

公司并购对价、融资等决策的做出要充分发挥上述中介机构的市场化服务职能。从我国并购的实务来看，中介机构的服务职能还不尽完善，这也使得公司在并购开展的过程中出现了很多问题。比如：会计师事务所对目标公司并购前虚增账面资产的风险提示不明确，使得主并公司蒙受支付过多资金的损失；律师事务所对目标公司的债务纠纷调查不充分，导致主并公司陷入法律纠纷，并购整合工作不能及时开展，耽误了并购后公司资金的回流，加大了公司并购融资的偿债风险；投资银行作为财务顾问对目标方的价值和风险估计不够，致使交易双方就对价方式迟迟不能达成一致。而其他公关顾问、咨询机构、信托机构和研究机构等中介机构对我国公司并购起到的作用还不够充分。

因此，从上市公司角度讲，在并购交易中应该聘请业务精湛、职业道德水平高的中介机构来协助其成功完成并购决策；从中介机构角度讲，为了更好地拓展并购业务，要注意人才的引进与储备，尽快建立一支熟悉并购实务、掌握各领域知识技能的专业团队；从政府管理角度讲，要积极促进各类中介市场的快速发展，并规范中介机构开展并购相关服务的规章制度。可见，只有公司、中介机构和政府部门三方合力，才能真正把并购交易的信息揭示和风险提示交给中介服务机构，才能使中介机构在降低并购双方信息不对称的同时，为公司并购交易提供完善的咨询、方案设计、协调关系和融资规划等服务，真正地为公司的并购决策保驾护航。

10.3 ———————— 局限与展望 ————————

1）并购对价与融资中观行业层面的影响因素有待深入研究

按照本书第4章图4-1的理论框架，中观层面的行业因素也会对并购对价和融资决策的选择产生影响。但由于研究方法和研究模型的限制，本书只探讨了并购对价和融资的宏观环境层面和公司特征层面的影响因素。

因此，在后续的研究中作者也会弥补这一研究不足。

2）在研究模型中对目标公司特征考虑得不充分

由于并购活动涉及交易双方的利益均衡，特别是在并购对价过程中，目标公司的特征会对主并公司具体对价方式的选择产生很大的影响。但是，由于目标公司的特征数据很难获取，因此在本书的研究中对这一问题考虑得不够充分，可能也会遗漏一些重要的影响因素。但是，随着我国上市公司间并购交易事件的不断增加，针对目标公司特征因素的并购对价和融资问题的相关研究也将成为一个较好的研究话题。

3）没有考虑并购混合对价和混合融资方式

尽管在现有对价方式和融资方式的类别界定下，本书提出的研究假说得以很好的验证，但由于没有考虑混合对价和混合融资方式，也可能使得本书的研究结论在一定程度上有失一般性。随着我国经济发展水平的提高、资本市场的不断完善，可供上市公司选择的对价方式和融资工具种类将日趋丰富，混合对价和混合融资将呈上升趋势，这也为本书的后续研究提供了可能和基础。

195

4）有待加强对跨国并购事件的研究

近年来，随着我国市场化程度的不断提高，有越来越多的中国公司通过跨国并购的方式开始参与全球性的商业竞争。理论界和实务界也普遍认为中国吸引投资将进入一个以并购为主的全新时期。在本书第3章的分析中，跨国并购交易所呈现的对价和融资的单一性也值得我们深思。由于跨国并购事件数量较少，无法进行大样本的分析检验，但典型并购事件的案例研究，也不失为一个可行的研究方法。所以，针对典型的跨国并购事件进行案例研究也是作者后续研究的努力方向。

主要参考文献

[1] 才静涵,刘红忠.市场择时理论与中国市场的资本结构[J].财经科学,2006(4):59-69.

[2] 陈宇,杨华,伍利娜.关联股权交易不同支付方式下的投资者收益研究[J].会计研究,2008(11):55-62.

[3] 陈玉罡,李善民.并购中主并公司的可预测性——基于交易成本视角的研究[J].经济研究,2007(4):90-100.

[4] 樊纲,王小鲁,朱恒鹏.中国市场化指数——各地区市场化相对进程2011年报告[M].北京:经济科学出版社,2011.

[5] 樊纲,王小鲁,朱恒鹏.中国市场化指数——各地区市场化相对进程2006年报告[M].北京:经济科学出版社,2007.

[6] 方军雄.政府干预、所有权性质与企业并购[J].管理世界,2008(9):118-148.

[7] 谷留锋.信息不对称与并购支付方式的理论分析[J].经济问题探索,2011(4):69-73.

[8] 韩立岩,陈庆勇.并购的频繁程度意味着什么——来自我国上市公司并购绩效的证据[J].经济学(季刊),2007(4):1185-1200.

[9] 郝颖,刘星,林朝南.我国上市公司管理层人员过度自信与投资决策的实证研究[J].中国管理科学,2005(5):140-150.

[10] 洪涛.创新监管思路交易规则 推进市场化并购重组[N].中国证券报,2013-01-21(A18).

[11] 胡海峰.公司并购理论与实务[M].北京:首都经济贸易大学出版社,2007.

[12] 胡可果,姚海鑫.非市场化并购重组、退市机制与资本市场效率——基于上市公司"不死鸟"典型案例分析[J].现代经济探讨,2012(4):45-49.

[13] 贾昌杰.企业并购经历对并购业绩的影响

[J]. 数量经济技术经济研究,2003(12):133-136.

[14] 贾立.并购融资理论研究[D]. 成都:四川大学,2006.

[15] 姜付秀,张敏,陆正飞,等.管理者过度自信、企业扩张与财务困境[J]. 经济研究,2009(1):131-143.

[16] 凯恩斯.就业、利息和货币通论[M]. 陆梦龙,译.北京:商务印书馆,1999.

[17] 雷辉,肖玲,吴婵.全流通格局下上市公司并购融资偏好研究[J]. 湖南大学学报:社会科学版,2009(6):61-63.

[18] 李井林,刘淑莲,杨超.家族控制、支付方式与并购绩效关系的经验研究[J]. 财经论丛,2013(1):76-82.

[19] 李瑞海,陈宏民,邹礼瑞.影响中国企业兼并宏观因素的实证研究[J]. 管理评论,2006(5):50-53,64.

[20] 李善民,陈涛.并购支付方式选择的影响因素研究[C]//第四届(2009)中国管理学年会——金融分会场论文集.北京:[出版者不详],2009:405-412.

[21] 李善民,陈文婷.企业并购决策中管理者过度自信的实证研究[J]. 中山大学学报:社会科学版,2010(5):192-201.

[22] 李善民,周小春.公司特征、行业特征和并购战略类型的实证研究[J]. 管理世界,2007(3):130-137.

[23] 李双燕,汪晓宇.控制权稀释威胁影响上市公司并购支付方式选择吗[J]. 当代经济科学,2012(3):58-66,126.

[24] 李双燕,万迪昉.基于控制权利益的企业并购支付合约选择模型[J]. 管理学报,2010(10):1553-1557.

[25] 李万福,叶阿忠.中国上市公司融资结构的宏观因素分析[J]. 中国管理科学,2007(6):26-32.

[26] 李维萍.企业并购支付方式的税收规则探讨[J]. 税务研究,2008(9):85-88.

[27] 李曜.公司并购与重组导论[M]. 2版.上海:上海财经大学出版社,2010.

[28] 李增泉,余谦,王晓坤.掏空、支持与并购重组——来自我国上市公司的经验证据[J]. 经济研究,2005(1):95-105.

[29] 连玉君,彭方平,苏治.融资约束与流动性管理行为[J]. 金融研究,2010(10):158-171.

[30] 连玉君,程建.投资-现金流敏感性:融资约束还是代理成本?[J]. 财经研究,2007(2):37-46.

[31] 刘峰,向凯.公司并购何以成为打劫上市公司的手段?——市场角度的分析[J]. 中国会计评论,2009(3):67-86.

[32] 刘锴.并购交易特征、股权结构与市场绩效研究[M]. 北京:经济科学出版社,2011.

[33] 刘淑莲,张广宝,耿琳.并购对价方式选择:公司特征与宏观经济冲击[J]. 审计与经济研究,2012(4):55-65.

[34] 刘淑莲.并购对价与融资方式选择:控制权、风险与融资约束——基于吉利并购沃尔沃的案例研究[J]. 投资研究,2011(7):130-140.

[35] 刘淑莲.上市公司并购重组演变与理论研究展望[J]. 会计师,2010(4):4-6.

[36] 刘文通.国有企业准兼并假说[J]. 经济研究,1995(8):34-42.

[37] 刘星,吴雪姣.政府干预、行业特征与并购价值创造——来自国有上市公司的经验证据[J]. 审计与经济研究,2011(6):95-103.

[38] 鲁晓东,连玉君.中国工业企业全要素生产率估计:1999—2007[J]. 经济学(季刊),2012(2):541-558.

[39] 陆正飞,叶康涛.中国上市公司股权融资偏好解析——偏好股权融资就是缘于融资成本低吗?[J]. 经济研究,2004(4):50-59.

[40] 吕长江,韩慧博.上市公司资本结构特点的实证分析[J]. 南开管理评论,2001(5):26-29.

[41] 毛雅娟.并购方高管动机与并购贷款的特殊风险控制——来自连续并购现象的经验研究[J]. 金融理论与实践,2011(1):62-65.

[42] 潘红波,夏新平,余明桂.政府干预、政治关联与地方国有企业并购[J]. 经济研究,2008(4):41-52.

[43] 上海国家会计学院.企业并购与重组[M]. 北京:经济科学出版社,2011.

[44] 史佳卉.企业并购的财务风险控制[M]. 北京:人民出版社,2006.

[45] 史永东,朱广印.管理者过度自信与企业并购行为的实证研究[J]. 金融评论,2010(2):73-82.

[46] 宋希亮,张秋生,初宜红.我国上市公司换股并购绩效的实证研究[J]. 中国工业经济,2008(7):111-120.

[47] 苏冬蔚,曾海舰.宏观经济因素与公司资本结构变动[J]. 经济研究,2009(12):52-65.

[48] 苏文兵,李心合,李运.公司控制权、信息不对称与并购支付方式[J]. 财经论丛,2009(5):67-73.

[49] 孙晓琳.终极控股股东对上市公司投资行为影响研究[D]. 大连:东北财经大学,2010.

[50] 孙永祥.公司治理结构:理论与实证研究[M]. 上海:上海人民出版社,2002.

[51] 孙铮,李增泉,王景斌.所有权性质、会计信息与债务契约——来自我国上市公司的经验证据[J]. 管理世界,2006(10):100-107,149.

[52] 沈艺峰,肖珉,林涛.投资者保护与上市公司资本结构[J]. 经济研究,2009(7):131-142.

[53] 唐蓓,潘爱玲.市场时机对中国上市公司并购融资行为的影响[J].山东大学学报:哲学社会科学版,2011(4):93-99.

[54] 唐绍祥.我国总体并购活动与宏观经济变量的关联性研究[J].数量经济技术经济研究,2007(1):83-91.

[55] 田满文.我国上市公司并购融资制度优化新探[J].宏观经济研究,2010(1):64-68,74.

[56] 王琳.中国上市公司的市场择时和资本结构研究[J].经济纵横,2009(3):86-88.

[57] 魏锋、刘星.融资约束、不确定性对公司投资行为的影响[J].经济科学,2004(2):35-43.

[58] 吴超鹏,吴世农,郑方镳.管理者行为与连续并购绩效的理论与实证研究[J].管理世界,2008(7):126-133,188.

[59] 夏立军,方轶强.政府控制、治理环境与公司价值——来自中国证券市场的经验证据[J].经济研究,2005(5):40-51.

[60] 肖作平,廖理.终极控制股东、法律环境与融资结构选择[J].管理科学学报,2012(9):84-96.

[61] 谢海东.基于过度自信理论的公司购并行为分析[J].现代财经,2006(10):37-40.

[62] 谢玲红,刘善存,邱菀华.学习型管理者的过度自信行为对连续并购绩效的影响[J].管理评论,2011(7):149-154.

[63] 谢玲红,刘善存,邱菀华.管理者过度自信对并购绩效的影响——基于群体决策视角的分析与实证[J].数理统计与管理,2012(1):122-133.

[64] 熊彼特.经济发展理论[M].何畏,等,译.北京:商务印书馆,1990.

[65] 胥朝阳,杨青.并购支付方式选择中的税收筹划研究[J].铜陵学院学报,2012(1):3-6.

[66] 徐寿福.地区法律环境对企业融资约束的影响研究——来自中国上市公司的证据[C]//上海市经济学会.上海市经济学会学术年刊.上海:格致出版社,上海人民出版社,2009:489-512.

[67] 袁宏泉,陈建梁.上市公司股权变更与公司产出效率的研究[J].中山大学学报:社会科学版,2005(5):87-93.

[68] 于蔚,金祥荣,钱彦敏.宏观冲击融资约束与公司资本结构动态调整[J].世界经济,2012(3):22-47.

[69] 余明桂,夏新平,邹振松.管理层过度自信与企业激进负债行为[J].管理世界,2006(8):104-112.

[70] 曾海舰.宏观经济因素与公司资本结构[D].广州:暨南大学,2010.

199

[71] 翟进步,王玉涛,李丹.什么因素决定公司并购中融资方式的选择? ——交易成本视角[J]. 中国会计评论,2012(3):17-30.

[72] 张广宝,施继坤.并购频率与管理层私利——基于过度自信视角的经验分析[J]. 山西财经大学学报,2012(6):96-104.

[73] 张丽英,张秋生,王立春.并购融资决策模型研究[J]. 数量经济技术经济研究,2007(6):146-152.

[74] 张林超,张琴.股权分置改革对并购财务方式的影响[J]. 财经科学,2006(6):38-43.

[75] 张敏,于富生,张胜.基于管理者过度自信的企业投资异化研究综述[J]. 财贸研究,2009(5):134-140.

[76] 张秋生.并购学——一个基本的理论框架[M]. 北京:中国经济出版社,2010.

[77] 张新.并购重组是否创造价值?——中国证券市场的理论与实证研究[J]. 经济研究,2003(6):20-29,93.

[78] 张远堂.公司并购实务操作[M]. 北京:中国法制出版社,2011.

[79] 郑江淮,何旭强,王华.上市公司投资的融资约束:从股权结构角度的实证分析[J]. 金融研究,2001(11):92-99.

[80] 朱立芬.中外公司并购支付方式选择影响因素的比较分析[J]. 上海金融,2007(4):72-74.

[81] Aghion P, Bolton P. An Incomplete Contracts Approach to Financial Contracting[J]. Review of Economic Studies, 1992, 59(3):473-494.

[82] Aktas N, Bodt E D, Roll R. Learning, Hubris and Corporate Serial Acquisitions[J]. SSRN Electronic Journal, 2009, 15(5):543-561.

[83] Ali-Yrkkö J. Mergers and Acquisitions—Reasons and Results [R]. Discussion Papers, 2002.

[84] Almeida H, Wolfenzon D. Should Business Groups be Dismantled? The Equilibrium Costs of Efficient Internal Capital Markets [J]. Journal of Financial Economics, 2006, 79(1):99-144.

[85] Amihud Y, Lev B, Travlos N. Corporate Control and the Choice of Investment Financing: The Case of Corporate Acquisitions[J]. Journal of Finance, 1990, 45(2):603-616.

[86] Andrade G, Stafford E. New Evidence and Perspectives on Mergers[J]. Journal of Economic Perspectives, 2001, 15(2):103-120.

[87] Baker M, Wurgler J. Market Timing and Capital Structure[J]. Journal of Finance, 2000, 57(1):1-32.

[88] Baker M, Ruback R, Wurgler J.Behavioral Corporate Finance: A Survey

[R]// Handbook of Corporate Finance: Empirical Corporate Finance, 2004.

[89] Bebchuk L A, Fried J M, et al. Managerial Power and Rent Extraction in the Design of Executive Compensation [J]. Social Science Electronic Publishing, 2002, 69(3):599-601.

[90] Beckenstein A R. Merger Activity and Merger Theories: An Empirical Investigation[J]. Antitrust Bulletin, 1979(24):105-128.

[91] Becketti S. Corporate Mergers and the Business Cycle [J]. Economic Review, 1986 (71):13-26.

[92] Benzing C. The Macroeconomic Determinants of Merger Activity[J]. New York Economic Review, 1992(4):3-14.

[93] Berkovitch E, Narayanan M P. Competition and the Medium of Exchange in Takeovers[J]. Review of Financial Studies, 1990, 3(3):153-174.

[94] Berle A A, Means G C. The Modern Corporation and Private Property[M]. New York: Macmillan, 1932.

[95] Bharadwaj A, Shivdasani A. Valuation Effects of Bank Financing in Acquisitions [J]. Journal of Financial Economics, 2003, 67(1):113-148.

[96] Brown D T, Ryngaert M D. The Mode of Acquisition in Takeovers: Taxes and Asymmetric Information[J]. Journal of Finance, 1991, 46(2):653-69.

[97] Bugeja M, Rosa R. Taxation of Shareholder Capital Gains and the Choice of Payment Method in Takeovers [J]. Accounting & Business Research, 2008, 38(4):331-350.

[98] Chemmanur T J, Paeglis I. The Choice of the Medium of Exchange in Acquisitions: A Direct Test of the Double-sided Asymmetric Information Hypothesis[D]. Boston: Boston College, 2003.

[99] Claessens S, et al. Disentangling the Incentive and Entrenchment Effects of Large Shareholdings [J]. Journal of Finance, 2002, 57(6):2741-2771.

[100] Claessens S, Djankov S, Lang L H P. The Separation of Ownership and Control in East Asian Corporations [J]. Journal of Financial Economics, 2000, 58(1):81-112.

[101] Cooper A C, Woo C Y, Dunkelberg W C. Entrepreneurs' Perceived Chances for Success [J]. Journal of Business Venturing, 1988, 3(2): 97-108.

[102] Coval J D, Moskowitz T J. Home Bias at Home: Local Equity Preference in Domestic Portfolios [J]. Journal of Finance, 1999, 54(6):2045-2073.

[103] Demirgüç-Kunt A, Maksimovic V. Law, Finance, and Firm Growth [J].

Journal of Finance, 1998, 53(6):2107-2137.

[104] Djankov S, McLiesh C, Shleifer A. Private Credit in 129 Countries [J]. Journal of Financial Economics, 2007(84):299-329.

[105] Doukas J A, Petmezas D. Acquisitions, Overconfident Managers and Self attribution Bias [J]. European Financial Management, 2007, 13(3): 531-577.

[106] Dutta S, MacAulay K, Saadi S. CEO Power, M&A Decisions, and Market Reactions [J]. Journal of Multinational Financial Management, 2011, 7 (3):1-22.

[107] Eckbo B E. Horizontal Mergers, Collusion, and Stockholder Wealth [J]. Journal of Financial Economics, 1983, 11(1-4):241-273.

[108] Eckbo B E, Giammarino R M, Heinkel R L. Asymmetric Information and the Medium of Exchange in Takeovers: Theory and Tests[J]. Social Science Electronic Publishing, 1990, 3(4):651-675.

[109] Faccio M, Masulis R W. The Choice of Payment Method in European Mergers and Acquisitions [J]. Journal of Finance, 2005, 60(3): 1345-1388.

[110] Fama E F. Testing Trade Off and Pecking Order Predictions about Dividends and Debt[J]. Review of Financial Studies, 2002, 15(1):1-33.

[111] Fan J P H, Twite G. An International Comparison of Capital Structure and Debt Maturity Choices [J]. Journal of Financial & Quantitative Analysis, 2010, 47(1):23-56.

[112] Fazzari S M, Petersen B C, Hubbard R G. Financing Constraints and Corporate Investment[C]. National Bureau of Economic Research, Inc., 1987: 141-206.

[113] Fishman M J. Preemptive Bidding and the Role of Medium of Exchange in Acquisitions[J]. Journal of Finance, 1989, 44(1):41-57.

[114] Flannery M J, Rangan K P. Partial Adjustment toward Target Capital Structures [J]. SSRN Electronic Journal, 2004, 79(3):469-506.

[115] French K R, Poterba J M. Investor Diversification and International Equity Markets[J]. American Economic Review, 1991, 81(2):222-226.

[116] Friedman E, Johnson S, Mitton T. Propping and Tunneling [J]. NBER Working Papers, 2003, 31(4):732-750.

[117] Gaughan P A. Mergers, Acquisitions, and Corporate Restructurings [M]. 4th Ed. New York: John Wiley & Sons,2007.

[118] Ghosh A, Ruland W. Managerial Ownership, the Method of Payment for Acquisitions, and Executive Job Retention[J]. Journal of Finance, 1998, 53(2):785-798.

[119] Golbe D L, White L J. A Time Series Analysis of Mergers and Acquisitions in the U. S. Economy[J]. NBER Chapters, 1988.

[120] Goergen M, Renneboog L. Shareholder Wealth Effects of European Domestic and Cross - border Takeover Bids [J]. European Financial Management, 2004, 10(1):9-45.

[121] Grinstein Y, Hribar P. CEO Compensation and Incentives: Evidence from M&A Bonuses [J]. SSRN Electronic Journal, 2004, 73(1):119-143.

[122] Grossman S J, Hart O D. One Share-one Vote and the Market for Corporate Control[J]. Journal of Financial Economics, 1987, 20(1-2):175-202.

[123] Guerard J. Mergers, Stock Prices, and Industrial Production: Further Evidence[J]. Economics Letters, 1989, 30(2):161-164.

[124] Hackbarth D. Managerial Traits and Capital Structure Decisions[J]. Journal of Financial & Quantitative Analysis, 2008, 43(4):843-881.

[125] Hansen R G. A Theory for the Choice of Exchange Medium in Mergers and Acquisitions[J]. Journal of Business, 1987, 60(1):75-95.

[126] Harford J, Klasa S, Walcott N. Do Firms Have Leverage Targets? Evidence from Acquisitions [J]. Social Science Electronic Publishing, 2009, 93(1):1-14.

[127] Harris M, Raviv A. Corporate Control Contests and Capital Structure[J]. Journal of Financial Economics, 1988, 20(20):55-86.

[128] Harris O, Madura J, Glegg C. Do Managers Make Takeover Financing Decisions that Circumvent More Effective outside Blockholders? [J]. Quarterly Review of Economics & Finance, 2010, 50(2):180-190.

[129] Hausman J, Mcfadden D. Specification Tests for the Multinomial Logit Model.[J]. Econometrica, 1984, 52(5):1219-1240.

[130] Hayward M L A, Hambrick D C. Explaining the Premiums Paid for Large Acquisitions: Evidence of CEO Hubris. [J]. Administrative Science Quarterly, 1997, 42(1):103-127.

[131] Heaton J B. Managerial Optimism and Corporate Finance [J]. Financial Management, 2002, 31(2):33-45.

[132] Hovakimian A, Opler T, Titman S. The Debt-Equity Choice [J]. Journal of Financial & Quantitative Analysis, 2001, 36(1):1-24.

[133] Hubbard R G, Palia D. Executive Pay and Performance Evidence from the U.S. Banking Industry[J]. Journal of Financial Economics, 1995, 39(1): 105-130.

[134] Ismail A, Krause A. Determinants of the Method of Payment in Mergers and Acquisitions [J]. Quarterly Review of Economics & Finance, 2010, 50 (4):471-484.

[135] Jensen M C. Agency Costs of Free Cash Flow, Corporate Finance, and Takeovers.[J]. American Economic Review, 1986, 76(2):323-329.

[136] Jensen M C, Meckling W H. Theory of the Firm: Managerial Behavior, Agency Costs, and Ownership Structure [J]. Journal of Financial Economics, 1976, 3(4):305-360.

[137] Johnson S, LaPorta R, Lopez-De-Silanes F. Tunneling[J]. American Economic Review, 2000, 90(2):22-27.

[138] Kaplan S N, Zingales L. Do Investment-Cash Flow Sensitivities Provide Useful Measures of Financing Constraints?[J]. Social Science Electronic Publishing, 1997, 112(1):169-215.

[139] Khorana A, Zenner M. Executive Compensation of Large Acquirers in the 1980s[J]. Journal of Corporate Finance, 1998(3): 209-240.

[140] LaPorta R, Lopez-De-Silanes F, Shleifer A, et al. Legal Determinants of External Finance[J]. Journal of Finance, 1997, 52(3):1131-1150.

[141] LaPorta R, Lopez-De-Silanes F, Shleifer A, et al. Investor Protection and Corporate Governance [J]. Journal of Financial Economics, 2000, 58(1-2):3-27.

[142] LaPorta R, Lopez-De-Silanes F, Shleifer A, et al. Investor Protection and Corporate Valuation[J]. Journal of Finance, 2002, 57(3):1147-1170.

[143] Lopez-De-Silanes F, Shleifer A, LaPorta R, et al. Law and Finance[J]. Journal of Political Economy, 1998, 106(6):1113-1155.

[144] Leland H, Pyle H. Informational Asymmetries, Financial Structure, and Financial Intermediation[J]. Journal of Finance, 1977, 32(2):371-387.

[145] Levine R. Law, Finance, and Economic Growth[J]. Journal of Financial Intermediation, 1999, 8(1-2):36-37.

[146] Lin Y H, Hu S Y, Chen M S. Testing Pecking Order Prediction from the Viewpoint of Managerial Optimism: Some Empirical Evidence from Taiwan [J]. SSRN Electronic Journal, 2008, 16(1-2):160-181.

[147] Long J S. Regression Models for Categorical and Limited Dependent

Variables [M]. Thousand Oaks：Sage Publications，1997： 7.

[148] García-Feijóo L，Madura J，Ngo T. Impact of Industry Characteristics on the Method of Payment in Mergers[J]. Journal of Economics & Business，2012，64(4)：261-274.

[149] Malmendier U，Tate G. Who Makes Acquisitions? CEO Overconfidence and the Market's Reaction [J]. Social Science Electronic Publishing，2004，89(1)：20-43.

[150] Ulrike M，Geoffrey T，Yan J. Internet Appendix for Overconfidence and Early-life Experiences：The Effect of Managerial Traits on Corporate Financial Policies[J]. Journal of Finance，2010，66(5)：1687-1733.

[151] Malmendier U，Tate G. CEO Overconfidence and Corporate Investment [J]. Journal of Finance，2013，60(6)：2661-2700.

[152] March J G，Shapira Z. Managerial Perspectives on Risk and Risk Taking [J]. Management Science，1987，33(11)：1404-1418.

[153] Martin，K. The Method of Payment in Corporate Acquisitions，Investment Opportunities，and Managerial Ownership [J]. Journal of Finance，1996，51(4)：1227-1246.

[154] Martynova M，Renneboog L. The Performance of the European Market for Corporate Control：Evidence from the Fifth Takeover Wave [R]. ECGI Working Paper，2006，17(2)：208-259.

[155] Martynova M，Renneboog L. What Determines the Financing Decision in Corporate Takeovers：Cost of Capital，Agency Problems，or the Means of Payment?[J]. Journal of Corporate Finance，2008，15(3)：290-315.

[156] Melicher R W，Ledolter J，D'Antonio L J. A Time Series Analysis of Aggregate Merger Activity[J]. Review of Economics & Statistics，1983，65(3)：423-430.

[157] Mitchell M L，Mulherin J H. The Impact of Industry Shocks on Takeover and Restructuring Activity [J]. Journal of Financial Economics，1996，41(2)：193-229.

[158] Moeller S B，Schlingemann F P，Stulz R M. Firm Size and the Gains from Acquisitions [J]. Journal of Financial Economics，2004，73(2)：201-228.

[159] Morellec E，Zhdanov A. Financing and Takeovers [J]. Social Science Electronic Publishing，2008，87(87)：556-581.

[160] Myers S C，Majluf N S. Corporate Financing and Investment Decisions when Firms Have Information that Investors do not Have [J]. Social

Science Electronic Publishing, 1984, 13(2):187-221.

[161] Myers S C. Determinants of Corporate Borrowing [J]. Journal of Financial Economics, 1976, 5(2):147-175.

[162] Nakamura R. To Merge and Acquire when the Times are Good? The Influence of Macro Factors on the Japanese M&A Pattern [R]. EIJS Working Paper Series,2004.

[163] Nayar N, Switzer J. Firm Characteristics, Stock Price Reactions, and Debt as a Method of Payment for Corporate Acquisitions[J]. Quarterly Journal of Business & Economics, 1998, 37(1):51-64.

[164] Nelson R R. The Simple Economics of Basic Scientific Research [J]. Journal of Political Economy, 1959, 67(3):297-297.

[165] Netter J, Stegemoller M, Wintoki M B. Implications of Data Screens on Merger and Acquisition Analysis: A Large Sample Study of Mergers and Acquisitions from 1992 to 2009[J]. Review of Financial Studies, 2011, 24 (12):2316-2357.

[166] Nofsinger J R. Social Mood and Financial Economics [J]. Journal of Behavioral Finance, 2003, 6(3):144-160.

[167] Rajan R G, Zingales L. What do We Know about Capital Structure: Some Evidence from International Data[J]. Journal of Finance, 1994, 50(5): 1421-1460.

[168] Rappaport A, Sirower M L. Stock or Cash? The Trade-offs for Buyers and Sellers in Mergers and Acquisitions.[J]. Harvard Business Review, 1999, 77(6):147-158,217.

[169] Rosa R D S, Izan H Y, Steinbeck A, et al. The Method of Payment Decision in Australian Takeovers: An Investigation of Causes and Consequences [J]. Australian Journal of Management, 2011(25):67-94.

[170] Rosa R D S, et al. The Method of Payment Decision in Australian Takeovers: An Investigation of Causes and Effects [J]. Australian Journal of Management, 2000, 25(1):67-94.

[171] Rhodes-Kropf M, Viswanathan S. Market Valuation and Merger Waves[J]. Journal of Finance, 2004, 59(6):2685-2718.

[172] Schlingemann F P. Financing Decisions and Bidder Gains [J]. Journal of Corporate Finance, 2004, 10(5):683-701.

[173] Seth A, Song K P, Pettit R. Synergy, Managerialism or Hubris? An Empirical Examination of Motives for Foreign Acquisitions of U.S. Firms[J]. Journal

of International Business Studies, 2000, 31(3):387-405.

[174] Shleifer A, Vishny R W. Stock Market Driven Acquisitions [J]. Journal of Financial Economics, 2003, 70(3):295-311.

[175] Shyam-Sunder L, Myers S C. Testing Static Tradeoff against Pecking Order Models of Capital Structure 1 [J]. Social Science Electronic Publishing, 1994, 51(51):219-244.

[176] Siegel D S, Lichtenberg F.Using Linked Census R&D- Lrd Data to Analyze the Effect of R&D Investment on Total Factor Productivity Growth [R]. U.S. Census Bureau, Center for Economic Studies, 1989.

[177] Stock J H, Watson M W. Chapter 1 Business Cycle Fluctuations in US Macroeconomic Time Series[J]. Handbook of Macroeconomics, 1999, 1 (99):3-64.

[178] Stulz R. Managerial Control of Voting Rights : Financing Policies and the Market for Corporate Control[J]. Journal of Financial Economics, 1988, 20 (1-2):25-54.

[179] Swieringa J, Schauten M. The Payment Method Choice in Dutch Mergers and Acquisitions[J]. Social Science Electronic Publishing, 2007.

[180] Tirole, J. Lecture Notes on Corporate Finance [R]. University of Tolouse Mimeo, 2001.

[181] Weinstein N D. Unrealistic Optimism about Future Life Events[J]. Journal of Personality & Social Psychology, 1980, 39(5):806-820.

[182] Travlos N G. Corporate Takeover Bids, Methods of Payment, and Bidding Firms´ Stock Returns[J]. Journal of Finance, 1987, 42(4):943-963.

索引

后记

望着窗外的繁星，聆听偶尔的犬吠，夜已静了，身旁却灯光通明。当紧绷的双肩拖动酸胀的双手敲下本书终稿的字符，仿佛空间、时间都已停滞。此刻，内心虽难掩疲惫与艰辛，但感激之情却也迅速浸占心头。

本书的成稿与我在东北财经大学求学期间受到的系统培养和理论学习密不可分。

师恩浩长，永铭于心。我要衷心地感谢恩师刘淑莲教授。若非老师当年不嫌我资质愚钝，肯收留我师从门下，如今我不知身在何处肆意胡说、误人子弟。在我博士学习的三载中，老师不仅在财务理论上引领扶正，更在科研和教学方法上言传身教。特别是在本书的写作期间，老师更是给予我莫大的鼓励和悉心的指导，无论是科学问题的提出、大纲的完善还是书稿的修改都是在她极其认真的督导下完成的。唯有今后努力地工作、孜孜不倦地研究，才能报答老师的知遇与教导之恩。

良师见教，受益匪浅。我要感谢东北财经大学为我授课和指导过我的其他老师。学术前沿的敏锐性和研究方法的规范性一直是方红星老师对我们的劝诫；严谨的理论逻辑、清晰的研究脉络始终是张先治老师对我们的要求；克制浮躁的学术心态、坚持不懈的努力经常是陈仕华老师对我们的谆告。

相识是缘，相助是幸。我要感谢同门各位师亲，在我撰写书稿过程中经常帮我下载数据和国外的重要文献。也要感谢贺州学院经济与管理学院的马文成院长及其他各位领导、同事，感谢你们给予我们夫妻二人在工作和学习上的支持和照顾。

互敬互爱，家和业旺。我要感谢我的爱人施继坤博士，在本书写作的艰难时刻她总是能对我的研究思路给予修葺和丰富。虽说写作过程艰苦，但爱人相伴、相知、相惜乃苦中甘甜、沁人心脾。我要感谢我的女儿安安，她是那样的懂事，在我工作的时候总是安静读书，不让我分心。我要感谢双方的父母大人，他们的叮咛与疼爱是我工作、学习和生活的坚强后盾与动力。

祝愿大家健康、平安、快乐、幸福！

张广宝

2017 年 2 月于贺州八步